Filha das Abelhas

Meredith May

Filha das Abelhas

Tradução
Isabella Pacheco

RIO DE JANEIRO, 2019

Título original: The Honey Bus
Copyright © 2019 by Meredith May
Todos os direitos desta publicação são reservados à Casa dos Livros Editora LTDA.

Nenhuma parte desta obra pode ser apropriada e estocada em sistema de banco de dados ou processo similar, em qualquer forma ou meio, seja eletrônico, de fotocópia, gravação etc., sem a permissão do detentor do copyright.

Diretora editorial: *Raquel Cozer*
Gerente editorial: *Alice Mello*
Editor: *Ulisses Teixeira*
Copidesque: *Carolina Vaz*
Revisão: *Marcela Ramos*
Capa: *Túlio Cerquize*
Diagramação: *Abreu's System*

CIP-Brasil. Catalogação na Publicação
Sindicato Nacional dos Editores de Livros, RJ

M42f

May, Meredith
  Filha das abelhas / Meredith May ; tradução Isabella Pacheco. – 1. ed. – Rio de Janeiro : Harper Collins, 2019.
  272 p.

  Tradução de: The honey bus
  ISBN 9788595084599

  1. May, Meredith. 2. Avós e netos. 3. Relações entre gerações. 4. Mulheres – Estados Unidos – Biografia. I. Pacheco, Isabella. II. Título.

19-56544
CDD: 920.72
CDU: 929-055.2

Meri Gleice Rodrigues de Souza – Bibliotecária CRB-7/6439

Os pontos de vista desta obra são de responsabilidade de seu autor, não refletindo necessariamente a posição da HarperCollins Brasil, da HarperCollins Publishers ou de sua equipe editorial.

HarperCollins Brasil é uma marca licenciada à Casa dos Livros Editora LTDA.
Todos os direitos reservados à Casa dos Livros Editora LTDA.
Rua da Quitanda, 86, sala 218 — Centro
Rio de Janeiro, RJ — CEP 20091-005
Tel.: (21) 3175-1030
www.harpercollins.com.br

"Assim faz a abelha, o ser que a natureza tem por norma, para ensinar a ordem às nações."

— William Shakespeare, *Henrique V*

Prólogo

ENXAME

1980

O período de migração das abelhas, ou enxameação, sempre chegava por telefone. O aparelho de disco vermelho voltava à vida toda primavera, com clientes frenéticos relatando enxames em seus muros, suas chaminés ou suas árvores.

Eu estava regando uma broa de milho com o mel do vovô quando ele entrou na cozinha com aquele sorriso sorrateiro que significava que teríamos que deixar o café da manhã para depois. Eu tinha 10 anos, e caçara enxames com ele durante os últimos cinco, portanto sabia o que vinha pela frente. Ele engoliu o café em um só gole e limpou o bigode com o braço.

— Tem mais um enxame para nós.

Dessa vez, a ligação tinha vindo de um clube de tênis particular a pouco mais de um quilômetro na Carmel Valley Avenue. Enquanto eu me acomodava no banco do carona da picape velha, ele pisava no acelerador. O motor enfim pegou e saímos em disparada da garagem, jogando cascalho para todo lado. Passamos zunindo pelas placas de limite de velocidade, que, de tanto andar com a vovó, eu sabia que era de cinquenta quilômetros por hora. Precisávamos correr para pegar o enxame porque as abelhas poderiam decidir voar para outro lugar.

O vovô entrou no clube de tênis e estacionou em uma vaga perto de uma cerca. Grunhindo, forçou a porta quebrada do carro com o ombro. Fomos em direção a um pequeno ciclone de abelhas, um borrão barulhento no céu, indo para a esquerda e para a direita, como um bando de pássaros. Meu coração acelerou junto com elas, assustadas e extasiadas ao mesmo tempo. O ar parecia vibrar.

— Por que elas estão fazendo isso? — gritei em meio ao ruído.

O vovô se ajoelhou em uma perna só e falou perto do meu ouvido:

— A abelha-rainha foi embora porque a colmeia ficou cheia demais. As abelhas a seguiram porque não conseguem viver sem ela. Ela é a única abelha na colônia que coloca ovos.

Assenti para mostrar ao vovô que tinha entendido.

O enxame começou a rodear uma árvore. A cada poucos segundos, um punhado de abelhas se separava do grupo e desaparecia na folhagem. Cheguei mais perto e olhei para cima, vi que as abelhas estavam se reunindo em um galho, formando uma bola do tamanho de uma laranja. Mais abelhas se juntaram, e o conjunto foi inflando até o tamanho de uma bola de basquete, pulsando como um coração.

— A rainha pousou ali — explicou o vovô. — As abelhas estão protegendo ela.

Quando as últimas abelhas encontraram o caminho até o grupo, o ar parou de zumbir.

— Espere no carro — sussurrou ele.

Encostei no capô da picape e vi o vovô subir em uma escada até ficar cara a cara com as abelhas. Dezenas delas passavam por seus braços desprotegidos enquanto ele serrava o galho. Nesse momento, um jardineiro ligou o cortador de grama, assustando as abelhas, que voaram em pânico. O zumbido se transformou em um zunido agudo, e elas se juntaram em um círculo mais conciso e frenético.

— Que inferno! — praguejou vovô.

Ele gritou alguma coisa para o jardineiro, que desligou o cortador. Enquanto o vovô esperava o enxame se acalmar de novo, notei uma coisa andando na minha cabeça. Coloquei a mão e senti algo peludinho, e então percebi asas e pequenas perninhas presas no meu cabelo. Sacudi a cabeça para tirar a abelha, mas ela ficou mais enroscada e irritada, o zumbido aumentando para o barulho agudo de uma broca de dentista. Respirei fundo, pois sabia o que viria em seguida.

Quando a abelha fincou o ferrão na minha pele, a dor percorreu minha cabeça até chegar aos molares, me fazendo trincar os dentes. Apalpei freneticamente o cabelo de novo e quase berrei quando descobri outra abelha enroscada nos fios, e mais outra, o nervosismo aumentando enquanto sentia mais bolinhas felpudas do que eu conseguia contar, um pequeno esquadrão de abelhas lutando com um terror semelhante ao meu.

Então, senti cheiro de banana — o odor que elas secretam para chamar reforços — e sabia que estava sendo atacada. Senti outra picada, seguida de uma ferroada atrás da orelha, e caí de joelhos. Eu estava desmaiando ou talvez rezando. Pensei que estivesse morrendo. Em segundos, o vovô estava com a minha cabeça nas mãos.

— Tente não se mexer — disse ele. — Tem mais umas cinco aqui. Vou tirar todas, mas talvez você seja picada de novo.

Outra abelha me ferroou. Cada ferroada aumentava a dor, até que parecia que a minha cabeça estava pegando fogo, mas segurei na roda do carro e aguentei.

— Quantas mais? — murmurei.

— Só uma — respondeu ele.

Quando acabou, o vovô me abraçou. Descansei a cabeça latejante no peito dele, ainda musculoso após uma vida inteira levantando caixas com colmeias de vinte quilos cheias de mel. Com cuidado, ele pousou a mão calejada no meu pescoço.

— Sua garganta está fechando?

Inspirei e expirei profundamente. Meus lábios formigavam um pouco.

— Por que não me chamou? — perguntou ele.

Eu não tinha resposta. Não sabia.

Minhas pernas estavam trêmulas, e deixei que o vovô me carregasse para dentro do carro e me colocasse no banco de trás. Eu já tinha sido picada antes, mas não por tantas abelhas ao mesmo tempo, e ele estava preocupado que eu fosse entrar em choque. Se o meu rosto inchasse, ele disse, teríamos que ir ao hospital. Eu esperei, com a recomendação para buzinar se não estivesse conseguindo respirar, enquanto ele terminava de serrar o galho. Ele sacudiu as abelhas dentro de uma caixa branca de madeira e levou-as para a caçamba, enquanto eu apalpava e sentia os caroços quentes na minha cabeça. Eram duros e pareciam estar crescendo. Comecei a achar que a minha cabeça fosse ficar do tamanho de uma abóbora.

O vovô entrou esbaforido no carro e ligou o motor.

— Só um minuto — pediu ele, explorando o meu couro cabeludo com os dedos. Eu estremeci, certa de que ele estava enfiando bolas de gude dentro da minha cabeça. — Sobrou um ferrão.

Ele passou a unha suja do indicador para tirar o ferrão. O vovô sempre falava que espremer o ferrão entre o polegar e o indicador é a pior forma de tirá-lo, porque faz com que todo o veneno seja espremido para dentro de quem foi picado. Ele estendeu a palma da mão para me mostrar o ferrão acoplado ao saco de veneno do tamanho da cabeça de um alfinete.

— Ainda está aqui — afirmou ele, apontando para o órgão branco pulsando com veneno, sem saber que os seus serviços não seriam mais necessários.

Era nojento, me fez pensar em uma galinha correndo sem a cabeça, e torci o nariz. Ele jogou o ferrão pela janela do carro e se virou para mim com um olhar orgulhoso, como se eu tivesse acabado de mostrar a ele um boletim cheio de notas dez.

— Você foi muito corajosa. Não entrou em pânico nem nada.

Meu coração pulou dentro do peito, fiquei orgulhosa por deixar as abelhas me picarem sem gritar que nem um bebê.

Quando chegamos em casa, o vovô acrescentou a caixa de abelhas à sua coleção de meia dúzia de colmeias perto da cerca dos fundos. O enxame era nosso agora, e iria se assentar na sua nova casa em breve. As abelhas já estavam se lançando para fora da abertura e voando em pequenos círculos para explorar os arredores, memorizando novos pontos de referência. Em alguns dias, já estariam fazendo mel.

Enquanto fiquei olhando o vovô despejar água com açúcar em um pote de vidro para elas, pensei no que ele dissera sobre as abelhas seguirem a abelha-rainha porque não conseguiam viver sem ela. Até as abelhas precisavam das mães.

As abelhas me atacaram porque a mãe delas tinha deixado a colmeia. A rainha estava vulnerável, e elas tentaram protegê-la. Loucas de preocupação, foram para cima da primeira coisa que conseguiram encontrar — eu, no caso.

Talvez tenha sido por isso que não gritei. Porque eu entendia. As abelhas, às vezes, agem como pessoas — elas têm sentimentos e ficam com medo de algumas coisas. É fácil perceber: é só ficar parado e observar como elas se movem, reparar como voam juntas delicadamente, feito água, ou ao redor do favo, chacoalhando como se estivessem se coçando inteiras. Abelhas precisam da família; é provável que uma abelha sozinha não consiga sobreviver à noite toda. Se a rainha morre, as operárias vão sair às pressas da colmeia, procurando por ela. A colônia se desfaz, e as abelhas ficam cabisbaixas e deprimidas, vagando preguiçosas ao redor da colmeia em vez de coletarem néctar, matando tempo antes que o tempo as mate.

Eu conhecia essa necessidade inerente de uma família. Eu tinha uma família, e, de repente, não tinha mais.

Pouco antes do meu aniversário de 5 anos, meus pais se divorciaram, e eu me vi, do dia para a noite, do outro lado do país, na Califórnia, espremida em um quarto com a minha mãe e o meu irmão caçula, na pequenina casa dos meus avós. Minha mãe se enfiava embaixo das cobertas em uma melancolia sem fim; meu pai nunca mais foi mencionado. No vazio que se seguiu, lutei para encontrar sentido no que acontecera. Enquanto minha lista de perguntas crescia, eu pensava em quem poderia explicar as coisas para mim.

Comecei a seguir o vovô para todo canto. Subia na picape de manhã e ia trabalhar com ele. Assim começou o meu aprendizado nos jardins de abelhas de Big Sur, onde aprendi que uma colmeia se desenvolve com base em um princípio: a família. O vovô me ensinou a linguagem oculta das abelhas, como interpretar seus movimentos e sons e reconhecer os diferentes cheiros que elas secretam para se comunicar. Suas histórias sobre as tramas shakespearianas para retirar a rainha do trono e a hierarquia dos seus postos de trabalho me levavam a um reino secreto, quando o meu próprio reino se tornava complicado demais.

Com o tempo, quanto mais eu descobria sobre o mundo particular das abelhas, mais sentido conseguia ver no mundo humano. Enquanto a minha mãe se afundava na depressão, minha relação com a natureza ficava mais profunda. Aprendi como as abelhas cuidam umas das outras e trabalham pesado, como tomam decisões democráticas quanto ao local para onde migrar e o momento de fazer a enxameação, e como se planejam para o futuro. Até suas ferroadas me ensinaram a ser corajosa.

Eu me apaixonei pelo mundo das abelhas porque entendi que a colmeia tinha uma sabedoria ancestral para me ensinar as coisas que os meus pais não conseguiam. Foi com as abelhas, espécies que sobreviveram aos últimos cem milhões de anos, que aprendi a perseverar.

Um

VIAGEM PELOS CÉUS
Fevereiro de 1975

Eu não vi quem jogou.

O moedor de pimenta voou de uma ponta à outra da mesa de jantar em um pavoroso arco, aterrissando no chão da cozinha, em uma explosão de delicadas bolinhas pretas. Ou a minha mãe estava tentando matar o meu pai, ou o contrário. Teria sido possível com uma mira melhor, pois era um daqueles moedores pesados de madeira, maior do que o meu antebraço.

Se eu tivesse que adivinhar, diria que foi a minha mãe. Ela não conseguia mais suportar o silêncio no casamento deles, então chamava a atenção do meu pai arremessando qualquer coisa que estivesse ao seu alcance. Ela rasgava cortinas, jogava blocos de brinquedo de Matthew nas paredes e quebrava louça no chão para deixar claro que não estava de brincadeira. Era uma forma de se recusar a ser invisível. Funcionou. Aprendi a manter as costas viradas para a parede e os olhos nela o tempo todo.

Naquela noite, a fúria reprimida da minha mãe irradiava do seu corpo em ondas, transformando a pele clara em um rosado bem forte. Aquele temor de sempre se instalou na minha barriga enquanto eu encarava o papel de parede de folhas de hera se esgueirando por potes de cobre e rolos de massa e prendia o fôlego, morrendo de medo de que qualquer barulho que eu fizesse, por menor que fosse, redirecionasse o feixe invisível de raiva destinado ao meu pai e deixasse uma nuvem de fumaça no lugar de uma garota de 5 anos. Eu reconhecia a calmaria antes da tempestade, a pausa momentânea de atividade antes do descarrilho verbal que estava por vir. Ninguém se mexia, nem mesmo o meu irmão de 2 anos, congelado em sua cadeirinha alta com um pote de cereal pela metade. Com calma, meu pai colocou o garfo na mesa e perguntou à minha mãe se ela iria arrumar aquela bagunça.

A mamãe largou o seu guardanapo de papel no prato intocado; nós estávamos comendo chop suey americano outra vez — um mexidinho econômico de macarrão, carne moída e qualquer vegetal enlatado que tivéssemos em casa, misturado com molho de tomate. Ela acendeu um cigarro, tragou devagar e então soprou a fumaça na direção do meu pai. Imaginei que ele fosse seguir o roteiro de sempre, que seria levantar o corpo alto da cadeira, desaparecer pela sala e colocar Beatles para tocar tão alto a ponto de não conseguir escutar a esposa. No entanto, daquela vez, ele permaneceu sentado com os braços cruzados, os olhos da cor do carvão fitando, decepcionados, minha mãe através da fumaça. Ela bateu as cinzas no prato sem desviar o olhar. Ele ficou olhando, o nojo estampado na cara.

— Você prometeu que ia parar.

— Mudei de ideia — respondeu ela, tragando a fumaça com tanto vigor que eu podia ouvir o tabaco queimando.

Meu pai deu um tapa na mesa, fazendo os talheres tilintarem. Meu irmão levou um susto, seu lábio inferior curvou-se para baixo e sua respiração falhou. Ele estava se preparando para abrir o berreiro. Minha mãe soprou outra baforada de fumaça na direção do meu pai, estreitando o olhar. Meus nervos chiaram como uma gota de água em uma frigideira quente, enquanto eu batia os dedos agitados na perna embaixo da mesa, contando os segundos até que um deles explodisse. Quando cheguei ao sete, percebi o sorriso sarcástico se esgueirando na boca da minha mãe. Ela apagou o cigarro no prato, levantou-se, desviou dos grãos de pimenta e, então, entrou na cozinha. Eu a ouvi batendo panelas, e em seguida uma tampa caiu no chão, rolando algumas vezes até parar vez. Ela estava aprontando alguma coisa, e isso nunca era bom sinal.

Voltou para a mesa com uma panela ainda quente. Levantou-a sobre a cabeça, e eu berrei, preocupada que ela fosse matar o meu pai queimado. Ele arrastou a cadeira para trás, levantou-se e desafiou minha mãe a jogar a panela nele. Meu estômago se revirou, como se a mesa e as cadeiras tivessem de repente se erguido do chão e me girado tão rápido quanto aqueles brinquedos de xícara dos parques de diversão.

Fechei os olhos e rezei por uma máquina do tempo, para voltar ao ano anterior, quando os meus pais ainda se falavam. Poderia descobrir o momento logo antes de o casamento deles desmoronar e, de alguma forma, consertar tudo, evitando que aquele dia acontecesse. Quem sabe eu pudesse mostrar a eles a caixa de slides esquecida no porão, uma evidência de que eles haviam se amado um dia. Na primeira vez em que segurei os slides contra a luz, descobri que o rosto da minha mãe havia sido repleto de alegria no passado e que ela usava vestidos curtos e botas brancas brilhantes, e fumava cigarros em uma longa piteira, feito uma estrela de cinema. Ela ainda tinha o mesmo corte de cabelo joãozinho, mas era de um ruivo vibrante na época, e os olhos pareciam mais verdes. Em todos os slides, minha mãe estava sorrindo ou piscando para o meu pai. Ele tirou as fotos pouco depois que a viu fazendo matrícula em algumas aulas na Monterey Peninsula College, quando a convidou para dar uma volta de carro pela praia até Big Sur.

Ele a reconhecera de festas do verão. Ela era a menina da risada alta e engraçada, que formava uma plateia onde quer que fosse. Ele reparou na facilidade com que ela fluía em uma multidão de estranhos, o que levou o meu pai, sempre tão quieto, à loucura. Quando criança, ele aprendeu que não deveria falar a não ser que falassem com ele, e gostava de observar as pessoas antes de puxar conversa. Isso fazia dele uma pessoa levemente misteriosa para a minha mãe, que foi atraída pelo desafio de fazer aquele estranho tão alto com topete e olhar profundo se abrir. Quando ele contou a ela sobre os planos de se alistar na Marinha e viajar para o exterior depois da faculdade, minha mãe, que nunca tinha saído da Califórnia, foi conquistada.

Eles se casaram em 1966, e depois de quatro anos na Marinha, foram realocados para Newport, Rhode Island, onde Matthew e eu nascemos. Depois do tempo de serviço, meu pai trabalhou como engenheiro elétrico, fazendo máquinas que calibravam outras máquinas. Minha mãe nos levava ao açougue e ao supermercado no carrinho e garantia que o jantar fosse servido às dezessete horas em ponto. Olhando de fora, nossa vida parecia certinha, organizada, nos trilhos. Nós morávamos em uma casa de telhas de madeira, e meu irmão e eu tínhamos cada um o próprio quarto no segundo andar, com uma trilha de blocos de montar, luzinhas coloridas e pedaços de massinha largados. Meu pai montou um balanço na varanda do jardim, e nós brincávamos com as crianças da vizinhança que moravam nas três casas vizinhas idênticas à nossa. Todo fim de semana, pela manhã, meu pai vinha para o meu quarto e a gente observava as nuvens que passavam pela janela, apontando para dinossauros, cogumelos e discos voadores. Antes de dormir, ele lia uma parte do livro *Os contos dos irmãos Grimm* para mim, e embora todas as histórias terminassem em algum tipo de morte violenta, ele nunca disse que eu era pequena demais para ouvir aquelas coisas.

Nós parecíamos felizes, mas o casamento dos meus pais já estava se deteriorando.

Imagino que eles tenham tentado resolver os problemas, mas, no fim, as discussões se multiplicaram e se espalharam como um câncer, até que os dois se viram dentro de uma grande briga. Agora, os gritos rotineiros da minha mãe ultrapassavam as paredes que dividíamos com os vizinhos, e os problemas, sem dúvida, haviam se tornado públicos.

Abri os olhos e vi minha mãe de pé, pronta para arremessar a panela. As ameaças deles iam de um lado para o outro, para lá e para cá, o tom moderado do meu pai misturado aos gritos crescentes dela, até que as palavras viraram um ruído estridente nos meus ouvidos. Tentei abafar o ruído cantarolando baixinho "Yellow Submarine". Era a música que o meu pai e eu cantávamos juntos, colheres de pau fazendo as vezes de microfones. Isso era antes, quando a música preenchia a nossa casa. Ele gravava em fita cassete todas as músicas dos Beatles que tocavam no rádio ou nos vinis. Depois guardava as fitas em caixas de plástico coloridas na estante, tão alinhadas quanto dentes, e escutava no seu toca-fitas, mas, nos últimos tempos, tinha preferido colocar "Maxwell's Silver Hammer" — aquela canção sobre o homem que esbofeteava os inimigos até a morte — no último volume no som da sala, até que minha mãe, inevitavelmente, dizia a ele para desligar aquela porcaria.

Eu estava no segundo verso quando vi minha mãe levantar o braço e largar a alça da panela, como que em câmera lenta. Meu pai se abaixou, e a sobra do nosso jantar voou pelos ares e se espatifou na parede, onde escorreu, deixando uma mancha, enquanto formava uma poça junto com os grãos de pimenta no chão. Ele pegou a panela no chão perto do pé e se levantou, o corpo todo tremendo em uma raiva silenciosa, e a colocou na mesa com um estrondo, sequer se preocupando em usar um descanso, como deveria fazer. Matthew estava aos prantos, levantando os braços e pedindo para ser pego no colo, e minha mãe foi até ele, como se nada tivesse acontecido. Ela acalentou Matthew, cantarolando baixinho em seu ouvido, dando as costas para mim e meu pai. Ele foi para o sótão batendo os pés, onde passaria a noite tamborilando os dedos em seu rádio, conversando em código Morse com estranhos educados.

Não pedi permissão para me retirar. Corri até a escada, subi dois degraus por vez, entrei no quarto e bati a porta. Puxei meu edredom dos Flintstones da cama e o levei para baixo do meu cavalinho. Era um cavalo de plástico sobre quatro molas — cada uma substituindo uma perna conectada a uma placa de metal. Coloquei os pés sob a barriga de feltro e o empurrei para cima e para baixo, até encontrar um ritmo relaxante. Cobri os olhos com meus cabelos que batiam no ombro, esfumaçando a realidade de forma que eu pudesse quase acreditar que estivesse segura dentro de um submarino amarelo, abaixo da superfície, sozinha, tão lá no fundo que não podia ouvir mais nenhuma voz.

Apesar de não compreender o motivo de meus pais brigarem tanto, no fundo eu sabia que algo significativo estava acontecendo na nossa casa. Meu pai tinha parado de falar, e minha mãe começara a falar demais. Tentei encontrar sentido naquilo juntando pedaços de informação que eu ouvia sempre que Betty, a minha madrinha, nos visitava e o meu pai estava no trabalho. Mamãe e ela se sentavam no sofá e conversavam sobre todo tipo de coisa enquanto Betty mexia no meu cabelo. Na hora da soneca do Matthew, eu me sentava no carpete entre as pernas delas, onde Betty conseguia me alcançar e, distraidamente, enrolar o meu cabelo castanho entre os dedos, como longas fitas em caracol. Ela torcia meus cachos e depois deixava que se desfizessem, sem parar, enquanto conversava com a mamãe sobre os problemas que enfrentavam. Betty juntava meu cabelo bem firme e depois soltava. Enrolava, puxava e soltava. Enrolava, puxava e soltava. Era como coçar aquela coceirinha que as mãos não alcançam, uma massagem delicada no couro cabeludo, que podia durar o tempo que elas levassem para fumar um maço inteiro de cigarros.

As duas conversaram durante tardes inteiras, e eu ficava tão quieta que elas se esqueciam de mim e começavam a falar sobre coisas que eu provavelmente não deveria ouvir. Foi assim que aprendi que os homens são uma decepção. Que eles prometem mundos e fundos, mas que não trazem para casa dinheiro suficiente para fazer as compras do mês. Ouvi minha mãe dizer que papai poderia perder o emprego, pois o patrão dele estava fazendo uma coisa chamada "corte de custos".

— Cortes? — perguntou Betty.

Enrolava, puxava, enrolava, puxava.

— Pois é. Eles estão demitindo todos os engenheiros novos.

— Que merda.

— Exato.

— O que você vai fazer?

Enrolava, puxava.

— Não faço ideia.

Betty puxou meu cabelo mais uma vez e deixou que o cacho se desenrolasse do indicador. Eu me mantive parada como uma estátua, os ouvidos atentos. Elas ficaram em silêncio por alguns minutos, e Betty trocou o movimento e começou a massagear minha cabeça, causando ondas de êxtase que desciam pelo meu pescoço. Minha mãe se levantou, pegou duas latas de refrigerante na geladeira e entregou uma para Betty. Ela se jogou de volta no sofá e colocou os pés sobre o pufe velho, e seu suspiro foi tão profundo que era como se ela estivesse desinflando.

— Para falar a verdade, Betty, eu não acho que casamento seja lá essa maravilha. Tenho 29 anos e me sinto com 92.

Betty mexeu as pernas pesadas, descolando-as do sofá e esticando-as. Ela se debruçou para a frente, mas não conseguia levar as mãos até muito além dos joelhos. Resmungou e, com esforço, recostou as costas. Puxou a cortina e olhou pela janela.

— Você acha que ser solteira é melhor?

Mamãe soprou a fumaça pelo canto da boca e jogou a guimba dentro de uma das latas vazias de refrigerante.

— Do jeito que as coisas estão, eu ficaria feliz em trocar de lugar.

Betty se virou e olhou para a mamãe, dedicando a ela toda a sua atenção.

— Às vezes, é muito solitário.

— É melhor ficar solitária sozinha do que casada.

Betty ergueu a sobrancelha para minha mãe, como se quisesse uma prova. Mamãe seguiu para o primeiro exemplo — a vez em que ela estava voltando de uma caminhada comigo no carrinho e o papai berrou da janela do andar de cima, pedindo para que ela se apressasse. Em pânico de algo ter acontecido com Matthew, ela me largou no carrinho, na calçada, e entrou correndo em casa, direto para o segundo andar, descobrindo então que a crise era uma fralda que precisava ser trocada.

Mamãe soou indignada:

— A criação dos filhos não é para ser dividida meio a meio?

Betty deixou escapar um assovio baixo de lástima. Eu queria perguntar à mamãe se ela foi me buscar do lado de fora, no carrinho, mas sabia que não era hora para lembrá-las de que eu estava escutando.

— Betty, ouça o que estou dizendo: não se case com ninguém antes de fazer uma pergunta crucial.

Os dedos de Betty congelaram no meu cabelo, esperando pelo segredo do casamento feliz.

— Pergunte se ele está disposto a trocar as fraldas. Dependendo da resposta, ele vai tratá-la como uma igual ou como uma funcionária.

Levantei minha cabeça como um gato para estimular as pontas dos dedos de Betty e lembrá-la de seu trabalho. Na mesma hora, os dedos pegaram uma mecha do meu cabelo e começaram a enrolar. Sabia que não podia repetir nada que ouvisse no sofá. Eu me sentia um pouco envergonhada por escutar o que elas diziam, mas gostava demais do cafuné para ir embora.

Devo ter pegado no sono debaixo do cavalo de molas, porque não lembro como fui parar na cama quando a mamãe abriu a porta do meu quarto com tanta força que bateu na parede, me acordando com um susto. Ela abriu as gavetas do meu armário e colocou punhados de roupas em uma mala branca com forro de cetim laranja. Eu me sentei na cama e pisquei para desembaçar a vista, mas ela estava se movendo tão rápido que ficava turva.

— Cinco minutos — disse ela, parando por um segundo. — Vou pegar o seu irmão. Esteja vestida quando eu voltar.

Ela saiu às pressas do meu quarto. Estava escuro lá fora. Meu corpo parecia feito de concreto, e eu não queria sair no frio. Ela já tinha feito aquilo antes. Acordava a gente no meio da noite, nos mandava vestir calças, gorros e luvas de neve, e descia as escadas, gritando que ia fugir. Meu pai a deixava correr pela casa arrumando as malas, até ela se cansar, e então a fazia se sentar do lado dele no sofá para conversar. Ele tinha uma voz baixa tranquilizante, e ela parecia uma televisão estridente. Eu escutava do alto da escada até os gritos pararem e o choro da minha mãe começar, o sinal de que a briga tinha acabado e era hora de todo mundo voltar para a cama.

Resolvi esperar pela mamãe dessa vez. Quando ela reapareceu na minha porta com Matthew no colo, eu ainda estava sentada, como um ponto de interrogação.

— Para onde estamos indo?

— Agora não, Meredith. Eu *não* estou no clima.

Ninando meu irmão em um dos braços, ela arrancou meu pijama e me forçou a vestir a roupa. Ela estava me levando em direção à porta quando perguntei:

— Posso levar o Morris?

Morris era um gato rosa de pelúcia que usava saia, presente que pais tinham comprado em uma farmácia a caminho de casa na saída da maternidade do hospital da Marinha no dia em que nasci. Dei a ele o nome de Morris em homenagem a um gato de um comercial de TV, e ele era o meu pertence mais valioso. Tinha ficado tão dependente dele, sobretudo quando as brigas pioraram, que não conseguia dormir se Morris não estivesse entrelaçado ao meu braço. A mamãe assentiu, e eu procurei embaixo dos lençóis, agarrando-o alguns segundos antes de ela me puxar para fora do quarto pelo punho.

Enquanto minha mãe me ajudava a colocar o casaco no corredor, papai passou pela gente, os ombros caídos em sinal de derrota. Ele abriu a porta da frente e saiu. Corri até a janela e vi quando ligou seu Volvo sob a luz da varanda. A respiração saía como uma nuvem cinza enquanto ele tirava a camada de neve do para-brisa. Eu o vi levantar a mala e colocá-la no bagageiro, e depois se sentar no banco do motorista enquanto minha mãe colocava Matthew na cadeirinha e voltava para me buscar. Abracei Morris e esfreguei minha bochecha no pelo macio das suas orelhas cor-de-rosa.

— Para onde nós vamos? — perguntei outra vez, com a voz mais baixa.

Minha mãe fechou o zíper do meu casaco felpudo e colocou as mãos nos meus ombros.

— Para a Califórnia. Vamos visitar a vovó e o vovô.

Sua voz falhou, mas ela forçou um sorriso, e eu sorri um pouquinho também. No verão passado, a vovó e o vovô tinham vindo nos visitar e, como eram visita, não teve nenhuma briga na casa durante uma semana. O vovô e o papai me levaram para a praia e me ensinaram a surfar em uma prancha de bodyboard, deixando as ondas me levantarem na espuma revolta da água até chegar na areia. O vovô me colocou nos ombros e ficava cavando amêijoas com os dedos do pé, ensinando-me a ver as marcas na areia que indicavam onde as conchas se escondiam.

Levamos para casa um balde cheio e deixamos na cozinha para ser nosso jantar. Talvez na Califórnia também tivesse amêijoas.

Dentro do carro, mamãe deu as costas para papai e desenhou linhas úmidas na janela embaçada. Matthew pegou no sono de novo com a cabeça tombada na minha direção, a franja castanha caindo nos olhos e os pequeninos lábios vermelhos fazendo um barulho ressonante em vez de um ronco de verdade. Ao contrário de mim, que tinha vindo ao mundo aos berros, meu irmão chegou, piscou duas vezes e sorriu. Mamãe gostava de dizer que, aparentemente, eu esgotara a cota de escândalo e não tinha deixado nada para ele. Era verdade; a alma de Matthew era calma e fiel. Ele era um garoto que presumia bondade em todas as pessoas. Que criança de 3 anos sorri quando alguém toma uma bala de suas mãos, certa de que vai acabar com algo ainda melhor? Eu podia sentir a confiança de Matthew quando ele apertava meu dedo e andava em um passo cambaleante comigo, na certeza de que eu não ia deixá-lo cair. Ele me seguia para todo canto, arrancando palavras das minhas frases e repetindo-as como um papagaio. Por esses motivos, eu o amava bastante, apesar de ele não ser muito falador. Mas ele sabia uma palavra que me ligava a ele pelo resto da vida. Sempre que acordava de uma soneca e me via entrar no quarto, ele se levantava e erguia os braços para mim com suas mãozinhas gorduchas de estrela-do-mar.

— Mare-miss! — gritava ele.

Eu tinha um fã de carteirinha, e toda aquela adoração gerava em mim um profundo senso de distinção.

Papai pisou fundo no acelerador, e eu abracei meus joelhos e me encolhi no banco de trás, desejando que alguém quebrasse o silêncio. Minha mãe falou apenas uma vez nos noventa minutos de viagem até o aeroporto de Boston; ela pediu ao papai para fazer um desvio por Fall River para que ela pudesse se despedir de uma amiga. Quando enfim chegamos ao estacionamento do aeroporto, tudo começou a se mover rápido demais de repente. Portas se abriam e batiam. Nós quatro caminhávamos rápido e em silêncio. Quando os vidros da porta giratória nos rodearam, senti como se estivesse caindo em um poço. Não conseguia entender o que estava acontecendo, só sabia que era algo grave e que não era para fazer nenhuma pergunta para a mamãe. Peguei a mão dela e segurei firme.

Meu pai comprou nossas passagens e entregou a bagagem para a mulher atrás do balcão, fiquei olhando as malas se distanciarem em uma esteira e desaparecerem por uma abertura na parede. Quando chegamos ao portão de embarque, papai me levou até a janela e apontou para o avião que pegaríamos para visitar a vovó e o vovô. Ele reluzia na luz da manhã, um pássaro lustroso com as asas abertas, e eu senti um frio na barriga, me imaginando voando dentro dele. Enchi meu pai de perguntas — quão alto o avião voava, como se mantinha no ar, se ele ia se sentar do meu lado? Na hora de entrar, papai se ajoelhou e me deu um abraço tão apertado que eu pude senti-lo tremer.

— Comporte-se, querida — disse ele, forçando um sorriso. — Eu te amo.

De repente, meu corpo ficou gelado. Senti algo se rasgar no estômago enquanto o papai se sentava em uma cadeira do aeroporto e a mamãe me conduzia em direção ao finger do avião. Aquilo não estava certo. Era para ele vir conosco. Minha mãe me puxou pelo braço quando me inclinei na direção oposta, sem querer dar mais um passo sem meu pai.

— Vamos! — resmungou ela.

— Mas e o papai? — questionei, firmando o pé no chão.

Só que ela era mais forte, e fui arrastada enquanto lutava para me soltar.

— Não faça um escândalo.

Eu cedi. As conversas ao meu redor ficaram abafadas, como se eu estivesse debaixo d'água. Fiquei de boca calada, sendo arrastada pelo corredor, e quando olhei de volta para ver o papai, já tinha muita gente atrás de mim, bloqueando a visão. Minha cabeça girava conforme eu era guiada pelo corredor do avião até o assento da janela, e colei a testa no vidro frio e oval até avistar uma figura alta com cabelo preto e calça xadrez, de pé por trás do vidro laminado do terminal. Papai parecia estar na televisão. Levantei a mão, mas ele não me viu. Ele não se mexeu até o avião sair do portão. Mantive os olhos nele, até que ele foi ficando menor, e menor, e o avião decolou.

Durante o voo, a mamãe soprava a fumaça do cigarro na bandeja fechada da poltrona da frente e cutucava suas unhas cor de cobre com as mãos trêmulas. Ela parecia prestes a desmoronar. De vez em quando, eu olhava de soslaio para ela enquanto fingia pintar o livro de colorir que a aeromoça tinha me dado. Minha mãe ainda era bonita, pelo menos para mim, mas a pele parecia um pouco cinzenta sob aquela luz artificial. Em casa, ela era cuidadosa com a aparência, e nunca saía sem antes cobrir as sardas com corretivo e passar sombra azul nas pálpebras. Eu gostava de assistir ao seu ritual e todas as suas ferramentas: o secador para fazer o cabelo curto e encaracolado ficar mais volumoso, pincéis grossos para passar blush e aquele negócio que ela usava para espremer os cílios e encurvá-los. Às vezes, ela me deixava escolher a cor do batom das dúzias de opções guardadas no banheiro. O toque final era uma nuvem de um spray fedorento na cabeça toda, para manter o penteado no lugar.

"Não importa se você for um pouco gordinha, contanto que tenha um rosto bonito", dizia ela, pendurando argolas de ouro nas orelhas. Nunca saía de casa sem seus óculos escuros de estrela de cinema, dois enormes círculos marrons grandes como descansos de copo.

Mamãe tinha algumas gordurinhas na barriga, mas as pernas eram finas, então ela escondia a cintura com vestidos estampados de cores vibrantes. O cumprimento dos vestidos parava acima dos joelhos, o que a fazia parecer um buquê de flores sobre duas hastes. Eu a achava bonita. Minha parte preferida era quando ela escolhia o sapato. A mamãe mantinha uma fileira de sapatos de salto alinhados com perfeição no chão do closet, com os bicos virados para a frente, em todas as cores do arco-íris. Eu não tinha permissão para mexer nas coisas dela, mas admirava os sapatos, imaginando-me esbelta como uma princesa, desfilando pela calçada, toda adulta, a caminho do trabalho. Quando ela terminava de se vestir, virava para a direita e para a esquerda em frente ao espelho e me perguntava se estava gorda. Eu nunca achei que estivesse, mas ela sempre parecia decepcionada quando observava o próprio reflexo.

Pelo menos uma vez por mês, ela se arrumava toda para visitar a mansão Vanderbilt. A enorme "casa de veraneio" de calcário tinha setenta quartos e parecia seis casas reunidas em uma só, e fora construída em uma colina com vista para o Atlântico. Ficava a cinco minutos de carro da nossa casa, e nós atravessávamos os portões de ferro fundido, o vestido da mamãe farfalhando delicadamente e seu perfume deixando um rastro atrás de si, enquanto empurrava Matthew no carrinho pela topiaria podada em triângulos perfeitos, o caminho de cascalho fazendo barulho sob nossos sapatos. Nunca entramos para fazer o tour, mas tínhamos um banco favorito, de onde minha mãe via as janelas do último andar. Meu irmão catava pedrinhas para eu jogar nas fontes do jardim enquanto ela observava as janelas, esperando encontrar o olhar de um dos herdeiros que morava ali.

A mamãe ficava completamente absorvida durante as visitas à mansão, como se estivesse se familiarizando com a opulência, para que, quando a prosperidade chegasse, ela estivesse pronta. Lia livros sobre pessoas comuns sendo tiradas da obscuridade para a magnitude, assistia a filmes sobre tesouros escondidos e programas de TV de todo tipo. A mamãe era uma sonhadora sem um plano, e conforme os anos se passavam sem sua transformação de Cinderela, ela se sentia cada vez mais traída pela grandeza a que era destinada e bastante desapontada com meu pai por não fazer com que isso acontecesse. Ela estava eternamente esperando que a vida acontecesse e ficando mais e mais atordoada por ainda não ter acontecido.

O avião balançou um pouco quando se deparou com uma tempestade, e dei mais uma espiada na minha mãe. Ela parecia entorpecida. Seus olhos estavam abertos, mas não havia expressão por trás deles. Lenços de papel se espalhavam em seu colo e a maquiagem preta escorria pelas bochechas, manchada em alguns lugares onde ela tinha tentado limpar, e agora pareciam hematomas. De vez em quando, ela dava um suspiro longo e profundo, e pelo barulho parecia que todo o ar estava saindo de dentro dela. Acariciei seu braço, e ela colocou a mão sobre a minha, distraída. Eu queria perguntar por que o papai não estava conosco, mas sabia que não ia receber resposta. Apesar de seu corpo estar na poltrona ao meu lado, a mente dela estava em outro lugar. Brinquei com a tampa de metal do cinzeiro embutido no braço do assento — abre, fecha, abre, fecha —, esperando que o barulho ficasse tão irritante que ela tivesse que me mandar parar com aquilo.

Se ao menos ela falasse alguma coisa. Queria que ela chorasse, ou gritasse, ou arremessasse algo só para eu saber que as coisas continuavam iguais. Mas ela estava muito quieta, e isso era apavorante. Pelo menos com um escândalo eu podia saber o que ela estava pensando. O silêncio não era o estilo de minha mãe, o que significava que algo estava errado. Um temor se instalara no fundo da minha garganta, um gosto acre, como nozes queimadas.

Tentei manter vigília, mas, por fim, o ruído do motor dentro da cabine me fez adormecer. Sonhei que tinha um pequeno reservatório no chão do avião perto dos meus pés, com uma alavanca protuberante enorme. Tirei o cinto de segurança de Matthew, joguei-o no buraco e puxei a alavanca. Saiu uma fumacinha e, quando soltei a alavanca, meu irmão tinha se transformado em um pote azul de vidro, do tamanho de uma lata de refrigerante. Ele estava preso lá dentro e eu podia ouvi-lo gritar, pedindo para sair. Eu o coloquei no bolso, prometendo que logo o transformaria de volta em garoto, mas que agora aquela era a melhor maneira de mantê-lo seguro até chegarmos na casa da vovó e do vovô.

Minha intuição estava me dizendo para proteger meu irmãozinho. Durante o voo, podia sentir a mamãe se esquivando da gente. Sentia algo que não conseguia nomear escorregando pelos dedos, uma mudança sutil, como crescer alguns centímetros; algo que não podia ser percebido até que já tivesse acontecido. Quando pousamos, os olhos dela estavam vazios e olhavam através de mim. Em algum lugar a 30 mil pés de altitude, ela tinha abandonado a maternidade.

Dois

O ÔNIBUS DO MEL
Dia seguinte — 1975

A vovó nos esperava no aeroporto da Península de Monterey, de pé, com os braços cruzados, vestindo uma saia de lã e uma blusa engomada de gola alta com mangas bufantes. Usava uma echarpe de plástico amarrada no queixo para proteger o penteado armado, com ondas esculpidas no salão. Sua postura era perfeita, destacando-se da multidão de viajantes menos elegantes, que beijavam seus parentes em público. Ela escrutinava nossa chegada através dos óculos de gatinho, com os lábios comprimidos em uma linha fina. Quando a viu, minha mãe deixou escapar um gemido de mágoa e abriu os braços para um abraço, bem quando a vovó puxou um lenço sob a manga da blusa e estendeu para ela, para evitar uma cena. A mamãe pegou o lenço e ficou ali parada, incerta do que fazer. A vovó era adepta das normas sociais, e abrir o berreiro em público era altamente proibido.

— Vamos nos sentar — sussurrou ela, segurando a mamãe pelo ombro e levando-a até a fila de cadeiras de plástico duro.

Minha mãe assoou o nariz e engoliu o choro, enquanto a vovó estalava a língua e acariciava suas costas. Fiquei ali de pé, constrangida, olhando e ao mesmo tempo tentando não olhar. A vovó deu para mim e para Matthew duas moedas de 25 centavos de sua bolsinha e apontou para uma fileira de cadeiras com pequenas televisões em preto e branco acopladas ao braço. Encantados, corremos até as cadeiras para assistir a um programa de TV enquanto a mamãe e a vovó tinham uma Conversa Muito Importante. Matthew e eu nos espremíamos em uma das cadeiras, inserimos a moeda e mudamos de canal até acharmos um desenho.

Quando a vovó e a mamãe enfim se levantaram para irmos embora, éramos as últimas pessoas na área de desembarque. A vovó se aproximou, e eu instintivamente me empertiguei.

— A mãe de vocês só está cansada — disse ela, agachando-se para beijar minha bochecha.

Ela tinha cheiro de sabonete de lavanda.

Matthew e eu fomos no banco de trás da van cor de mostarda da vovó, tão longe dos bancos da frente que não conseguíamos ouvir o que elas conversavam. Olhei pela janela para observar a Califórnia. Era fevereiro, mas estranhamente não havia neve. Passamos por montanhas escuras com haras e subimos uma ladeira íngreme com curvas fechadas. A van rugia com o esforço, e meu estômago se revirou quando percebi que estávamos na beira de um vale, como se estivéssemos dirigindo na beirada de uma imensa cratera. Abaixo da gente, a terra se desenhava em entalhes profundos por todo o caminho até o vale lá embaixo, e comecei a imaginar que estávamos passando por cima de corpos de dinossauros que tinham morrido e virado montanhas.

Também reparei que as árvores na Califórnia eram diferentes — enormes e solitários carvalhos com galhos compridos feito tentáculos, retorcidos a alguns pés do chão, em nada parecidos com as árvores de bordo cor de fogo ou as florestas lotadas de bétulas magrelas lá de casa. Quando começamos a descer, eu podia ver todo o vale Carmel, uma vasta bacia verde com um rio prateado correndo por um dos lados. Meu ouvido ficou entupido na descida até chegarmos à base, e as montanhas tinham virado um forte gigantesco ao nosso redor. O vale Carmel parecia um jardim secreto de um dos meus contos de fada, isolado do restante do mundo. Estava bem quente, e o sol parecia fazer com que tudo ficasse mais lento: o trotar das caminhonetes, os sonolentos cantos dos galos, a lentidão do curso do rio.

Passamos por um parque e por uma piscina pública, e então viramos à direita na via Contenta e atravessamos uma escola com quadras de tênis. O restante da rua residencial era todo alinhado de casas estilo fazenda de um andar, separadas por muros de hera e carvalhos para privacidade. A vovó diminuiu a velocidade em frente a um quartel de bombeiros voluntários, onde alguns homens lavavam carros vermelhos, passou por uma pequena rua sem saída com um punhado de bangalôs de teto de madeira idênticos e, então, chegou ao destino: uma pequena casa vermelha no meio de um terreno de um acre rodeada de árvores altas demais.

A vovó passou direto pela entrada de cascalho e nos levou para os fundos, pegando uma estradinha de terra que acompanhava a cerca do terreno e era margeada por nogueiras com galhos que pendiam até o chão, introduzindo-nos em um túnel de folhas verdes. Os pneus amassavam cascas de nozes pelo caminho. Ela estacionou perto de um varal, onde suas anáguas de dança de salão esvoaçavam com o vento.

A vovó tinha muito orgulho de morar em um dos maiores lotes da rua, e lembrava rapidamente a qualquer um que ela estava entre os primeiros residentes do vale Carmel, chegando em 1931 da Pensilvânia com a mãe, quando tinha 8 anos. Elas haviam cruzado o país em um Nash Coupe conversível após o pai da vovó ter morrido inesperadamente de ataque cardíaco. A mãe dela queria fugir da tragédia e ir para um lugar quente e bom para nadar. Essa história, a vovó acreditava, conferiu a ela o direito de reclamar sobre o fluxo de novos moradores durante os quarenta anos seguintes. Contudo, estava satisfeita que os carvalhos, as nogueiras e os eucaliptos que demarcavam sua propriedade haviam crescido para bloquear os olhares curiosos dos vizinhos. E os vizinhos eram poupados da visão das tranqueiras do vovô, que se espalhavam pelo lote gigantesco.

Saí do carro e vi diversas pilhas de galhos de árvores do tamanho de fardos de feno, pelo menos três barracões de ferramentas, montes de cascalho e brita, dois jipes militares enferrujados, uma carroceria de caminhão, uma retroescavadeira e duas picapes destruídas. Uma treliça de videiras traçava o caminho entre a lavanderia e a cerca dos fundos, onde havia uma pequena cidade de colmeias empilhadas descansando sobre blocos de concreto, cada uma com quatro ou cinco caixas de madeira. Àquela distância, parecia uma pequena metrópole de cabines brancas.

Algo chamou minha atenção em meio àquele paredão de roupas. Caminhei pelo arco-íris de saias esvoaçantes para me aproximar, e me vi diante de um ônibus militar verde desbotado. A chuva tinha corroído a lataria, formando anéis de ferrugem no teto e deixando manchas marrons nas laterais. Plantas cresciam nas rodas, o para-brisa estava trincado e embaçado, e um arbusto enorme de ruibarbo crescia sob o banco da frente. Parecia ter saído direto da Segunda Guerra Mundial e estacionado bem no jardim do vovô, vindo de uma era em que os veículos eram cheios de curvas gorduchas em vez de quinas lisas, parecendo mais um animal do que uma máquina. O capô arredondado era esculpido como o focinho de um leão, com dois buracos de ventilação no lugar das narinas e faróis redondos fazendo as vezes de olhos, me encarando. Embaixo do nariz havia uma grade que parecia um sorriso cheio de dentes, e logo depois um para-choque de metal dentado que lembrava muito um lábio. Em tinta branca descascada lia-se Exército dos EUA 20930527. Tomada pela incongruência daquilo, me senti compelida a investigar.

Percorrendo um caminho com mato na altura da cintura, tentei olhar lá dentro, mas as janelas eram altas demais. Fui até a parte de trás do ônibus e, perto do cano de descarga, encontrei uma pilha torta de paletes de madeira que levavam a uma porta estreita. Subi a escada improvisada cambaleando e pressionei o nariz no vidro turvo.

Do lado de dentro não havia nenhum banco, mas, sim, uma espécie de fábrica de engrenagens, tubulações e manivelas. Uma bacia de metal do tamanho de uma banheira tinha sido colocada no chão, contendo uma roda presa por roldanas tão grandes quanto tampas de bueiro. Atrás do banco do motorista, vi dois imensos barris de ferro com uma toalha fina esticada sobre as aberturas.

Um aglomerado de tubos galvanizados fora suspenso no teto com linhas de pesca.

O equipamento se estendia ao longo de uma das laterais, e do outro lado do ônibus, o vovô empilhara um monte de caixas de madeira, cada uma com cerca de quinze centímetros de altura e sessenta de largura, pintadas de branco. Cada caixa retangular, trazida diretamente das colmeias, era aberta em cima e embaixo e continha dez lâminas de favos de mel em esquadrias de madeira removíveis. Esses quadros ficavam encaixados em fileiras, apoiados em entalhes dentro da caixa. Mais tarde, eu aprenderia com o vovô que eram as "melgueiras", caixas removíveis do topo de uma colmeia modular, onde as abelhas guardavam néctar no favo e o engrossavam até virar mel batendo as asas. As melgueiras ficavam por cima das caixas maiores, os ninhos, que eram a base da colmeia, onde a abelha-rainha coloca os ovos.

Devia ter três dúzias de melgueiras no ônibus. Mel cintilante gotejava dos quadros, formando piscinas brilhantes no chão preto emborrachado.

Havia potes de vidro no para-brisa que tinham ficado roxos de tanto pegar sol e blocos de cera de abelha amarelos como girassóis que o vovô tinha feito derretendo o favo e coando-o em formas de pão para endurecerem. Havia fios elétricos por todo canto e holofotes pendiam dos suportes no teto. Fiz uma concha com as mãos para tentar enxergar melhor lá dentro, e do meio das sombras, alguém surgiu do outro lado do vidro. Tomei um susto e quase caí para trás quando o vovô apareceu na porta.

— Bú! — disse ele.

Abelhas rodeavam sua cabeça, e ele logo bateu a porta para impedi-las de entrar no ônibus. O vovô usava uma calça jeans velha um pouco curta demais e estava sem blusa. Tinha o cabelo espetado para todos os lados, como se tivesse tomado um choque, e um rosto redondo bronzeado que o deixava com uma expressão de perplexidade com a vida, como se estivesse eternamente rindo de uma piada interna. Em uma das mãos, segurava uma lata com fumaça saindo de um bico. Ele puxou um tufo de grama verde do chão, colocou dentro da lata para aumentar a chama e disparou a fumaça sobre a pilha de caixas. Por fim, se ajoelhou e abriu os braços, sinalizando para eu correr até ele.

— Eu estava te esperando — falou o meu avô, me abraçando bem forte.

Agarrei o pescoço do vovô e apontei para o ônibus.

— Posso entrar?

Aquela estação de trabalho despertava uma espécie de encantamento estilo Willy Wonka em mim. Ele a construíra sozinho, usando apenas equipamento de criação de abelhas e pedaços de cano sobressalentes, e ligara tudo com um motor à gasolina de um cortador de grama. Quando o vovô enchia os vidros de mel durante os dias mais quentes do verão, o ônibus inteiro chacoalhava, como se estivesse pronto para partir, e a temperatura lá dentro podia chegar a quase 38 graus. Nada em sua estação secreta era oficial ou seguro para crianças, e o perigo daquele lugar abafado e grudento só o tornava mais irresistível. Para mim, parecia mágica que o vovô trouxesse caixas para dentro e saísse, horas depois, com potes de vidros cheios de mel dourado com gosto de luz do sol. O vovô tinha o poder de dominar a natureza, como Zeus, e eu queria que ele me ensinasse a fazer isso.

Ele se levantou e assoou o nariz em um pedaço de pano sujo e manchado antes de colocá-lo de volta no bolso de trás da calça.

— No meu ônibus do mel? Não é lugar para criança — afirmou ele. — Talvez quando você tiver uns 50 anos, que nem eu.

O ônibus era quente e perigoso, ele explicou. Eu podia perder um dedo.

O vovô estendeu o longo braço até o teto do ônibus, onde tinha colocado uma barra de ferro reforçada e entortada até formar um ângulo reto. Inseriu uma ponta da barra no buraco onde ficava a maçaneta e a girou para trancar a porta. Depois, colocou aquela chave improvisada de volta no teto do ônibus, fora do meu alcance.

— Franklin, pode vir me ajudar com a mala? — chamou a vovó, de um jeito que soava mais como uma ordem do que um pedido.

Ela tinha aprimorado suas habilidades de liderança com décadas de prática mantendo crianças do ensino fundamental na linha. Eu tinha um pouco de medo dela e sempre tentava me comportar bem, pois sua presença exigia isso, mesmo que fosse subentendido, não apenas de mim, mas de qualquer pessoa que estivesse por perto. Os ouvidos do vovô ficavam em alerta ao ouvir a voz da vovó.

Fui com o vovô até a van. Ele tirou nossa única bagagem do porta-malas, e fomos para a casa seguidos por um punhado de abelhas atraídas pelo mel nas botas dele.

Meus avós viviam em uma pequena casa vermelha com teto branco de cascalho que parecia neve durante o ano todo. O vovô dizia que diminuía o calor e era mais barato do que ar-condicionado. A casa tinha dois quartos e uma cozinha circundada por uma sala em L decorada com painéis de madeira vermelha, que servia como sala de estar e de jantar. Uma grande lareira de pedra ocupava metade de uma das paredes e era a maior fonte de calor do lugar. Ao lado dela havia um relógio de chão antigo, e do lado oposto da casa, janelas panorâmicas com vista para as montanhas Santa Lucia, que formavam uma barreira natural entre a casa e Big Sur. A cozinha era pintada de azul-bebê e era o lar da cachorrinha salsicha preta do vovô, Rita, que dormia embaixo de um banco do lado do lava-louça. Tinha um banheiro decorado com papel de parede listrado marrom e prata, e um chuveiro fraco que pingava água.

A vovó nos levou para o quarto de hóspedes que havia sido da mamãe quando criança. Desde então, fora pintado de laranja-claro. Entrei e, na hora, vi meu mundo diminuir: Matthew dormiria em um berço no canto, e eu dividiria a cama de casal com a mamãe. Guardaríamos as roupas em uma cômoda vitoriana de tampo de mármore com duas gavetas com cheiro de lavanda. De repente, meu quarto em Rhode Island parecia um castelo em comparação com aquela caixa pequena, tão superlotada pelas nossas camas que não havia espaço para brincar.

Minha mãe imediatamente fechou as cortinas para escurecer o quarto. A vovó levou Matthew e eu de volta para o corredor.

— A mãe de vocês precisa de um pouco de paz — murmurou ela. — Vão brincar lá fora.

A voz da vovó nunca sugeria, instruía. Entendemos de pronto a primeira regra sobre nossa nova casa: a vovó estava no comando. Ela seria a responsável por determinar nossa rotina, planejar as refeições e tomar decisões pela mamãe, pelo vovô e por nós.

A mamãe não foi jantar conosco naquela noite, então a vovó colocou uma tigela de sopa de tomate e torradas em uma bandeja para ela. Pôs um vaso de cristal com uma rosa ao lado do prato, como em um hotel.

— Alguém abra a porta — disse, de pé diante do quarto da mamãe.

Girei a maçaneta, deixando entrar um feixe de luz amarela no quarto escuro, e uma nuvem de fumaça de cigarro escapou para o corredor. A nuvem era tão densa que eu podia senti-la entrar em meus pulmões conforme respirava. Dei um passo para trás e deixei a vovó ir na frente. Ela se aproximou delicadamente da cama, onde minha mãe estava enroscada em posição fetal, chorando. Um cinzeiro de vidro âmbar estava apoiado na cabeceira da cama, lotado de cinzas.

— Sally?

A mamãe gemeu.

— Você precisa comer alguma coisa.

Ela saiu da posição fetal e se sentou. Franziu a testa e pressionou as têmporas.

— Enxaqueca — sussurrou ela.

A voz era tão fina que parecia que ia sumir. A vovó acendeu a luz, e eu podia ver que o rosto da mamãe estava vermelho, e os olhos, inchados.

— Quer um Tylenol? — ofereceu ela, procurando um potinho plástico no bolso e abrindo-o.

A mamãe estendeu a mão, e a vovó lhe entregou dois comprimidos e um copo d'água. Ela engoliu o remédio, devolveu o copo e então se deitou de novo no meio dos travesseiros.

— Muito claro — reclamou.

Apaguei a luz.

A mamãe parecia tão fraca, como se não conseguisse sequer levantar a cabeça. Isso me fez lembrar da vez em que encontrei um filhote de passarinho que tinha caído do ninho. Era cor-de-rosa, e eu podia ver as pálpebras arroxeadas dos olhinhos protuberantes que ainda não tinham aberto. A cabecinha da pobre criatura tombou para o lado quando tentei pegá-lo.

— Vou deixar o jantar aqui — disse a vovó, colocando a bandeja no pé da cama.

A mamãe afastou a bandeja. A vovó ficou do lado da cama por um instante, esperando para ver se minha mãe ia mudar de ideia. Ela se inclinou e ajeitou os travesseiros para a mamãe ficar mais confortável, e então a mamãe fechou os olhos e virou as costas para nós. Vovó pegou a bandeja e nós duas saímos do quarto.

Naquela primeira noite, Matthew dormiu no berço enquanto eu me espremi naquela cama grande com a mamãe afundada bem no meio, os lençóis firmemente enrolados nela como se fosse um burrito. Com cuidado, entrei debaixo do lençol, tentando não acordá-la. Ela resmungou e, sem grandes esforços, se ajeitou, e então chegou um pouco para o lado para abrir um espaço para mim. Fungou e começou a roncar baixinho.

Fui para a ponta do colchão, o mais distante possível da minha mãe sem cair da cama. Olhei para a janela, que era do tamanho da parede, procurando a luz da lua que iluminava as cortinas. Eu não queria que nossos corpos se tocassem, como se as lágrimas dela fossem contagiosas.

Eu estava inquieta e o sono não chegava. Imaginei o que o papai estaria fazendo naquele momento, se estava andando pelos quartos vazios da casa, mudando de ideia e decidindo vir para a Califórnia. Eu esperava que o que quer que tivesse acontecido com a nossa família fosse temporário, mas não entendia o que havia quebrado, então não tinha ideia do que fazer para consertar. Um novo peso se alojara no meu estômago, porque eu tinha conhecido a injustiça do azar aleatório, que era possível ter uma família um dia e perdê-la no seguinte. Eu queria saber por que estava sendo castigada e tentava relembrar todos os meus passos para entender o que eu tinha feito de errado para que minha vida sofresse aquela reviravolta. Era frustrante, mas tinha a sensação de que, dali em diante, eu teria que escolher minhas palavras e meus passos com mais cautela, para que fizesse a minha parte para confortar a mamãe e, devagar e com destreza, resgatar sua felicidade. Se eu fosse uma filha boa e paciente, quem sabe a sorte voltaria para mim?

Os roncos da mamãe e do Matthew entraram em sincronia, e tentei igualar minha respiração com a deles para relaxar e dormir. Fiquei deitada e entrei em um transe autoinduzido, cantarolando "Yellow Submarine" em silêncio até atingir um lugar nas profundezas da minha cabeça e apaguei.

Nas semanas seguintes, a mamãe continuou na cama. A vovó tentou diversas estratégias para animá-la e levou todo tipo de refeição, buscando algo que ela quisesse comer. Mas minha mãe recusava quase tudo e só aceitava café bem adoçado, refrigerante e, de vez em quando, uma tigela de queijo cottage. A vovó preparava bolsas quentes para as costas dela, compressas geladas para a testa e buscava livros de mistério na biblioteca. Mesmo assim, as enxaquecas não passavam. Quando ela reclamou dos músculos doloridos, a vovó vasculhou o armário do corredor e pegou um aparelho que parecia um mixer de cozinha, mas com uma haste que saía do meio e um disco de metal liso na ponta. A vovó ligou o aparelho e o disco esquentava e vibrava. Ela se sentou na cama e movia o aparelho vibrante pelas costas da mamãe, fazendo grandes arcos e diminuindo a tensão quando a mamãe gemia de alívio.

Meu irmão e eu não podíamos entrar no quarto durante o dia porque a mamãe precisava descansar, mas a vovó se sentava na ponta da cama dela durante horas enquanto conversavam, e apesar de meus esforços, eu só conseguia escutar uns trechos. Basicamente, ouvi a vovó reafirmar para a mamãe que a culpa não era dela, que ela podia deixar aquilo para trás, que os homens não valiam nada e muito menos todo esse estardalhaço. Eu ouvia a mamãe chorando e fazendo perguntas, magoada. Por que eu? O que eu faço agora? O que fiz para merecer isso? As perguntas dela eram parecidas com as minhas, e eu tentava escutar uma resposta da vovó que explicasse tudo. Nunca houve nenhuma, e acabei ficando cansada de espiar e desisti.

A primavera chegou, e a amendoeira na frente da casa ficou repleta de flores brancas. A mamãe entrou no terceiro mês de cama e seu desânimo só crescia. O revés de minha mãe despertou na vovó uma pena inesgotável. Enquanto minha avó dava à mamãe um porto seguro e tempo ilimitado para recuperar as forças, trabalhava dobrado para dar a impressão de que eu e meu irmão não estávamos praticamente órfãos. Ela nunca explicou para a gente o que estava acontecendo com a nossa mãe, pelo contrário, fingia que não havia nada de errado. Comprava e lavava nossas roupas, nos levava ao médico para exames de rotina, nos fazia escovar os dentes antes de dormir e escrevia cartas horríveis para nosso pai, exigindo que ele mandasse mais dinheiro para nos sustentar. A vovó adaptou-se à sua segunda maternidade com um senso de dever familiar, o que deu à mamãe um aval para assumir sua nova identidade de mulher desprezada. A vovó cuidava do Matthew e de mim de um jeito obrigatório, sem o afeto que reservava para a filha. A mamãe era cria dela, e nós éramos como órfãos adotados inesperadamente. Em seus momentos de maior frustração, ela culpava a mim e Matthew por estragarmos seus planos de vida, nos dizendo que se não fosse pelo nosso péssimo pai, ela poderia estar aproveitando a aposentadoria.

Sua sugestão de irmos brincar lá fora virou um refrão. A vovó tinha mais roupa para lavar, mais comida para fazer, mais sujeira espalhada pela casa para limpar, e não conseguia dar conta disso tudo se nós estivéssemos sempre no pé dela.

Do lado de fora tinha bastante coisa com que brincar, e como éramos supervisionados de maneira bastante desleixada pelos nossos avós, estávamos livres para explorar o jardim, contanto que eu ficasse de olho no meu irmão. Naquele primeiro verão, Matthew e eu nos lançamos nas vinhas de amora do vovô até nossos lábios e dedos ficarem roxos. A gente subia em dois jipes vazios e enferrujados do exército no jardim e dirigíamos por dezenas de guerras imaginárias. Desenterramos soldadinhos de plástico e bolas de gude velhas que alguém tinha enterrado nos "velhos tempos", e nos deparamos com uma pilha enorme de folhagem podada que o vovô estava juntando desde antes de a gente nascer — uma montanha colossal de galhos de árvores frutíferas —, que escalávamos com as mãos e os pés, que nem lagartixas subindo na parede. Descobrimos que, se pulássemos no topo, conseguíamos quicar, como em um trampolim. Caímos e nos ralamos apenas algumas vezes.

Logo nos adaptamos aos ruídos do vale Carmel e já não tomávamos susto quando um pavão, nos cumes das montanhas, soltava um piado como se fosse uma mulher sendo estrangulada, e aprendemos a diferenciar entre as sirenes de ambulância e as do Corpo de Bombeiros voluntários do fim da rua. A gente gostava bem mais do lado de fora do que do de dentro, que mais parecia uma biblioteca do que uma casa, com todo mundo falando em voz baixa e tendo cuidado para não bater as portas dos armários com força nem tilintar louças, qualquer coisa que pudesse perturbar a mamãe.

Meu irmão e eu corríamos livres e estávamos ficando um pouco selvagens, vestindo a mesma calça jeans durante tantos dias seguidos que ela ficava mais marrom do que azul, e tomando banho só quando a gente lembrava, o que não parecia incomodar ninguém, pois era bom economizar água na seca da Califórnia. Esse foi o motivo de Matthew e eu termos nos metido em uma grande enrascada quando fomos pegos nos escondendo atrás dos carvalhos, na beira da estrada, com as mangueiras do jardim ligadas no máximo, ensopando motoristas distraídos com uma tempestade repentina. Como se não bastasse termos feito uma brincadeira perigosa, ainda pior foi desperdiçar a preciosa água em uma seca iminente. O vovô estava deixando as árvores frutíferas morrerem e sua maior preocupação era a de que não houvesse flores suficientes para as abelhas produzirem mel. Vizinhos estavam resgatando trutas-arco-íris do que restava do rio Carmel, transferindo-as para tanques de água na caçamba de suas picapes e soltando os peixes na foz do rio, mais perto do mar.

Tentei argumentar que tínhamos fechado a mangueira nos intervalos entre os carros, mas não adiantou. A vovó mandou o vovô nos dar umas palmadas mesmo assim. Mas ele fez de tal forma que fosse mais simbólico do que doloroso, gesticulando de forma teatral, erguendo o braço bruscamente e suavizando antes de encostar no nosso bumbum. Ainda assim, berramos de vergonha.

A verdadeira lição que aprendemos das palmadas foi que os nossos avós eram o oposto um do outro. Ela era disciplina, ele, delicadeza. Quando dividiam o jornal pela manhã, ela lia as notícias sobre política e ele ria dos quadrinhos. Ela se preocupava com reputação e aparências; ele vestia regatas esfarrapadas com manchas de café e nunca se importava em limpar a sujeira debaixo das unhas. Ela era organizada; ele nunca jogava nada fora, juntando os pertences em pilhas dentro e fora de casa, pilhas que iam ficando maiores e mais altas com o passar dos anos e que de certa forma atingiam a definição profissional de acumulação. Ela detestava ficar lá fora; ele precisava ser convencido a entrar em casa.

Quando a vovó conheceu o vovô durante um baile de dança de salão na escola fundamental do vale Carmel, ela era uma mãe solteira de 40 anos que morava naquela pequena casa vermelha com a mamãe, que já tinha 19 anos na época. Divorciada havia poucos meses, a vovó tentava conhecer pessoas novas, e o vovô, três anos mais novo, estava feliz solteiro. Quando o vovô girou a vovó na dança, ela percebeu a força em seus braços, o cuidado que tinha ao dar cada passo. Também ajudou o fato de ela já ter lido sobre ele no jornal mensal de Big Sur, *The Roundup*, que o descrevia como o "solteiro mais cobiçado" de Big Sur.

O vovô não estava procurando uma namorada; ele estava bem com as abelhas e tinha uma renda fixa como encanador, aprendendo com amigos como fazer a água fluir para cabines remotas onde não havia um sistema de água encanado; cavando poços e escalando as íngremes montanhas Santa Lucia para desviar nascentes e córregos naturais para as casas lá embaixo.

Ruth e Franklin eram um casal distinto, mas um bom par de dançarinos, e começaram a frequentar as aulas de dança juntos e até a viajar para apresentações em lugares distantes, como Salinas e Sacramento. No terceiro encontro deles, no salão de dança de South Lake Tahoe, a vovó perguntou a ele quais eram suas intenções, e quando o vovô tentou fugir da pergunta, ela literalmente disse: "É pegar ou largar." Ninguém nunca o havia confrontado de maneira tão direta, e ele ficou impressionado. Concordou em se casar com ela, e a vovó o convenceu, bem ali, naquele momento, a atravessar a fronteira de carro até Nevada para que pudessem unir os laços na hora, sem dar a ele tempo de mudar de ideia. Eles dirigiram até encontrar um fórum em Carson City que fizesse casamentos a qualquer hora do dia, convenceram um faxineiro a servir de testemunha, e às nove horas daquela noite, tornaram-se marido e mulher. A mamãe ficou um pouco surpresa e duvidosa em relação ao seu novo e repentino padrasto, mas não teve tempo de conhecer o vovô. Quatro meses após ele se mudar para a casa, ela foi transferida da Faculdade da Península de Monterey para estudar sociologia na Universidade do Estado da Califórnia, em Fresno.

Meus avós não conheciam quase nada um do outro quando se casaram. Com o tempo, porém, aprenderam a amar suas diferenças. Ele gostava de cerveja gelada; ela preferia drinques. Ele falava apenas quando tinha algo a dizer; ela tagarelava em monólogos. Mas os dois combinavam, sobretudo porque ela gostava de liderar, e ele, avesso a confrontos, obedecia de bom grado. Ele não tinha interesse por poder, prestígio ou dinheiro, e entregava o dinheiro que ganhava para a vovó, para que ela pagasse as contas e despesas. Todas as manhãs eles partiam para seus mundos separados — ela para as aulas, ele para os terrenos selvagens de Big Sur — e se encontravam toda noite na mesa de jantar, onde ele comia em silêncio enquanto ela falava sobre uma lista infinita de assuntos. O vovô admirava a inteligência dela. Além disso, ele tinha um apetite olímpico e enchia o prato quatro vezes em uma só refeição. Isso o tornava um excelente ouvinte.

Não demorou muito para que eu e Matthew nos adaptássemos ao ritmo deles. A vovó preferia tomar seu drinque de fim de tarde deitada. Após um dia inteiro ensinando gramática e aritmética para uma sala cheia de adolescentes esforçados do quinto ano, sua primeira tarefa pós-trabalho era misturar os ingredientes de um Manhattan e repousar sobre o tapete grosso laranja da sala, com a cabeça em uma almofada e o jornal aberto à sua frente. Nessa época, ela já tinha me ensinado a fazer o drinque e eu gostava desse ritual diário quase tanto quanto ela. Eu despejava o uísque escuro em um copo alto de plástico azul até atingir dois dedos de altura, colocava um pouco de vermute doce da garrafa de vidro verde e adicionava duas pedras de gelo e uma cereja em conserva brilhante. Então misturava tudo com uma colher e levava para a vovó.

— *Grazie* — agradecia ela.

Lambendo os dedos em alto e bom som, ela virava as páginas do jornal gratuito *Carmel Pinecone* que havia pego no mercadinho do Jim e dizia a qualquer um que tivesse ouvidos o que pensava sobre a política local.

— Esses malditos vão todos para o inferno! Não acredito que querem colocar iluminação pública na vila! Perdoem meu palavreado.

As explosões dela não eram convites a respostas. Ela mantinha a cabeça baixa e continuava o solilóquio.

— Para que precisamos de luzes? Nem temos calçadas aqui. Malditos supervisores do condado de Monterey! — esbravejava, dando outro gole do drinque.

Políticos de fora estavam sempre tentando modernizar a isolada vila do vale Carmel e arruinar o motivo principal pelo qual as pessoas se mudavam para o interior, ela dizia.

Eu continuava ouvindo, enquanto escalava a poltrona do vovô e mexia no apoio lateral, tentando deitá-la. Acreditava que a vovó era excepcionalmente inteligente e sabia coisas que as pessoas normais não sabiam. Minha opinião vinha de duas fontes: a própria vovó, que havia me contado diversas vezes que seu QI de 140 comprovava que ela era um gênio, e também porque ela conseguia prever o tempo. Eu não sabia que a previsão do tempo era impressa no jornal, então quando perguntava a ela sobre o tempo e ela previa sol, chuva ou neve, eu achava que ela tinha algum tipo de linha direta com o universo.

Ela soltava frases em latim e em italiano de vez em quando, que soavam cosmopolita para mim. Conforme as horas de drinque se acumulavam, eu estava, aos poucos, começando a adotar sua visão de mundo, dividindo as pessoas entre certas e erradas. Eu não sabia o que era um democrata ou um republicano, mas ouvia essas palavras com tanta frequência que sabia que estávamos no time dos democratas.

As palavras da vovó eram diretas, preto no branco, fáceis de serem entendidas. Ela estava certa, e qualquer um que discordasse era burro e, portanto, merecia apenas pena.

— É um tédio ser inteligente — afirmava ela, chacoalhando o gelo no copo. — Sempre esperando que todo mundo chegue ao seu alcance. Um dia você vai saber do que estou falando.

A vovó estava lendo sobre a escassez de gasolina e passando as páginas com mais força. Fui até a cozinha, peguei uma das cerejas em conserva e fugi para o quarto da mamãe. A porta, como sempre, estava fechada, e não ouvi barulho nenhum lá dentro. A mamãe já estava de cama há tanto tempo que a aparência dela em minha mente estava se tornando trêmula, como uma memória. Eu sentia minha mãe mais do que a via, quando ela me abraçava à noite quando estávamos deitadas.

— Mãe?

Bati levemente na porta. Nada. Bati um pouco mais forte. Sua voz parecia vir debaixo das cobertas, grossa e abafada.

— Vá embora.

As palavras doeram, e recuei por reflexo. A mamãe ainda gostava de mim; eu sabia disso. Lembrava a mim mesma que ela só não estava bem. A vovó foi até o corredor e me viu de pé onde eu não deveria estar.

— Venha comigo — ordenou ela, colocando a mão nas minhas costas e me guiando até a cozinha. Ela pegou uma cesta de vime cheia de roupas molhadas de cima da bancada, e eu fui atrás dela até o lado de fora para pendurar a roupa. Ela jogou a cesta no chão sob o varal que o vovô tinha pendurado entre dois Ts feitos de cano. — Vai me passando. Não posso agachar por causa das minhas costas.

Passei para ela uma das camisetas brancas de algodão do vovô, manchada com gotas roxas e tão desgastada que já estava transparente. Ela bateu a blusa ao vento e a prendeu com os pregadores. Abaixou a mão para pegar o próximo item. Entreguei a ela sua camisola longa, estampada de rosas avermelhadas.

A vovó pigarreou.

— Sua mãe vai precisar da ajuda de todo mundo para melhorar — comentou ela, contemplando a roupa nas mãos.

Eu sabia o que estava por vir. Estava encrencada por ter batido na porta.

— Eu só queria pegar o Morris.

A vovó olhou para mim.

— Você não acha que está velha demais para ter um bichinho de pelúcia?

Aquelas palavras foram tão terríveis que, por um instante, eu esqueci o que estava fazendo e deixei meu vestido verde xadrez preferido cair no chão. Não conseguia dormir sem o Morris. Era meu único pertence, a única coisa que eu tinha de Antes.

— Foi o papai que me deu!

A vovó agachou para pegar o vestido e resmungou de dor. Parecia travada, mas colocou a mão nas costas e ergueu-se devagar, inflando as bochechas com o esforço. Sacudiu a sujeira do vestido e continuou pendurando as roupas.

— E tem mais uma coisa — falou ela. — Não quero você e o Matthew mencionando o seu pai perto da sua mãe. Isso só deixa ela triste.

A única coisa sobre a qual eu queria falar era o papai, mas o nome dele não surgira nem uma vez desde que tínhamos chegado na Califórnia. Todos agiam como se ele não existisse, e eu até começava a achar que Matthew estava se esquecendo dele. Ele já tinha começado a se referir ao vovô como pai. Toda vez, o vovô o lembrava gentilmente que era o avô dele, não o pai. Era como se nossa vida em Rhode Island fosse um filme que tivesse acabado e ponto final. Finalizado e esquecido. Se todo mundo fingir que seu pai não existe, isso não se torna verdade?

A vovó olhava fixamente para mim, esperando que eu concordasse em nunca mais mencionar meu pai. Não fazia sentido argumentar porque eu estaria tomando o lado dele, e isso teria uma repercussão que me dava calafrios só de pensar. É verdade que eu queria que a mamãe melhorasse. Não queria continuar a pensar nela como uma pessoa doente, alguém com o coração frágil e o olhar distante. Queria que ela penteasse meu cabelo de novo, lesse *O ursinho Pooh* para mim, me levasse ao supermercado. Se isso significava ter conversas silenciosas sobre o papai na minha cabeça, era o que eu faria. Mas antes que me submetesse ao ultimato da vovó, precisava fazer uma pergunta:

— Quando ele vai vir para cá?

A vovó colocou a mão no bolso da camisa e pegou um maço de cigarros. Tirou um, acendeu e relaxou os ombros no primeiro trago. Ela olhou para o ônibus do mel como se estivesse procurando uma resposta.

— Seu pai não é um homem bom — respondeu ela, mantendo-se de costas para mim. Depois, estendeu a mão para que eu lhe entregasse a próxima roupa da cesta. Fim de papo.

Mordi a língua para me impedir de chamar a vovó de mentirosa. Como ela se atrevia a escolher um lado? Ela não podia cortar o papai de minha vida com uma tesoura. Eu tinha ouvido de tuberculoso; sabia que ela falava com a mamãe sobre ele às vezes, quando os sussurros escapavam pela porta fechada do quarto. Não era justo que elas pudessem falar dele e eu não — era o *meu* pai, afinal de contas. Eu não era boba; já tinha entendido que a mamãe e o papai estavam brigados e que aquilo não era uma "visita" à Califórnia, mas isso não tornava o papai uma pessoa ruim, e minha mãe, boa. Ele era o meu pai e ia voltar. A vovó tinha entendido tudo errado.

O sol estava se pondo e o ônibus do mel parecia iluminado com holofotes laranja e amarelos. Pelas janelas eu via a sombra de três homens junto com o vovô, passando os quadros de favos de mel um para o outro e gritando sobre o som das máquinas.

Cheguei um pouco mais perto para ver melhor. Por causa do calor, os homens tinham tirado e estendido as blusas em uma das barras no teto. Eu não conseguia ouvir o que falavam, mas dava para ver que contavam piadas, batiam nas costas uns dos outros e se dobravam de rir. Eles pareciam bonecos de plástico, com os peitorais inflados e brilhantes de suor, conforme erguiam as caixas e construíam pirâmides de potes de vidro cheios de mel. Eu observava cada movimento, até como o pomo de adão se mexia com cada gole de cerveja, e desejava em silêncio que eles me chamassem para entrar com um aceno de seus braços de Popeye. Aqueles eram os amigos de Big Sur com quem o vovô tinha crescido, os que ensinaram a ele a amarrar o gado e mergulhar com snorkel para pegar as conchas abaloadas iridescentes que eu tinha achado no jardim. Eram homens grandes com mãos grandes, que ensinaram o vovô a construir casebres de madeira para guardar lenha, a caçar javalis selvagens e a limpar deslizamentos de terra da estrada com maquinário pesado. Eles eram lenhadores lendários, homens das montanhas de Big Sur que sabiam se virar na natureza selvagem.

Assentei a grama alta e fiz um pequeno espaço para que pudesse me sentar e vê-los trabalhar. Eles usavam facões grossos e pesados, escurecidos de açúcar queimado, para abrir os favos grudados com cera, expondo o mel alaranjado. Baixavam os quadros de favos na enorme roleta e giravam a manivela protuberante da esquerda para a direita, usando as duas mãos e todo o peso de seus corpos para trocá-la de posição. Vi um dos homens puxar uma corda diversas vezes e ouvi o motor do cortador de grama ligar e ganhar vida. A ventoinha começou a girar e fazer barulho enquanto ganhava velocidade, fazendo o ônibus chacoalhar um pouco de um lado para o outro. A bomba começou a funcionar, puxando o mel do fundo do extrator, sugando-o pelos canos que subiam e direcionando-o a cair em cascata, em dois fios finos, nos tanques. Parecia um milagre, como descobrir um veio de ouro.

Permaneci no meu cantinho até o sol se esconder por trás do horizonte e os grilos começaram a cantar. Os homens ligaram os holofotes dentro do ônibus e os penduraram nas barras do teto, para que pudessem continuar trabalhando durante a noite.

Eu era atraída pelo ônibus como uma mariposa pela luz por um desejo tão incontrolável que me causava dor física, como uma úlcera no estômago, uma vontade de desaparecer na proteção reclusa de um espaço fechado, um submarino ou um ônibus. O ônibus do mel parecia quentinho e seguro. Queria que os homens me convidassem para me juntar ao clube secreto deles e me ensinassem a fazer algo lindo com minhas próprias mãos. Meu coração pulsava quando eu os via trabalhando juntos, movimentos de uma conhecida dança harmoniosa, passando quadros de favos de mel pingando um para o outro e revezando-se para colocar o mel dentro dos potes de vidro conforme a substância pingava dos canos. Dava para ver como o ônibus os fazia feliz, e achava que poderia acontecer o mesmo comigo.

Fui tomada por uma certeza, em algum lugar profundo dentro de mim, de que algo importante me aguardava dentro daquele ônibus, como a resposta para uma pergunta que eu ainda não tinha feito.

Tudo que eu precisava era dar um jeito de entrar lá.

Três

A LINGUAGEM SECRETA DAS ABELHAS
Fim da primavera de 1975

Eu não limitava minhas bisbilhotices ao jardim. Na maior cara de pau, abria gavetas e vasculhava armários. Assim, desenvolvi um interesse aguçado no que a vovó e o vovô guardavam dentro de casa. Como eram idosos, as coisas deles também eram velhas, e eu gostava de caçar artefatos raros esquecidos nas esquinas distantes de suas histórias. Encontrava pontas de flecha que o vovô tinha desenterrado enquanto escavava tubulações em Big Sur, e, de dentro de um baú de cedro, resgatei uma pilha empoeirada de revistas *LIFE* com capas de JFK, Elvis e os primeiros astronautas. Os armários da cozinha continham um cemitério de utensílios de cozinha que a vovó havia usado apenas uma vez e depois considerado ridículos.

Certa manhã, achei um liquidificador no fundo do armário debaixo da pia. Encaixei a jarra de vidro na base, coloquei a tampa, pressionei um dos botões e ele ganhou vida. Para uma garota entediada com poucos brinquedos, de repente passei a ter aquela incrível máquina milagrosa e uma cozinha cheia de coisas intrigantes coletadas em potes de vidro. Abri a despensa e peguei um pote que continha uma substância que parecia gelatina verde fluorescente, tirei a tampa e cheirei:

era geleia de menta. Aquilo devia ter um gosto bom — eu gostava de chiclete de menta e de geleia na torrada —, então joguei um pouco no liquidificador e adicionei leite. Achei que precisava de mais de dois ingredientes para fazer milk-shake, então vasculhei a cozinha outra vez até meus olhos se depararem com as caixas de cereal alinhadas em cima da geladeira. Arrastei o banco até lá e peguei a caixa de cereal de milho, pensando que isso poderia deixar a bebida mais espessa. Coloquei o liquidificador na velocidade mais alta e bati tudo até ficar na consistência de uma pasta de dente grossa, que despejei em uma caneca de cerâmica e levei para o vovô, que estava na mesa de jantar assistindo aos pássaros engolirem as sementes que ele havia espalhado pelo deque.

O vovô comia qualquer coisa. Ele mastigava moela de galinha, dizia que língua de boi era algo tão delicioso que o deixava cheio de energia e devorava alcachofras inteiras. Ele até havia desenvolvido uma técnica para extrair todos os milhos de uma espiga usando apenas os dentes inferiores e passando a espiga de um lado para o outro na boca, como o carrilho de uma máquina de escrever. Apresentei a ele meu milk-shake. Ele deu um gole e precisou de alguns segundos para encontrar um adjetivo.

— Refrescante! — disse, bebendo um gole de café para tirar o gosto da boca. — Como se chama isso?

— Menta-shake — respondi.

O vovô assentiu, pensativo, e tamborilou os dedos na mesa, como o jurado de uma degustação pensando em uma nota.

— Vamos dividir! — sugeriu ele, empurrando a caneca de volta para mim.

Aquilo era um desafio. Eu podia ver que o vovô estava tentando manter o rosto inexpressivo enquanto eu pegava a caneca, mas quando eu estava prestes a dar um gole, um zunido baixo distraiu a gente de nosso embate. Por reflexo, o vovô se virou em direção ao som e viu algo voando no ar. Segui o olhar dele até notar o que ele estava vendo: uma abelha sobrevoando a mesa de jantar. Ela estava suspensa no ar com as perninhas penduradas sob o corpo, mantendo-se no mesmo lugar ao bater as asas tão depressa que elas ficavam invisíveis. Coloquei a caneca na mesa e me inclinei para trás em câmera lenta. A abelha, observando cada movimento meu, começou a vir devagar em minha direção, voando em arcos vagarosos de um lado para o outro, aproximando-se um pouco a cada arco que fazia no ar.

Meus músculos ficaram tensos e desejei que a abelha, por favor, por favor, por favor, fosse embora. Mas ela estava atraída pelo cheiro doce da caneca e determinada a provar o menta-shake. Quando estava prestes a pousar na borda, dei um tapa nela.

A abelha emitiu um zunido agudo em resposta e começou a voar em círculos sobre nossas cabeças, agitada.

O vovô deu um pulo da cadeira e agarrou meu braço com tanta força que apertou o osso. Fiquei perplexa, assustada pela agressividade repentina. Ele nunca tinha ficado bravo comigo antes, sempre batia de mentirinha em mim e no Matthew quando a vovó o forçava a nos castigar por mau comportamento. Ele se inclinou na minha direção até nossos narizes quase se tocarem. As palavras dele foram propositais e firmes, cada uma como o toque de um sino de igreja.

— Você. Não. Deve. Machucar. As. Abelhas.

Ele não desviou o olhar até que tivesse certeza de que aquelas palavras haviam entrado na minha mente. Eu devo ter feito uma coisa muito ruim para o vovô brigar comigo, mas estava confusa. As abelhas picam as pessoas. Elas eram pestes, que nem os mosquitos. Qual é o problema de eu matar uma? Eu não estaria fazendo a coisa certa ao me proteger?

— Ela ia me picar! — protestei.

As sobrancelhas do vovô se ergueram.

— Por que você acha isso?

A abelha se debatia contra a janela, tentando ir embora. Seu zunido se transformou em um som esganiçado. Pensei que talvez devêssemos ter essa conversa em outro lugar, mas o vovô não se incomodava com a visão de um inseto perigoso ficando com mais e mais raiva. Procurei responder à pergunta sem tirar o olho da abelha frenética.

— Porque as abelhas picam.

— Venha aqui — disse o vovô.

Eu o segui até a cozinha, onde vasculhamos os armários até encontrarmos um pote de mel vazio.

— Pegue um pedaço de papel para mim.

Eu estava ávida para fazer qualquer coisa que o deixasse feliz. Corri até a mesa da vovó, peguei um pedaço de seus papéis bonitos, e praticamente me curvei em reverência quando o entreguei a ele.

— Ouça — disse o vovô, fazendo uma concha com as mãos por trás da orelha e virando a cabeça em direção ao zumbido. — Está bem agudo. Ela está com medo. Você percebe?

Segui o som até que vi a abelha planando em um círculo instável pela sala, procurando uma saída. Então ela parou na janela da sala de jantar, de frente para o deque.

Apontei.

— Ali!

O vovô foi devagar até ela, escondendo o pote nas costas. Quando estava atrás da abelha, aprisionou-a no pote com um movimento veloz. Passou o papel entre o vidro e a abertura do pote, formando uma tampa temporária. Ele caminhou para trás, segurando a armadilha, e a abelha escalava o vidro, batendo no interior do pote com as antenas.

— Abra a porta para mim — pediu ele.

Nós saímos juntos, e em vez de soltar a abelha, o vovô se sentou no último degrau e bateu com as mãos no chão ao lado dele, para que eu me sentasse também.

— Estique o braço.

Ele inclinou o pote, como se fosse libertar a abelha no meu braço. Puxei a mão de volta.

— Ela vai me picar!

Ele respirou fundo, como se estivesse precisando de toda a sua paciência, e então virou-se para mim de novo.

— As abelhas não vão machucar você se você não machucar elas.

A maioria da informação sobre abelhas que eu tinha vinha dos desenhos animados, onde aqueles insetos sempre viajavam em enxames com sede de sangue, aterrorizando todo tipo de pessoa, coiote, porco ou coelho que encontravam. Contei isso para o vovô.

— É tudo mentira — explicou ele. — As abelhas não saem por aí para atacar. Elas só picam para defender suas casas. Elas sabem que se usarem o ferrão, vão morrer, então dão diversos avisos antes.

O vovô tentou pegar meu braço outra vez, mas eu o tinha escondido atrás das costas, ainda incerta. A abelha estava enfurecida, batendo nas paredes da prisão de vidro. Ele colocou o pote no chão e falou comigo de forma lenta e cuidadosa.

— As abelhas falam, mas não com palavras. Você precisa observar como elas se comportam para entender sua linguagem. Por exemplo — disse ele, erguendo um dedo para enumerar seus pontos. — Se você abrir uma colmeia e ouvir um som suave de mastigação, significa que as abelhas estão ocupadas e felizes. Se ouvir um rugido, significa que estão chateadas.

Eu via a abelha ficar mais nervosa a cada segundo.

— Dois — continuou, erguendo um segundo dedo. — As abelhas vão pedir para você se afastar da colmeia dando cabeçadas em você. É um aviso educado para ir embora sem que elas precisem picar.

Eu começava a entender que o vovô talvez conhecesse as abelhas de uma maneira diferente das outras pessoas. Ele passava todos os dias com elas, então provavelmente sabia o que estavam pensando. Mas isso não significava que eu queria uma abelha andando em mim. Eu confiava que o vovô não faria nada que pudesse me machucar, mas não podia dizer o mesmo sobre a abelha aprisionada, que, pelo andar da carruagem, ficara completamente irritada. Ele pegou o pote outra vez e o trouxe até mim. Fiz que não com a cabeça.

— Você não pode sentir medo perto das abelhas. Elas sentem o medo, e isso as deixará amedrontadas também. Mas, se você estiver calma, elas vão ficar calmas.

— Mesmo assim, tenho medo — sussurrei.

— A abelha tem mais medo de você — falou ele. — Você imagina o quanto pode ser assustador quando se tem esse tamaninho em um mundo tão grande?

Ele tinha razão. Eu não gostaria de trocar de lugar com uma abelha. Eu sabia que não machucaria a abelha, mas a abelha não sabia disso. Estendi o braço de novo.

— Está pronta?

Assenti enquanto assistia à abelha cair de costas dentro do pote, com as seis perninhas balançando, procurando o chão.

— Abelhas são animais sensíveis, portanto não faça movimentos bruscos e nem barulhos altos, está bem? Você precisa se movimentar bem devagar perto delas, para que se sintam seguras.

Prometi ficar imóvel, o que era fácil, pois estava apavorada. Tentei me concentrar em pensamentos relaxantes, mas era impossível fazer isso de forma espontânea. O vovô bateu levemente o pote no meu punho, e a abelha caiu. Ela ficou parada enquanto eu prendia a respiração, e então tentou dar alguns passos.

— Faz cócegas — murmurei.

De perto, vi que o corpo de uma abelha era um conjunto de partes entrelaçadas minúsculas, como o interior de um relógio. Suas antenas, dois pauzinhos em formato de L que giravam sem parar na testa, entre os olhos, sentiram o ar e encostaram na minha pele, e me lembraram de uma pessoa cega usando uma bengala.

— O que ela está fazendo?

— Dando uma olhada em você — respondeu o vovô. — As antenas das abelhas conseguem sentir cheiro, toque e gosto.

Imagine só. Ter uma parte do corpo que é nariz, ponta dos dedos e língua ao mesmo tempo. Conforme a abelha se acostumava comigo, eu me acostumava com ela. O vovô estava certo. Aquele pequeno inseto não era meu inimigo. Levantei o braço bem devagar até conseguir ver os olhos dela, que pareciam duas vírgulas pretas brilhantes nas laterais da cabeça. O medo deu lugar ao fascínio, enquanto eu observava como ela era, tão pequena, tão perfeita.

Nervuras se espalhavam pelas asinhas cintilantes. Ela era peluda, e seu abdômen expandia e contraía a cada respiração. Olhei mais de perto para as listras e percebi que as de cor amarelada tinham pelinhos curtos, e as pretas eram lisas. As pernas tinham pequenos ganchos na ponta, e ela usava o par da frente para esfregar as antenas. Limpando-as ou coçando-as, imaginei.

— O que acha?

— Posso ficar com ela?

— Infelizmente, não. Ela vai morrer de solidão se você separá-la da colmeia.

Eu estava começando a entender que as abelhas tinham sentimentos, como as pessoas, e também viviam em famílias, onde se sentiam seguras e amadas. Se não têm a segurança das amigas da colmeia, elas perdem a alegria de viver. Eu estava prestes a perguntar se não deveríamos devolver essa abelha para a colmeia quando ela abriu as mandíbulas e desenrolou uma língua comprida e vermelha.

— Ela vai me picar! — gritei.

— Shh, fique quieta — sussurrou o vovô.

A abelha provou meu braço, experimentou meu gosto, percebeu que eu não era uma flor e recolheu a língua. Colocou o bumbum para trás e bateu as asas tão rápido que pude sentir a vibração na pele. Então, levantou voo e desapareceu.

O vovô se levantou, pegou minha mão e me puxou para ficar de pé.

— Meredith, nunca mate um animal, a não ser que vá comê-lo.

Eu prometi a ele.

Naquela noite, quando deitei debaixo dos lençóis, a mamãe já estava roncando. Pigarreei, na esperança de que ela acordasse, e como isso não aconteceu, chacoalhei a cama um pouquinho.

— Hum?

— Oi, mãe.

Ela resmungou e se virou para mim, os olhos fechados.

— O que foi?

— Você sabia que as abelhas morrem depois que picam?

— Shh. Vai acordar o seu irmão.

Baixei a voz e sussurrei:

— O estômago delas sai junto com o ferrão.

— Que legal.

A mamãe me virou de costas, encaixou os joelhos dela sob os meus e me puxou para perto da barriga. Eu estava prestes a falar sobre ter segurado uma abelha, mas senti os espasmos das pernas dela e percebi que já tinha voltado a dormir.

Fiquei ali deitada, a cabeça repleta de perguntas sobre abelhas. O vovô tinha acabado de abrir um portal para um microcosmo secreto em nosso jardim, e depois de aprender que as abelhas viviam em família, queria descobrir tudo sobre elas. Que abelhas são os pais? Quantas existem em cada família? Como elas sabem em que colmeia vivem? Como é uma colmeia por dentro? Elas dormem à noite? Como fazem mel lá dentro? O vovô provou para mim que eu podia me aproximar de uma abelha sem ser picada. Eu estava ficando convencida de que animais e insetos medonhos quase nunca se equivaliam às reputações impostas a eles por circos e filmes de terror. O vovô estava ensinando a mim e ao Matthew que todas as criaturas eram sagradas, com suas próprias vidas emocionais. Como parte de nossa educação, toda noite depois do jantar, subíamos na cadeira do vovô junto com ele para assistir aos seus programas preferidos sobre natureza. Eu ficava encantada ao ver leões brincarem com seus filhotes, polvos de aquário envolvendo os braços dos humanos que cuidavam deles ou elefantes cavarem escadas em um buraco profundo de lama para que um filhote pudesse sair em segurança. Então, pensei, e se as abelhas tivessem essa mesma compaixão, e se eu pudesse aprender a enxergar isso? Como uma menina que precisava saber que o amor existia naturalmente ao seu redor, era animador que eu não precisasse esperar pelos programas de TV como *Reino selvagem* ou *Jacques Cousteau* para aprender isso. Os mistérios do reino animal estavam ao meu alcance, a qualquer hora que eu quisesse. Naquela noite, quando fui para cama, o confinamento de nosso pequeno quarto se expandiu imensamente. Eu tinha encontrado uma coisa boa — um motivo para a Califórnia me deixar feliz.

Acordei com o barulho da chaleira chiando no fogão, então sabia que meus avós já estavam de pé. Andei na ponta dos pés pelo corredor e abri a porta do quarto deles. A vovó estava lendo em voz alta para o vovô partes do *Monterey Herald*, enquanto ele olhava fotos de uma revista de apicultura chamada *Gleanings in Bee Culture*. Nos fins de semana, eles gostavam de começar o dia devagar. Subi na pequena cama de dossel, me encaixei entre os dois e perguntei ao vovô se ele podia me mostrar suas colmeias.

— Caramba, menina — respondeu o vovô, fechando sua revista. — Eu ainda nem tomei meu suco de pensamento hoje.

— Excelente lembrança — respondeu a vovó. — Parece que o café está pronto, Franklin.

O vovô, obediente, levantou as cobertas e deslizou os pés para dentro das pantufas, e ouvi suas juntas estalarem enquanto ele se levantava. Respirei fundo fazendo drama, mas ninguém reparou. Eu ia ter que esperar. Aos sábados e domingos, eles saboreavam diversas xícaras de café na cama, enquanto a vovó devorava o jornal do início ao fim, lendo em voz alta parágrafos particularmente importantes para o vovô, além de acrescentar seus próprios comentários. O vovô acabava entediado em determinado momento, mas nunca reclamava. Em vez disso, ele a distraía pegando seções do jornal com seus fortes dedos do pé e virando as páginas no colo dela. A vovó achava aquilo repulsivo; o vovô considerava um ato de rebeldia.

Caminhei pelo jardim e vi Matthew levantando suas pernas gordinhas e pisando em algo perto da horta. Quando me aproximei, vi que estava matando lesmas. Ele sorriu quando me viu chegar e levantou o sapato para mostrar a poça pegajosa que tinha feito no chão. Matthew estava ajudando o vovô, que tinha mostrado a ele como caçar os predadores que comiam os vegetais. Lesmas e esquilos eram as únicas exceções à regra do vovô de "não matar".

— Que nojo! — falei, um pouco irritada pelo quanto meu irmão estava gostando daquilo.

Ele segurou uma lesma entre o polegar e o indicador e a jogou no chão.

— Sua vez!

Em vez de fazer aquilo, peguei a mão dele.

— Vamos, tenho outra coisa para você fazer.

Os olhos do meu irmão se arregalaram e ele foi saltando ao meu lado enquanto eu o levava até o ônibus do mel. Tinha uns 45 centímetros de espaço sob o chassi. Se rastejássemos por baixo, poderíamos, quem sabe, encontrar um buraco enferrujado ou algum tipo de entrada para dentro do veículo. Eu já tinha tentado empurrar todas as janelas e inserir todo tipo de graveto, chave de fenda e facas de manteiga no buraco da maçaneta da porta de trás, na esperança de conseguir abri-la. Essa era minha última ideia. Imaginei que meu irmão seria necessário, caso encontrássemos um buraco pequeno demais para mim.

Deslizei para baixo do ônibus com as costas no chão, pois era da natureza de Matthew esperar para ver se algo era seguro antes de tentar também. Ele viu minhas pernas desaparecerem e esperou por meu relato. Um emaranhado de plantas bloqueava minha visão da parte de baixo, então abri bem os braços e as pernas para derrubá-las. Pressionei alguns pontos no chão do ônibus com os pés em busca de partes frágeis. O metal estava enferrujado, mas ainda duro. Chutei o cano de descarga e ele sacudiu um pouco, me cobrindo de uma poeira fina. Eu me arrastei para a parte da frente do ônibus e me deparei com um pneu descartado. Fora isso, a única coisa que encontrei embaixo do ônibus foi um jardim de latas corroídas de óleo de vinte litros.

Desisti de procurar e fiquei deitada de costas por um instante, tentando pensar. Tinha que haver uma solução. Matthew me chamou, e, quando me virei para olhar, eu o vi com as mãos e os joelhos no chão, começando a engatinhar para baixo do ônibus. Foi quando duas pernas apareceram atrás do meu irmão.

— O que tem de tão interessante aí embaixo? — Ouvi o vovô perguntando.

— Mare-miss — respondeu Matthew, apontando. Ele ainda não conseguia pronunciar meu nome direito.

O vovô se agachou e ficou de barriga no chão ao lado do meu irmão, os dois me olhando. Fiquei imóvel porque senti que tinha acabado de ser pega no flagra. Não tinha feito nada ruim, só um pouco constrangedor.

— O que você tá fazendo aí embaixo?

— Tentando entrar.

— Não sabe que a porta é aqui em cima?

— Tá trancada.

— Sim, para manter as crianças do lado de fora.

O vovô colocou a mão embaixo do ônibus e curvou o indicador, fazendo um sinal para que eu fosse até ele. Eu me arrastei para fora, e enquanto ele me ajudava a levantar, limpou minhas costas e puxou uns carrapichos. O que quer que estivesse dentro do ônibus teria que esperar. Até que eu crescesse, seja lá quando isso fosse acontecer. As únicas pessoas que podiam entrar eram os amigos do vovô, então imaginei que teria que esperar até virar adulta, o que poderia não acontecer *nunca*.

— Pensei que você quisesse ver as abelhas — comentou vovô.

A contraproposta dele foi muito bem-executada, e me animei na hora. Como parte do acordo, eu teria que tomar café da manhã primeiro.

Com a barriga cheia de panquecas, segui o vovô até a cerca dos fundos, onde ele mantinha seis colmeias alinhadas. O sol batia na fenda de entrada da base das colmeias, iluminando as tábuas de pouso por onde as abelhas entravam e saíam. Um pequeno enxame pairava diante de cada colmeia, esperando pelo momento certo de voltar para dentro. Percebi que o zumbido dessas abelhas era diferente da que encontramos dentro de casa; o som que faziam não tinha a urgência de um berro, era contido e calmo, como uma pessoa solfejando as notas de uma canção. Parei de frente para a colmeia mais à direita, a cerca de trinta centímetros da entrada, para que pudesse vê-las. Senti a mão do vovô no meu ombro.

— Não fique aí parada. Não está vendo o que está acontecendo atrás de você?

Eu me virei e vi um grupo de abelhas sacolejando no ar, sem pretensões de desviar de mim para entrar na colmeia. Mais abelhas se juntavam a cada segundo.

— Você está na rota de voo delas — explicou ele, guiando-me para a lateral da colmeia.

Assim que saí do caminho, o grupo de abelhas que aguardava varou feito um cometa para dentro. Ajoelhei ao lado da colmeia para que as abelhas ficassem na altura dos meus olhos. Uma por uma, elas marcharam para a entrada, limparam as antenas, agacharam e entraram como um foguete.

— O que está vendo?
— Muitas abelhas entrando e saindo — respondi.
— Olhe de perto.

Olhei e vi a mesma coisa. Abelhas voando para dentro. Abelhas voando para fora. Eram tantas que ficava difícil manter os olhos em uma só. O vovô pegou um pente do bolso de trás e passou no cabelo em três movimentos treinados, por cima e pelos lados, esperando que eu visse o que quer que fosse para eu ver. Então, apontou para a plataforma de pouso.

— Amarelo! — anunciou.

Eu só conseguia ver as abelhas.

— Laranja! Cinza! Amarelo de novo!

E então eu vi. Algumas das abelhas que estavam retornando para a colmeia tinham uma coisa presa nas pernas posteriores. A cada cinco ou seis abelhas que voltavam, uma entrava cambaleando, carregando pequenas bolas, como as bolinhas que tiramos do nosso casaco preferido, alguns montinhos menores do tamanho da cabeça de um alfinete, outros do tamanho de um grão de arroz, tão grandes que a abelha tremia com o peso.

— O que é isso?

— Pólen. A cor revela à qual flor pertence. Bronze é da amendoeira. Cinza é da amoreira. Laranja é papoula. Amarelo é mostarda, provavelmente.

— E para que serve?

— É para o pão das abelhas.

Ele estava zombando de mim. Abelhas não faziam pão. Só mel. Todo mundo sabe disso.

— Vô!

— O quê? Não acredita em mim?

— Não.

— Pode acreditar. As abelhas misturam o pólen com um pouco de saliva e néctar e dão para as abelhas filhotes. O pão das abelhas.

Fazia mais sentido, mas ainda era esquisito. Esperei que começasse a rir da própria piada, mas ele continuou sério. Foi verdade quando ele disse que era seguro deixar uma abelha andar em mim, então acho que ele sabia para que o pólen servia. Dessa forma, resolvi seguir com aquela história.

— Elas estão fazendo pão aí dentro?
— Elas pegam o pólen, mastigam com o néctar e guardam no favo.
— Posso ver?
— Hoje não. Não quero incomodá-las agora. Elas estão produzindo cera nova.

Naquele instante, a abelha mais gorda que eu já tinha visto na vida saiu da colmeia. Era maior e mais robusta do que todas as outras, os dois olhos enormes ocupavam quase a cabeça toda. Eu a vi abordar diversas abelhas de tamanho normal e bater as antenas nas antenas delas. Toda abelha em que ela encostava recuava e andava em círculos, como se estivesse irritada por ser tocada.

— Essa é a abelha-rainha?

O vovô a pegou e a colocou na palma da mão.

— Não. É um zangão. Uma abelha macho. Está implorando por comida.

Perguntei ao vovô por que ele não ia buscar o próprio alimento.

— Os zangões não trabalham. Sabe todas essas abelhas que você está vendo? São fêmeas. Os machos não coletam néctar nem pólen para a colmeia, não alimentam os filhotes e não produzem cera nem mel. Eles nem têm ferrão, então não podem proteger a colmeia.

Ele devolveu o zangão para a entrada da colmeia, que retomou sua busca por doações. Por fim, uma das fêmeas que estava voltando parou e grudou a língua na língua dele.

— Ela está dando néctar para ele — explicou o vovô. — Ele só tem um trabalho, que vou explicar para você quando estiver um pouco mais velha.

Ele tinha colocado dois tocos de madeira próximos ao apiário, e nós nos sentamos e assistimos às abelhas voarem, como as pessoas assistem ao fogo, ou ao mar, tomados por todos os movimentos individuais que se uniam em um único fluxo. Eu gostava de interpretar os padrões da rotina delas, saber que as abelhas não estavam voando sem rumo; havia uma ordem no que estavam fazendo. Elas estavam por aí, fazendo compras de pão e néctar. Uma colmeia pode parecer caótica se você não entende que as abelhas têm um plano para tudo.

Eu jamais teria imaginado que uma colmeia é um ambiente feminino, um castelo com uma rainha em vez de um rei. Todas as abelhas-operárias são fêmeas; cerca de sessenta mil filhas que cuidam da mãe alimentando-a, trazendo gotas de água para ela e mantendo-a aquecida durante a noite. A colônia definharia e morreria sem a rainha para colocar os ovos. Porém, sem as filhas para cuidar dela, a rainha morreria de fome ou de frio.

A dependência que tinham umas das outras era o que as tornava fortes.

Quatro

DE VOLTA AO LAR
Verão de 1975

Nossos avós tinham a sorte de viver a poucos passos do campo de pouso do vale Carmel, onde aviões monomotores pousavam e levantavam voo algumas vezes ao mês. Não era nada além de um lote de terra, com uma pista para trafegar e taxiar, sem luz alguma, ou cercas, ou segurança. Não havia marcações ou sinalizações para direcionar os pilotos, e a biruta esfarrapada foi declarada inútil. Os pilotos tinham que usar o rádio para falar com algum vizinho da pista e perguntar para que lado o vento estava soprando.

Como estávamos longe de casa, sem acesso aos nossos brinquedos e aos nossos antigos amigos, Matthew e eu tínhamos que ser criativos nas brincadeiras e fazer uso de qualquer coisa que estivesse à mão. Tentávamos construir pirâmides com o baralho da vovó, jogávamos sementes e esperávamos pelos passarinhos. Contudo, um aeroporto com aviões de verdade era o pote de ouro do entretenimento.

Bastava o barulho de uma hélice se aproximando para Matthew largar o que quer que estivesse fazendo e sair correndo de casa para ver. Ele era louco por aqueles aviões, e entrava em uma espécie de transe quando observava um pouso. Corria para o vovô e o puxava pelas mãos, implorando para ele nos levar do outro lado da rua para que pudéssemos ficar ao lado da pista e sentir a rajada de vento quando o avião aterrissava.

Certa tarde, ouvimos o barulho de um motor, mas o vovô estava trabalhando em Big Sur e não tínhamos nossa carona. Mas, na época, passávamos tanto tempo sozinhos que certa solidariedade surgiu entre nós, e, às vezes, nosso companheirismo se transformava em estripulias. Matthew e eu hesitamos por um instante, olhamos para a casa silenciosa, sorrimos um para o outro e nos lançamos rua acima, subindo ofegantes a pequena ladeira até a pista no exato momento em que o avião estava se preparando para pousar.

Matthew queria chegar mais perto dessa vez, então engatinhamos até o gramado e nos sentamos para esperar que o avião voasse por cima de nós. Peguei uma flor de mostarda e comi, como tinha visto o vovô fazer. Ofereci uma flor amarela ao Matthew, mas ele torceu o nariz. A gente ouvia a hélice se aproximando, batendo no ar como um trovão. Matthew segurou minha mão, deitamos de barriga para cima e olhamos para o céu.

Quando a parte de baixo do avião passou a menos de seis metros da nossa cabeça, sentimos o rugir do motor dentro do peito e berramos com a mesma sensação de alegria e terror que as montanhas-russas são planejadas para causar. Não consigo nem imaginar o que o piloto deve ter pensado quando viu duas crianças entrarem no seu campo de visão no último minuto. A gente acenou, inocentemente esperando que ele nos visse; ele quase deve ter tido um enfarto.

Nós nos sentamos e assistimos ao avião dar alguns tremeliques barulhentos e então encostar no chão. Ele seguiu para o fim da pista, onde uma coleção de aviões parecidos estava estacionada, com as asas acorrentadas ao chão.

Só então o avião, ainda com as pás da hélice fazendo barulho, fez um retorno e veio até nós bem devagar. Estava na metade da pista quando parou e o piloto saiu e gritou alguma coisa para a gente. Nós não conseguíamos ouvir as palavras, mas entendemos o tom inconfundível de um adulto querendo "ter uma palavrinha" conosco. Nós nos levantamos e fugimos, e antes que eu pudesse contar até dez, estávamos de volta no jardim dos fundos da nossa casinha vermelha, agachados e ofegantes. Eu torcia para que o piloto não tivesse visto para qual casa corremos, e prometi a mim mesma que nunca faria aquilo de novo.

Quando recuperamos o fôlego, entramos com cara de inocente na cozinha, onde a vovó estava refogando alguma coisa na frigideira elétrica. Há tempos ela havia desistido do forno, insistindo que o botão da temperatura estava com um defeito de fabricação que queimava a comida. O forno virou apoio para uma frigideira elétrica quadrada um pouco menor que uma caixa de pizza, e apesar de seus xingamentos terem diminuído de forma considerável, todo café da manhã, almoço e jantar ainda saía queimado e cozido demais.

— Onde os dois estavam? — perguntou ela, de costas para nós enquanto raspava com fúria algo com a espátula.

Coloquei o dedo no lábio para lembrar a Matthew que aquilo era segredo. Ele assentiu.

— Lugar nenhum. Lá fora — respondi.

— Bem, fiquem por perto. O jantar está quase pronto.

— A gente viu um avião! — dedurou Matthew.

Meu irmão não conseguia se segurar. Antes que a conversa progredisse, peguei a mão dele e o levei para a sala, distraindo-o com a ideia de construirmos um forte.

A vovó tinha um daqueles sofás compridos como um Cadillac, com duas almofadas retangulares que, quando removidas, formavam ótimas paredes. Nós desmantelamos a poltrona amarela estofada para servir de teto e montamos uma cabana na frente da televisão, deixando um buraco para que pudéssemos nos sentar lá dentro e ver a TV. Era quase como estar na escuridão de um cinema de verdade. Nós sossegamos para assistir ao programa preferido de Matthew, *Emergência!*, sobre dois paramédicos de Los Angeles que carregam o telefone de um hospital em uma caixa e resgatam vítimas de acidentes, trazendo-os de volta à vida, quase sempre com um desfibrilador.

— Abaixem o volume dessa televisão! — gritou a vovó da cozinha.

Exatamente naquele instante, um carro explodiu no volume máximo.

Eu estava confortável. Não tinha vontade de retirar uma das paredes do forte e engatinhar *até* a televisão só para alcançar o botão do volume.

— Abaixe o volume — falei para Matthew.

Ele me ignorou. Nos últimos tempos, a adoração de Matthew por mim parecia estar minguando. Isso era perturbador de duas maneiras. A primeira porque ele não estava mais seguindo minhas ordens. Outro dia, ele até se recusara a deixar que eu colocasse nele todos os colares e bugigangas da caixa de joias da mamãe, algo que fazíamos sempre. No entanto, pior que isso, ele era tudo o que restara da minha família, e eu não tolerava a ideia de ele me abandonar também. Tentei não encarar a independência cada vez maior dele de maneira pessoal; afinal de contas, aquilo era parte do amadurecimento; mas eu tinha medo de que isso fosse o sinal de algo mais profundo, de que um dia ele não precisaria mais de mim. A ideia de Matthew me deixar era tão apavorante que eu me tornei má só para tentar mantê-lo na linha, para mostrar que havia consequências severas por me desobedecer. Portanto, se ele não fosse abaixar o volume da televisão, não ia poder ficar na cabana. Chutei a almofada que estava perto de mim, e a cabana desmoronou em cima da gente. Matthew gritou, escandalizado, enquanto chutava as almofadas e se libertava das ruínas.

A vovó apareceu na sala limpando as mãos em um pano de prato. Ela nos lançou um olhar que dizia que estávamos passando dos limites. Então abaixou o volume, e foi quando ouvimos alguém batendo na porta da frente.

Não sei dizer há quanto tempo a visita estava tentando chamar nossa atenção. Era provável que fosse algum dos clientes do vovô, aparecendo sem avisar, com um pote de mel vazio nas mãos. Ele não estava em casa, então, quem quer que fosse, teria que deixar o pote na entrada com um cheque ou dinheiro dentro, e o vovô trocaria o dinheiro por mel e colocaria o pote de volta para que o cliente pegasse mais tarde.

A vovó abriu a porta, e vi suas costas se retesarem.

Então, virando para trás, ela gritou o nome da mamãe:

— Sally!

Ouvi o rangido da porta do quarto, e a mamãe apareceu na sala vestindo uma calça de moletom e uma camiseta amarrotada, a roupa que usava como pijama.

— Não precisa gritar, mãe — respondeu ela, apertando os olhos com a claridade da tarde.

A mamãe foi até a vovó e apoiou um braço no batente da porta. Foi quando ela deu um passo para trás.

— David...

Ouvi uma voz masculina baixa, e os pelinhos da minha nuca se eriçaram.

Papai!

A cúpula dentro de mim onde eu guardava todos os pensamentos secretos sobre meu pai se abriu, e fogos explodiram de cada um de meus poros. Seis meses de desejos no silêncio da noite solitária funcionaram como mágica, e tudo ia voltar ao normal, como eu sabia que ia acontecer.

Desliguei a televisão, e as palavras suaves como seda do meu pai tomaram a sala, envolvendo-me em um edredom e me empurrando na direção dele. Eu sabia que ele ia voltar. Finalmente poderíamos voltar para casa, a mamãe ficaria feliz de novo, e Matthew e eu teríamos nossos quartos de volta. Olhei para meu irmãozinho, e ele estava saltitando, os olhos grudados na porta.

— Papai, papai, papai, papai! — cantarolava.

Fui saltando em direção à voz do papai, mas a mamãe e a vovó não saíam da frente nem abriam a porta mais de cinco centímetros, e tudo o que eu conseguia ver eram pedaços dele — a lateral do seu sapato de couro, uma mecha do cabelo pintado de preto. Espiei pela abertura da porta e vi nosso Volvo verde estacionado na entrada, ao lado da árvore de eucalipto. *Ele deve querer muito a gente de volta para dirigir o caminho inteiro até aqui*, pensei.

— Você trouxe a lava-louças portátil? — perguntou a mamãe. — E os brinquedos?

Puxei a manga da vovó, mas ela não olhou para mim. Cutuquei as costas da mamãe. Nada.

Meu pai tinha acabado de cruzar o país dirigindo o Volvo da mamãe para devolvê-lo, mas ninguém havia explicado isso para mim e para Matthew. Ele tinha passado a noite na casa da mãe dele em Pacific Grove e pedira a ela para ir com ele no dia seguinte até nossa casa e estacionar a algumas quadras de distância, para que pudesse pegar uma carona de volta para o aeroporto. O papai havia previsto um possível conflito e queria poupar a mãe dele de ver aquilo, então os dois fizeram um plano para ele encontrar a mãe no estacionamento da vila, onde havia uma rua com um supermercado, uma barbearia, um banco e um restaurante.

Eu não sabia de nada disso. Quando o papai apareceu de repente, achei que tinha vindo para nos buscar. Fiquei olhando, chocada, enquanto a vovó o impedia de entrar.

Algo não estava certo. O papai sabia que estávamos dentro de casa, então por que não podia entrar? Por que estava demorando tanto? Por que elas não deixavam ele entrar? A expressão da vovó era ríspida, usando o mesmo tom de repúdio que usava para a politicagem suja que lia no jornal. Ouvi meu pai murmurar, como se estivesse pedindo desculpas, e o ar foi ficando pesado. As vozes foram ficando mais altas, mais grosseiras, mais duras, e meus músculos se contraíram com a memória de nossa última noite em Rhode Island. De repente, a mamãe esbravejou:

— Como pode fazer isso comigo? Você não se importa com os próprios filhos?

Os dedos do papai passaram pela porta e largaram a chave do carro na palma da mão estendida da vovó. Ela jogou o chaveiro na escrivaninha, como se fosse um sapato fedorento em que não queria tocar. A mamãe foi lá fora falar com o papai, e a vovó fechou a porta, encostando o bumbum para ter certeza de que tinha realmente fechado. Depois, trancou a porta e bateu as mãos, como se estivessem sujas de farinha, em um gesto que dizia "tarefa concluída". Voltou para a cozinha sem olhar para a gente, como se nada tivesse acontecido.

Tudo estava acontecendo rápido demais. Eu ouvia a mamãe gritando com o papai do lado de fora. Eu não sabia o que "divórcio" significava, mas entendi o tom de finalidade na voz quando ela cuspiu a palavra para ele, e isso me informou tudo o que eu precisava saber — que fosse lá o que estivesse errado com meus pais, era incorrigível.

— Você não quer ver seus filhos? — perguntou ela.

Matthew olhou para mim com os olhos arregalados, buscando conforto. Dei um passo para perto dele e meu irmão abraçou minha perna.

Ouvi a voz do papai aumentar para ficar no mesmo tom da voz da mamãe, e eles viraram dois cachorros, latindo e rosnando um para o outro. Uma angústia familiar pressionou meu peito, e entendi que, se não passasse por aquela porta, talvez nunca mais visse meu pai. Aquela era minha única chance de tentar fazê-lo mudar de ideia. Quem sabe, se ele me visse, se eu implorasse, ele ficaria. Eu não podia deixar o papai chegar tão perto e escapulir sem tentar. Fui em direção à porta e a destranquei no instante em que vi meu pai dar as costas e seguir para a rua. O bairro reverberou com a voz da mamãe quando ela gritou para ele:

— Escreva o que estou dizendo: *você vai se arrepender*!

Abri a boca para berrar, mas uma teia de aranha impediu minha voz de sair. Tentei correr, mas minhas pernas estavam presas como em uma corrente de ferro. A mamãe pegou Matthew no colo e correu atrás do papai, xingando-o por abandonar sua família.

Minha cabeça e meu corpo haviam, de alguma forma, se desconectado, e eu não conseguia mais diferenciar realidade e imaginação. O papai continuou andando e olhando para a frente. Quando estava perto da rua, o sangue voltou a circular nas minhas pernas e corri até a calçada, onde a mamãe estava de pé com Matthew no colo, observando o papai ir embora. Ela tinha ficado muda, como se também não conseguisse acreditar que aquilo estava acontecendo.

Minha cabeça girava em busca de uma explicação. De repente, uma solução simples surgiu, e senti uma pontada de esperança. Aquilo tudo não passava de um pesadelo. Desde que havíamos nos mudado para a Califórnia, eu tinha começado a ter pesadelos, então tentava me convencer de que eu ia acordar desse também.

O papai ia diminuindo a cada passo. Comecei a caminhar atrás dele, mas a mamãe estendeu a mão e me segurou. As pontas de seus dedos pressionaram meu peito, e senti uma mensagem neles: não há nada que você possa fazer. Minha pulsação acelerou quando percebi que não dava mais tempo. Aquilo era real e o papai estava indo embora para sempre.

Lágrimas quentes encheram meus olhos e o papai se transformou em uma mancha turva. Chorei de um jeito que não sabia que era possível, os soluços saindo de mim como explosões dolorosas. Minhas lágrimas caíram na calçada, formando pequenos círculos escuros, e Matthew girou nos braços da mamãe para ver o que estava acontecendo comigo. Ele provavelmente não ia nem se lembrar daquele dia, e isso me fez chorar ainda mais.

O papai me ouviu. Ele se virou e começou a voltar. Prendi a respiração, esperando. Quando ele nos alcançou, se ajoelhou no chão e me abraçou tão forte que fiquei sem ar. Senti o aroma doce de passas de seu suor e ele estava tremendo, como se o corpo inteiro dele estivesse chorando. Olhei para meu pai como se nunca o tivesse visto antes, guardando na memória os pelos pretos que cobriam seus antebraços, a pulseira de ouro do relógio. Havia uma marca branca onde ficava sua aliança.

— Eu sempre serei seu pai — sussurrou ele no meu ouvido. Eu me deixei desmoronar no peito dele até que não conseguisse mais sentir meu corpo. Queria pedir para ele ficar, mas não tinha espaço para as palavras entre meus soluços. Eu não conseguia controlar nada, nem mesmo a fala. — Eu amo você — disse ele, me abraçando mais uma vez antes de me soltar.

Ele se levantou e olhou uma última vez para Matthew e para a mamãe, e começou a descer a via Contenta de novo. A mamãe segurou meu braço.

— Vamos.

Puxei meu braço da mão dela e comecei a caminhar atrás do papai. Cheguei até a casa do vizinho quando percebi que não conseguiria impedir que ele se distanciasse cada vez mais.

A mamãe me deixou ali e voltou para casa com meu irmão pulando em seus braços.

Fiquei na calçada e vi o papai chegar até a esquina, virar à esquerda e desaparecer. Fechei os olhos e concentrei toda a minha energia no lugar onde ele estava há alguns segundos, como se ele pudesse voltar apenas por puro desejo. Desejei com tanta força que fiquei tonta, como se fosse desmaiar.

O caminho evidente do meu destino ficou nítido, e voltei para casa, aos tropeços, com o corpo tão dormente que não conseguia sentir o chão sob meus pés. Eu precisava da mamãe. Estava desesperada para me encolher contra as curvas do corpo dela e ouvi-la dizer que aquilo tudo não passava de um pesadelo. Queria que ela me dissesse que o papai estava indo ao mercado e que tudo ia ficar bem. Tinha que ter mais tempo, uma segunda chance. Corri pela casa, à procura dela, e enfim parei na frente da porta fechada do quarto.

Bati.

— Mãe?

Ela não respondeu, então girei a maçaneta bem devagar e abri uma fresta na porta. Uma nuvem de fumaça de cigarro escapou para fora.

— Mãe?

Ouvi, mas não consegui ver, ela se revirando nos lençóis.

— Agora não, Meredith.

Os dedos pálidos dela apareceram no meio da escuridão e apagaram o cigarro no cinzeiro apoiado na cabeceira da cama. Eu sabia que tinha sido dispensada, mas minhas pernas ficaram enraizadas na soleira da porta. Ela soprou a fumaça, depois arrancou o lençol com um braço e se sentou na cama. Ela veio até mim, uma sombra se movendo em meio à névoa de fumaça. Levantei os braços, alimentando minhas expectativas.

Ela bateu a porta na minha cara.

Senti os joelhos cederem, e me apoiei contra a parede.

— Meredith! Espero que não esteja ouvindo você incomodar sua mãe! — gritou a vovó sobre o frigir da panela.

Meus instintos me enviaram uma instrução: fuja. Eu queria desaparecer, ir para longe de tudo e de todos — ficar encolhida dentro de um buraco escuro e gritar. Afastei-me da parede, saí correndo pela porta da cozinha e fui para o jardim.

Ouvi as finas folhas da árvore de eucalipto balançarem na brisa. Aquela árvore era mais alta que nossa casa, e as flores de verão pareciam ter surgido do dia para a noite. As abelhas do vovô estavam enlouquecendo dentro das flores com essência amanteigada, rolando no pólen amarelo. Dezenas de milhares de abelhas zumbiam em um coro tão forte que soava como se todos os cabos de energia acima da gente estivessem chiando.

Senti um impulso incontrolável de me aproximar delas.

Minhas pernas, como se tivessem vida própria, começaram a caminhar em direção à árvore. Coloquei a mão na casca irregular do tronco e senti um leve pulsar, como ondas sonoras saindo de uma caixa de som. Então, como se outra pessoa estivesse controlando meus músculos, vi a ponta direita do meu tênis entrar em uma fenda profunda do tronco, e subi, pé ante pé, escalando cada vez mais alto para dentro do zumbido, até que estava completamente escondida na nuvem de abelhas.

Recostei-me em um galho no topo da árvore e assisti às abelhas dançarem na minha frente, como uma chuva de vento, tão absortas em sua refeição que mal perceberam a garota que tinha se intrometido ali. De tão perto, vi que as flores tinham o formato de saias de hula-hula em miniatura, com uma concha dura em cima e um anel de frondes delicadas. As abelhas nadavam no meio delas, retorcendo as pernas para cobri-las com o pó amarelo.

Elas me circundavam, zumbindo mais alto. Fiquei paradinha, deixando que elas se acostumassem com minha presença. Quando uma pousou na minha perna, simplesmente fiquei olhando, prendendo a respiração até que ela fosse embora. Quando isso aconteceu uma segunda e uma terceira vez, entendi que elas estavam apenas descansando e não iriam me machucar.

Observei as abelhas empurrarem os grãos de pólen para as pernas posteriores, acumulando os grânulos em bolinhas compactas. Percebi que usavam as pernas anteriores para tirar a poeira de pólen dos olhos e das antenas, trabalhando de frente para trás, limpando primeiro as cabeças triangulares, e depois empurrando o pó para baixo de seus corpos em direção ao abdômen, e então finalmente enfiando os grãos nas pernas posteriores, juntando os grãos amarelos em dois bolsos côncavos designados para esse fim. As abelhas trabalhavam em seu próprio tempo, e quando a bolsinha de pólen parecia cheia, elas voavam de volta para a colmeia para guardá-lo no favo.

Inspirei o mentol dos eucaliptos e senti o corpo derreter. Eu estava segura dentro de um campo de força barulhento, onde ninguém podia me ver e nem tinha que sentir pena de mim. Ali em cima, eu não era mais a garota sem um pai. Não era a garota cuja mãe não saía da cama. As abelhas me tornavam invisível. Fechei os olhos e me deixei ser acalentada pelo zumbido delas.

As abelhas foram para casa durante o pôr do sol, mas continuei na árvore. Não queria descer. Tudo estava um caos lá embaixo. Ali em cima, as abelhas transformavam o caos em ordem. Ali em cima, havia toda uma espécie vivendo a própria vida, ignorando a névoa de depressão que envolvia nossa casa. As abelhas me faziam lembrar que o mundo era bem maior do que os problemas isolados da minha família. Eu gostava de estar tão perto de criaturas que eram implacáveis em seu trabalho, sobreviventes naturais que evitavam sentir pena de si mesmas e nunca desistiam.

Senti uma compulsão em estar perto das abelhas, algo que não conseguia explicar. No fundo, as abelhas estavam me ensinando a importância de cuidar de mim mesma. Eu via, com os próprios olhos, que a derrota não era algo que se aceitava naturalmente, nem para os insetos. As abelhas me mostraram que eu tinha uma escolha sobre como queria viver. Eu podia sucumbir à tristeza de perder meus pais. Ou podia seguir em frente.

Cinco

A RAINHA DE BIG SUR
Verão de 1975

Eu passava tanto tempo na árvore de eucalipto que comecei a preparar um lanchinho para levar toda vez que ia lá. Se alguém percebeu que eu tinha me afastado da família, ninguém falou nada. Tenho certeza de que meus sumiços passaram despercebidos. Exceto por uma pessoa.

Eu já estava na metade de um sanduíche de manteiga de amendoim com geleia quando pude jurar que ouvi uma coruja. Virei para trás, olhando para todos os lados, mas era difícil ver através da cortina de folhas de eucalipto esvoaçando com o vento.

— Huu! Huu! — Mais alto.

Enfiei o último pedaço do sanduíche na boca e desci para um galho mais baixo, que tinha uma visão melhor do jardim.

Era o vovô. Eu o vi escondido atrás do celeiro de madeira onde ele guardava os equipamentos de apicultura. Estava com as mãos em formato de concha na frente da boca, e direcionava os pios para mim. Vestia sua roupa de proteção contra abelhas e piava pela tela do véu.

— Eu sei que é você, vovô.

— Coooomo você saaaaabe que não é uma coruuuuuja?

— Estou te vendo.

Ele saiu do esconderijo e olhou para o topo da árvore. Nossos olhares se encontraram, esperando pelo próximo movimento do tabuleiro de xadrez. O vovô pigarreou.

— O que você está fazendo aí em cima?

— Observando as abelhas.

— E vai descer quando?

— Não tão cedo.

O vovô tirou o véu e, devagar, dobrou-o em um quadrado fino.

— Que pena — lamentou.

Não respondi, esperando para ver onde ele queria chegar.

— Eu precisava de alguém para me ajudar a encontrar a rainha.

Finalmente! O convite que eu estava esperando — para abrir uma colmeia. O vovô sabia que era única coisa que poderia me convencer a descer da árvore.

— Espera!

Desci pelo tronco tão rápido que a casca saiu da árvore em tiras longas e rosadas.

O vovô tinha mais de cem colmeias espalhadas pela costa de Big Sur. O maior apiário dele ficava em uma área remota, aos pés da cordilheira da Garrapata, acessível somente com um carro com tração nas quatro rodas, e mesmo assim, às vezes, ele tinha que usar uma corrente para retirar uma árvore caída no meio da estrada. Ele e um amigo apicultor eram donos de um terreno coberto por floresta de 160 acres em Big Sur, segundo ele perfeito para a criação de abelhas. Com o nome espanhol para a palavra "carrapato", o cânion Garrapata era ensolarado, protegido de ambos os lados por cordilheiras íngremes de bosques e isolado. Tudo que as abelhas tinham que fazer era sair da colmeia e se esbaldar nos arbustos de sálvia californianos que iam até o cume da montanha, e então descer com os corpos cheios de néctar. Era um verdadeiro bufê para as abelhas, oferecendo a elas um menu fixo de sálvia, eucalipto e monarda, enquanto o córrego Garrapata provia uma fonte de água pura.

Ao todo, as colmeias dele produziam mais de 2 mil litros de mel, que eram entregues a clientes em Big Sur, além de alguns restaurantes locais e um supermercado. Ele nunca fazia propaganda, pois a demanda era sempre maior do que o suprimento. Quando o inverno chegava, já não tinha mais mel, e o vovô precisava colocar os clientes ansiosos em uma lista para a próxima leva de mel da primavera. As histórias que vovô contava na mesa de jantar sobre Big Sur pareciam ter saído de um conto de fadas, era uma terra indomável e mágica. De forma alguma eu ia perder a chance de ir até lá.

Alguns minutos depois, estava sacolejando no banco do carona da picape do vovô, com os pés sobre um conjunto de caixas de ferramenta de metal barulhentas. Era um Chevrolet capaz de transportar até meia tonelada que peidava como um velho e que um dia fora amarelo cintilante, mas o tempo o deixara com uma textura opaca de giz de cera e salpicado de ferrugem. O hodômetro tinha voltado para zero ao menos duas vezes (que o vovô lembrasse), antes de parar de vez. O vovô atribuía a boa forma do carro ao regime regular de trocas de óleo. O para-brisa estava lotado de pequenos insetos mortos e pontinhos amarelo-mostarda de cocô de abelha, que ele não conseguia remover com os limpadores porque eles também haviam parado de funcionar havia muitos anos. Quando rasgos surgiram no banco de vinil vermelho, ele os cobriu com fita crepe; quando atropelava ou se deparava com algo, ele saía às pressas com uma maleta. Aquele carro era um mercado de pulgas de um faz-tudo sobre rodas; tudo que ele pudesse precisar para apicultura ou para seus serviços de encanador estava amarrado no bagageiro do teto, abarrotado no banco de trás ou espremido em algum lugar. O painel estava lotado, com uma cesta alta de encaixes de tubulação, restos de lápis de cera e elásticos, cartas abertas e pacotes de sementes, e bolinhas de cera de abelha. Ele usava os ganchos da alça de segurança no teto para pendurar as blusas de trabalho esfarrapadas, manchadas de óleo.

Eu estava encolhida em um espaço pequeno que ele liberou para mim no banco do carona, separada do vovô por uma barreira de revistas de apicultura, sua marmita amassada e uma garrafa térmica de metal verde. A cadelinha, Rita, estava no lugar de sempre: aninhada em um travesseiro velho embaixo do banco do vovô, segura dos objetos que pudessem cair. Nós três fazíamos, literalmente, um estrondo descendo a rua, criando um refrão estridente cada vez que passávamos por um quebra-molas e sacudíamos a coleção de quinquilharias que poderiam vir a ser úteis algum dia.

Quando saímos da Carmel Valley Road e entramos na rodovia 1, em Big Sur, a natureza acordou e estava, de repente, dançando na minha frente. Para todo lugar que eu olhava, as montanhas despencavam na direção do mar, como uma avalanche congelada em queda livre, incríveis em toda a sua dramaticidade. Seguimos por ruelas sinuosas entrelaçadas a centenas de metros sobre a arrebentação. Abri a janela e ouvi leões-marinhos gritando e ondas estourando dentro de cavernas no mar abaixo de nós. O cheiro picante de sálvia misturado com sal invadiu o carro. Nós nos embrenhamos pelas florestas onde a temperatura caía uns dez graus e as imensas sequoias se reuniam em círculos tribais, e então ressurgimos sob a luz do sol. Eu virava o rosto de um lado para o outro, tentando não perder nada.

— Olhe, ali tem uma! — falou o vovô, apontando para o oceano.

— Uma o quê?

— Uma baleia. Olha os jorros de água.

Estreitei ainda mais os olhos para a imensidão azul.

— Lá vai ela de novo!

O vovô dirigia com a cabeça completamente virada para a direita. Agarrei o descanso de braço conforme ele fez uma curva fechada para a esquerda, mas ficou perfeitamente centralizado na pista enquanto olhava para o oceano. Ele já havia dirigido naquele trecho da rodovia 1 tantas vezes que nem precisava olhar.

— Onde?

Observei o horizonte, mas parecia vazio como no segundo anterior.

— Ela deve aparecer de novo bem ali — respondeu ele, apontando ainda mais para o sul. — Às vezes, você vê dois jorros de água, um pequeno ao lado de um grande, e aí sabe que é uma mãe com o filhote.

Como se tivesse sido combinado, um espirro branco emergiu da superfície da água e, um instante depois, um espirro menor, um pouco mais à direita do que o primeiro.

— Eu vi!

Um urubu-de-cabeça-vermelha sobrevoava em círculos, sem fazer esforço algum com suas asas de dois metros e penas pretas espalmadas nas pontas como se fossem dedos. Era tão grande que fazia sombra sobre a estrada ao passar acima de nós. Abri ainda mais a janela e o vento bagunçou meu cabelo quando olhei para cima, para o vermelho de sua cabeça. Vimos enquanto ele deslizava sobre uma enseada com água esverdeada e ramos compridos de algas ondulando na superfície.

— É ali que se pesca abalones — disse o vovô, apontando para a enseada.

— Como?

— Você mergulha com uma faca de abrir concha. Precisa pegar ele embaixo da concha rápido, ou ele sente que você está tramando algo e gruda na pedra.

— E são gostosos?

— Sim, se você esmagar eles primeiro.

Pareceu um pouco nojento. Tentei encontrar as baleias de novo, mas o mar estava liso.

— Está vendo aquelas duas rochas? — perguntou o vovô, apontando para dois picos triangulares unindo-se e dobrando de tamanho, a menos de dezoito metros da costa. — Uma vez eu quase bati e caí dentro delas.

Ele desenroscou a tampa da garrafa térmica e entregou-a para mim — um sinal para enchê-la de café de chicória escaldante. E então começou a contar uma de suas histórias de pescador. O vovô ia pescar sardinhas sozinho no próprio barquinho, e as vendia para as fábricas de enlatados, mas era difícil competir com as empresas enormes de famílias italianas de pescadores, e ele precisava pescar muitos peixes para valer a pena. Um dia, o velho amigo dele, Speedy Babcock, garantiu que era possível ganhar bem mais dinheiro com muito menos esforço pescando salmão.

— Só que eu nunca tinha pescado salmão antes, e o Speedy falou que ia me ensinar.

Eles saíram de Monterey e foram para Santa Cruz na picape do Speedy, e pescaram trinta salmões, cerca de duzentos e setenta quilos de peixe — uma fortuna. Mas no caminho de volta, eles se perderam na névoa da madrugada.

— A gente não conseguia enxergar nada, então tivemos que dirigir pelo som. A água tem sons diferentes em cada lugar ao longo da costa, e ele continuou seguindo para oeste, pensando que estávamos entrando no porto de Monterey, mas eu sabia que estávamos em Point Lobos. Mas ele não queria nem saber. Nós discutimos até que aquelas rochas apareceram de repente e eu puxei o volante. Ficamos a um tiquinho de perder tudo — disse ele, mostrando o polegar e o indicador a milímetros de distância.

Perguntei ao vovô o que tinha acontecido depois.

— Nunca mais fui pescar com ele.

O vovô reduziu a velocidade, ligou os faróis, pegou a esquerda em uma parte obscura interessante da estrada Palo Colorado, toda alinhada com árvores de eucalipto. Na esquina ficava uma das primeiras propriedades de Big Sur, uma casa de madeira de três andares construída no final de 1800, feita de troncos de sequoia calafetados com cal, areia e pelo de cavalo. Um pasto de ovelhas a circundava, com os cabritos saltitando feito grilos. O rancho se estendia pela rodovia 1 até um rochedo estonteante no mar, onde um rebanho de gado Hereford marrons e brancos ficava perto o suficiente do mar para sentir gotas salgadas espirrarem quando as ondas batiam nas pedras.

— É a casa da minha prima Cançoninha — comentou o vovô, apontando o polegar para a casa.

— Cançoninha?

— Sim, todo mundo chama ela assim porque quando era pequena, cantava muito.

— Nós vamos até lá?

Eu queria fazer carinho em um dos cabritinhos.

— Hoje não.

Continuamos pela estrada estreita e sinuosa, e logo o bosque de eucaliptos deu lugar à catedral de sequoias. O córrego Palo Colorado corria ao lado da estrada, e a luz do sol adentrava a floresta, salpicando os pequeninos casebres nas encostas, que surgiam em palafitas sobre o córrego, com vários pontinhos luminosos. Escadas com infinitos degraus ziguezagueavam da estrada até as casas. Após um quilômetro, o vovô subiu um trecho íngreme, dirigindo por uma estradinha coberta de verde, com arbustos baixos e galhos secos de manzanita envolvidos por trepadeiras que arranhavam o teto do carro, enquanto o asfalto debaixo da gente se transformou em uma estrada de terra cor de giz. Quando chegamos ao platô, estávamos em uma pradaria e podíamos ver o mar de novo.

O vovô parou diante de uma cerca de gado trancada com um cadeado. Abriu o porta-luvas e pegou um chaveiro imenso, daqueles que os auxiliares de limpeza carregam. Pelo jeito, todos os moradores de Big Sur tinham dado uma cópia da chave de casa para ele. O vovô foi passando as chaves pelo anel, murmurando sozinho, até que encontrou a certa. Saiu do carro e destrancou o cadeado, tirou a corrente e escancarou o portão.

Ele trocou a tração para as quatro rodas enquanto descíamos o cânion Garrapata em uma parte elevada da estrada, com um imenso desfiladeiro do meu lado. Quase não cabia as quatro rodas na pista, e o carro rugia com as curvas fechadas e estreitas, pulando em buracos e pedregulhos deixados pelas chuvas de inverno. O vovô buzinava quando virava nas curvas, para o caso de alguém estar vindo na direção oposta, e algumas eram tão fechadas que tínhamos que parar, dar ré e virar, dar ré e virar. Um movimento em falso e cairíamos lá embaixo. Nada disso parecia incomodar o vovô, que continuava conversando enquanto rochas se soltavam do chão, debaixo das rodas, e rolavam pelo penhasco, mas eu não conseguia olhar. Fixei os olhos no horizonte, olhando para o pedaço de mar que aparecia entre o V formado pelas paredes do cânion.

Quando chegamos no fim da descida, agulhas de pinheiros amorteciam nossa passagem enquanto dirigíamos entre árvores tombadas. O vovô tirou a tração das quatro rodas e atravessamos o córrego Garrapata, com a água batendo na metade das rodas. Ficamos com uma das rodas presa entre duas pedras de granito do rio por um segundo, e a picape ia para a frente e para trás enquanto o vovô tentava pegar impulso para nos tirar do buraco. Ele parecia estar se divertindo, erguendo as sobrancelhas para mim enquanto pisava no acelerador. Deu certo na terceira vez, e o carro reagiu, espirrou água para cima e chegou na outra margem. Dirigimos no meio de outras sequoias, e como a terra era mais úmida ali, havia samambaias e emaranhados de flores alaranjadas circundando as árvores.

Por fim, saímos do bosque e entramos em uma pequena campina de flores do campo. Então, o vovô desligou o motor. De um lado do descampado havia uma cidade de colmeias brancas verticais, cada uma com uma pequena nuvem de pontinhos pretos sobrevoando-a. Saímos do carro e ouvimos o som de gaios-azuis reclamando sobre nossa presença. O ar era puro como enxaguante bucal; uma mistura mentolada de folhas de louro com sálvia e um toque de limão. Ele abriu a porta e o corpo comprido de Rita saiu às pressas, ansiosa para caçar no matagal.

— Vá brincar, cachorrinha! — disse ele, vendo Rita pegar velocidade nas patas de cinco centímetros.

O vovô ria tanto que a dentadura quase caiu. Segundo ele, seus dentes apodreceram e caíram aos 20 e poucos anos, apesar da higiene constante. Então ele colocava a dentadura em um copo cheio de água durante a noite, onde ela ficava sorrindo enquanto ele dormia.

Ele vasculhou as coisas no banco do carro e pegou dois chapéus de plástico com aba larga. Pareciam chapéus de safári brancos com aberturas no topo. Colocou o meu primeiro e então cobriu-o com uma rede amarela parecida com um véu, que cobria minha cabeça inteira, e então prendeu a rede com duas cordas longas que cruzou no meu peito, depois ao redor da minha cintura e por fim nas minhas costas. O chapéu era grande, do tamanho para um adulto, e ficava escorregando para a frente, tapando meus olhos, mas era o que tinha.

Ele vestiu o próprio véu, ergueu um saco de juta de dentro do carro, pegou alguns pedaços de esterco de vaca seco, partiu em partes menores e colocou dentro da lata do fumigador das abelhas. Depois, botou fogo lá dentro com um fósforo, fechou a tampa e apertou o fole algumas vezes para alimentar a chama, até que uma fumaça branca começou a sair pelo bico. Quando chegamos à primeira colmeia, vi uma fila de abelhas alinhadas na fenda de entrada da base da colmeia, o alvado, batendo as asas.

— Ar-condicionado — disse o vovô.

Ele explicou que as abelhas mantêm o interior da colmeia em uma temperatura constante de 35ºC, independente da temperatura do lado de fora. No inverno, você pode tocar uma colmeia e dá para sentir o calor irradiando lá de dentro, quando as abelhas ficam juntas e tremem as asas para gerar calor. No verão, elas se reúnem na plataforma de pouso, perto do alvado, e circulam o ar com as asas para baixar a temperatura. Não importa onde a colmeia esteja, se há neve ou calor escaldante, ela estará sempre com a temperatura próxima a 35ºC. Como as abelhas conseguem regular a temperatura de maneira tão precisa, sem um termômetro, é um dos seus grandes mistérios.

O vovô me passou o formão, a ferramenta de metal como aquela que ele sempre carregava no bolso de trás, com uma ponta chata para raspar cera e um gancho na outra ponta para retirar os quadros de madeira de dentro das colmeias.

— As abelhas selam a tampa — explicou, mostrando para mim como encaixar a ferramenta na abertura. — Não gostam de correntes de ar na casa delas, então fazem uma espécie de cola de seiva de árvore chamada própolis, e o usam para selar qualquer rachadura na colmeia.

Imitei os movimentos dele, e nós dois deslizamos nossas ferramentas para lados opostos da cobertura da colmeia. Arrancamos a tampa, revelando uma fileira de dez ripas de madeira, quadros retangulares removíveis de favos de mel apoiados em entalhes cortados dentro da caixa. As abelhas respondiam à invasão da luz do sol com um zumbido rápido e alto — um grito coletivo para avisar às outras que alguma coisa estava acontecendo com a casa.

Olhei mais de perto e percebi que as abelhas estavam se aglomerando nos espaços vazios entre as molduras e bisbilhotando o que estava acontecendo. Elas moviam as antenas, explorando o ar onde o mel estava segundos antes. A colmeia tinha um cheiro reconfortante de panqueca quente. O vovô colocou as mãos descobertas lá dentro e levantou o primeiro quadro de favo, que estava lotado de abelhas em ambos os lados. Elas eram como um carpete em movimento, uma trama individual que, juntas, formavam uma coisa só. Algumas iam para um lado, outras, para o outro, andando umas sobre as outras, mas nunca se machucando ou se irritando.

O vovô sacudiu o quadro acima da colmeia para desalojar ao menos metade das abelhas, e então consegui ver o favo por baixo. Era uma obra de arte de simetria matemática. Os alvéolos hexagonais eram alinhados em fileiras perfeitas, cada célula compartilhando uma parede com seis vizinhas para economizar espaço e cera. Ele explicou que, para lutar contra a gravidade, cada célula do favo era levemente inclinada alguns graus para cima a fim de impedir que o mel pingasse. Era como se as abelhas soubessem que, dos três formatos que poderiam ser encaixados sem desperdiçar espaço — quadrados, triângulos equiláteros e hexágonos —, os hexágonos demandavam o mínimo de material para os maiores espaços de armazenamento, economizando mão de obra e matéria-prima.

Toquei um dos hexágonos com a ponta dos dedos. A configuração tornava a cera resistente o suficiente para aguentar litros de mel em apenas um favo, mas a cera em si era maleável, e quebrou sob meu toque. Algumas das cavidades continham mel reluzente, outras, pequenos pontinhos florescentes amarelos, laranja e vermelhos, onde as abelhas haviam armazenado grãos de pólen. O vovô virou o quadro de um lado para o outro para examiná-lo, colocando-o tão perto do rosto que seu véu quase se arrastou nas abelhas.

— Está vendo a rainha? — perguntei.

Ele apoiou o quadro em outra colmeia. As abelhas continuaram nele, e seguiram trabalhando, como se não tivessem percebido que haviam sido ejetadas da própria casa.

— Que nada, esse favo está cheio de comida, não há espaço para colocar ovos. A rainha vai estar em algum lugar no meio, onde é mais quente.

Algumas das abelhas estavam superlotando as laterais da colmeia, como uma mancha se espalhando. Por instinto, dei um passo para trás.

— Está tudo bem, é só jogar fumaça nelas — falou o vovô.

Apontei o bico do fumigador sobre os nove quadros restantes na colmeia e apertei o fole. Uma nuvem branca soprou para fora.

— Continue. Mais. Bem mais.

Causei uma tempestade de nuvem de fumaça sobre os quadros. A fumaça tinha cheiro de cigarro molhado que enganava as abelhas, que pensavam que a colmeia estava pegando fogo e seguiam lá para dentro para engolir mel antes de fugirem da casa em chamas. Com os estômagos cheios, era mais difícil para elas curvarem o corpo para atacar.

Quando eu já tinha jogado fumaça na maioria das abelhas da parte superior da colmeia, ele tirou o segundo quadro. O vovô trabalhava sem proteção nas mãos porque dizia que já tinha sido picado tantas vezes que nem se importava mais. Ele jurava de pés juntos que todo aquele veneno tinha impedido que suas juntas endurecessem com artrite, como as da vovó.

Ele inspecionou mais dois quadros, retornando-os para a caixa e erguendo mais um. Então, ajoelhou-se e segurou o quadro para que eu pudesse ver.

— Olhe aqui, para onde estou apontando.

Suspirei, impressionada. A rainha era tão obviamente a rainha! Elegante e esguia, tinha pelo menos o dobro do tamanho das outras e pernas tão longas que pareciam as de uma aranha. Seu abdômen estava tão pesado de ovos que se arrastava atrás dela conforme caminhava.

Como guarda-costas contendo os fãs de uma estrela do rock, uma comitiva de abelhas-assistentes formava um círculo protetor ao redor da rainha e abria caminho para ela, que se apressou para o outro lado do favo como se estivesse atrasada para um compromisso. Sua realeza era tão aparente que as outras abelhas ficavam visivelmente excitadas ao vê-la se aproximar, apressando-se para acariciá-la com suas antenas, algumas até envolvendo as pernas dianteiras ao redor da sua cabeça, como um abraço. Curiosamente, nenhuma das abelhas lhe dava as costas. Conforme se movia, cada novo grupo que a rainha abordava se rearrumava para encará-la de frente, até dando passos para trás diante dela para manter os olhos e as antenas focados em seus movimentos. A única palavra capaz de descrever o comportamento delas era adoração.

— Por que elas encostam nela desse jeito?

— Estão pegando o aroma especial da rainha e passando para o restante da colmeia — respondeu o vovô. — É assim que sabem a qual colmeia pertencem. Toda rainha tem um cheiro próprio. Suas filhas nunca esquecem.

É verdade que as mães têm um cheiro. A minha tinha cheiro de perfume Charlie com cigarro Vantage, misturado com o almíscar leve das roupas de outras pessoas do bazar da igreja. Era um cheiro único, que eu reconhecia no mesmo instante sempre que ela deitava na cama. Pensei na mamãe naquele momento, passando horas e horas deitada. Desejei que ela pudesse ver essa rainha, ver como um inseto era programado tão perfeitamente para ser mãe, como a rainha era o coração pulsante de toda uma sociedade maravilhosa que operava bem debaixo do nosso nariz. Havia tantas coisas fascinantes acontecendo do lado de fora das quatro paredes do quarto dela, mas a mamãe estava perdendo tudo. Seus dias vinham e iam sem pequenos milagres como aquele para elevar o espírito.

A rainha encostou no favo inteiro com a impaciência das grávidas. Ela parecia cansada de tanta atenção, recusando-se a diminuir a velocidade para cada abelha que queria tocá-la, seguindo seu caminho. De tempos em tempos, afundava a cabeça dentro dos alvéolos do favo e então ia embora. Checava cada uma das células, sempre procurando por algo.

Perguntei ao vovô o que ela estava procurando.

— Um bom lugar para colocar um ovo — sussurrou ele. — Tem que estar limpo e ser bem-construído. Também não pode já ter um ovo lá dentro.

A rainha espremia o corpo dentro dos alvéolos do favo para inspecioná-los, e tudo o que ficava visível era seu bumbum. Era exigente quanto ao berçário, mas enfim encontrou um lugar que gostou e colocou o abdômen dentro dele. Enquanto a rainha agachou-se ali por um segundo, suas assistentes se aproximaram como se fossem contar um segredo a ela. A rainha fez uma pequena contração com as pernas e foi embora, enquanto suas admiradoras iam para trás, dando a ela um pouco de espaço. Bisbilhotei na célula onde ela tinha estado e espiei um ponto branco lá dentro, como um pequeno grão de arroz, centralizado perfeitamente na parede do fundo. Duas das assistentes enfiaram a cabeça na célula para verificar seu trabalho. Eu nunca tinha visto nada nascer antes, e percebi que tinha acabado de ver meu primeiro milagre.

— Ela vai fazer isso de novo? — sussurrei.

— Umas mil vezes por dia.

O vovô se levantou e, com cuidado, deslizou o quadro com a rainha de volta na colmeia, tomando cuidado extra para não esmagá-la. Ele montou a colmeia de novo e a fechou, e aí seguiu para a próxima. Encaixou o formão sobre a tampa da segunda colmeia e quebrou o selo grudento do própolis antes de colocar a tampa no chão. Suas bochechas ficaram vermelhas com o esforço.

O que mais me impressionou na rainha foi quantas filhas ela tinha. Parecia um número impossível para uma mãe administrar.

— Ei, vô?

— Hum?

— Como uma rainha consegue cuidar de tantas abelhas?

Ele deslizou o formão para o bolso de trás, tirou o véu de cima dos olhos e o prendeu na testa, para que tivesse uma visão mais clara de mim.

— As abelhas cuidam umas das outras. Uma colmeia é como uma fábrica. Todas têm trabalhos diferentes, então dividem o serviço.

Olhei para ele de soslaio e cruzei os braços, cética. O vovô colocou o fumigador na caçamba aberta da picape, longe do mato seco. Agachou na frente de uma colmeia e fez sinal para que eu me aproximasse. Apontou para um punhado de abelhas que estavam de pé, agrupadas na entrada, com as costas viradas para fora, batendo as asas com ferocidade.

— O trabalho dessas aqui é esfriar a colmeia. — Então, ele apontou para outra abelha na plataforma de pouso. — Agora, observe o que esta faz.

A abelha marchava para a esquerda, depois para a direita, então para a esquerda de novo, como se não conseguisse decidir para onde queria ir. Naquele instante, uma segunda abelha pousou perto dela e a abelha marchante correu, agachou-se na defensiva e a impediu de entrar na colmeia. A primeira abelha circundou a recém-chegada, encostou nela com suas antenas, e deu um passo para o lado, deixando-a entrar.

— Abelha-guardiã — explicou o vovô. — O trabalho dela é se certificar de que nenhuma abelha estranha entre na colmeia.

Fiquei maravilhada. Até aquele momento, além da abelha-rainha e dos zangões encorpados, todas as abelhas me pareciam idênticas. O que antes pareciam milhares de abelhas se espremendo sem sentido transformou-se em uma estrutura rígida, uma vez que entendi que a maneira de entender as abelhas era observando o comportamento delas. Apontei para as abelhas pousando na entrada.

— De que tipo são essas?

— Abelhas-campeiras. Trazem néctar e pólen. Abelhas-operárias que ficam dentro da colmeia pegam o que elas trazem e armazenam tudo.

— Posso ver?

Ele colocou a mão dentro da colmeia e levantou um quadro de favo repleto de abelhas. Apontei para a abelha que estava com a cabeça enfiada em um dos alvéolos e perguntei se ela estava armazenando mel. Ele trouxe o quadro para mais perto do rosto e soprou a abelha delicadamente, e ela saiu do alvéolo para que ele pudesse ver o que tinha ali dentro.

— Não. Essa é uma abelha-nutriz alimentando um bebê.

Ele abaixou o quadro para eu ver. Dentro da célula havia uma pequena larva branca.

Quanto mais o vovô me ensinava, mais animada eu ficava. Queria entender tudo que as abelhas estavam fazendo, ser capaz de interpretá-las como ele fazia. Porque, quando eu me permitia me concentrar em uma colmeia, minha mente parava de girar. Eu podia desacelerar e relaxar com a tarefa de simplesmente prestar atenção. A serenidade vinha conforme eu distraía minha mente preocupada com as abelhas e seu comportamento. Eu sentia uma segurança reconfortante de que havia toda uma vida escondida ao meu redor, e isso fazia com que meus próprios problemas parecessem, de certa forma, menores.

Aprendi que algumas abelhas são responsáveis por fazer a cera, outras constroem o favo, e há até abelhas-funerárias que removem as mortas, saindo da colmeia com cadáveres nos alforjes e deixando-os bem longe da colônia. O vovô explicou que uma abelha tem diversos trabalhos diferentes durante a vida, mas que o primeiro trabalho de todas é auxiliar de limpeza, tirando a sujeira do favo e polindo as células para que possam ser reutilizadas para armazenar mel ou servir de berçário para ovos. Uma abelha vai sendo promovida dentro da colmeia, nutrindo os bebês e curando o néctar para virar mel, até atingir seu trabalho final, que é sair para coletar pólen. Então eu entendi por que a rainha conseguia colocar tantos ovos em um único dia. Ela tinha um sistema organizado de cuidados diários intensos. Seu único trabalho era colocar os ovos.

— A rainha não consegue nem alimentar a si mesma — falou o vovô. — Sabe aquelas abelhas que você viu ao redor dela? São a corte real. Elas trazem gotas de água quando ela está com sede e comida quando está com fome. Mantêm a rainha aquecida à noite e até limpam seu cocô!

— O que acontece se a rainha morrer?

— As abelhas criam uma nova.

Não se podia simplesmente criar uma mãe. Nenhum animal dos programas sobre natureza a que assistíamos fazia isso. Eu não estava acreditando naquela ideia.

— Isso é impossível — reclamei.

— Não para as abelhas. Assim que elas sentem que a rainha está morrendo ou que não está na colmeia, selecionam um punhado de ovos e começam a alimentá-los com geleia real, uma espécie de complemento supernutritivo que as abelhas-nutrizes produzem em glândulas que têm na cabeça. É cheio de vitaminas, e uma dieta restrita de geleia real fará com que a larva de uma abelha-operária comum comece a se desenvolver para virar uma rainha. As abelhas constroem células de cera protetoras para as rainhas incubadas que parecem cascas de amendoim saindo do favo. Depois de algumas semanas, a ponta das células de nascimento fica fina como papel. Ela mastiga ao redor para sair e, *tcharam!*, temos uma nova mãe. As abelhas são muito inteligentes, mas a maioria das pessoas não enxerga isso.

— Mas você disse que uma colmeia só pode ter uma rainha.

— A colônia cria mais rainhas do que o necessário, por garantia — explicou ele. — A primeira rainha virgem a emergir corre para rasgar as células das outras e pica as rivais até a morte.

O vovô arregalou os olhos para mim, fazendo efeito dramático.

— Jura? — sussurrei.

O vovô tinha me convencido de que as abelhas eram gentis, e de repente elas eram capazes de cometer uma brutalidade terrível. Mordi o lábio, incerta do que pensar.

— Por que eu tentaria te enganar? Você consegue até ouvir as brigas das rainhas. Elas emitem um grito de batalha que parece um pato grasnando. Sim, elas ficam fazendo "Quáááá... quáááá... quáááá... quá-quá-quá".

Era um pensamento perturbador, substituir a própria mãe. E se os humanos pudessem fazer isso? Imaginei uma loja que vendesse mães, e tudo o que eu precisava fazer era andar pelos corredores de mulheres embaladas em caixas de Barbie e escolher uma. Que tipo de mãe eu escolheria? A minha teria cabelos louros compridos e brilhantes, e eu daria a ela o nome de Gloria. Ela usaria meia-calça que vem naqueles ovinhos de plástico, e os saltos do seu sapato fariam *click-click-click* quando andasse. Ela viria até minha sala de aula e ajudaria todas as crianças com os projetos de arte, e colocaria band-aid do Snoopy nos meus joelhos quando eu caísse. Imaginei a gente dirigindo um carro conversível, e ela teria uma echarpe amarela comprida que voaria atrás dela. Sempre me deixaria escolher a música no rádio e me levaria para comer hambúrguer e batata frita quando eu quisesse.

O vovô deu um tapinha no meu ombro, e despertei de meu devaneio. Ele tinha outro quadro nas mãos, mas nesse, o favo não estava laranja de mel, mas os alvéolos estavam selados com uma cera escura, marrom, da cor de um saco de papel pardo. Ele apontou outra vez, e vi duas pequenas antenas saindo de um buraco minúsculo no meio da cera marrom, de onde uma abelha estava emergindo. De trás da cera, a abelha empurrava e mordia, até que tivesse espaço suficiente para colocar a cabeça para fora. A penugem da sua cabeça era cor de manteiga e toda bagunçada, como se estivesse molhada. Suas antenas se mexiam conforme exploravam o exterior. Diversas abelhas vieram tocar a novata, e ela se assustou e recuou para dentro da célula. O vovô pegou um mato seco do chão e usou a ponta para tirar a cera da abertura da célula, dando à abelha bebê um caminho livre para sair. Ela caminhou devagar para fora com as pernas bambas, ficou em pé por um momento e alongou as asas. Na mesma hora, a bebê começou a implorar por comida para as abelhas que passavam, e, em alguns segundos, uma abelha adulta parou e grudou a língua na dela para passar o mel, que a bebê comeu avidamente.

Eu não fazia ideia de que tanta coisa podia acontecer dentro de uma colmeia. O vovô examinou todas as suas trinta colônias, e cada uma era diferente. Algumas estavam lotadas de abelhas, e outras pareciam precisar de companhia. Algumas tinham abelhas irritadiças que corriam pelo favo como se sofressem de ansiedade, e outras tinham abelhas doces que nos ignoravam enquanto fazíamos a inspeção. Algumas estavam ocupadas fazendo novas rainhas, e outras acumulavam pólen. Algumas colônias faziam esculturas de cera malucas lá dentro, e outras formavam camadas precisas. Uma das colmeias até tinha duas rainhas, que apesar de raro, acontecia quando as rainhas decidiam ser amigas, o que me fez relaxar um pouco com relação às brigas pelo trono. Eu estava começando a ver que toda colmeia tinha seu funcionamento próprio, e um bom apicultor dava conta de entender qual colmeia precisava de que tipo de atenção.

O sol havia baixado até a linha do horizonte quando o vovô terminou, e as colmeias criavam sombras compridas na grama. Enquanto andávamos de volta para o carro, um casal de codornas nos ouviu chegando e escondeu seus filhotes atrás da segurança de um arbusto de sálvia, e os bebês fugiram como bolas de algodão sendo levadas pelo vento. Quando estávamos prontos para partir, ele colocou a mão embaixo do banco para ver se Rita lambia seus dedos. Satisfeito pela cadelinha estar dentro do carro, ele deu partida e voltamos para a estrada de terra esburacada, mas, dessa vez, eu sabia que o vovô tinha tudo sob controle.

— Gostei daqui — comentei.

— Eu também gosto. A gente consegue pensar em Big Sur.

Entendi exatamente o que ele queria dizer. Eu tinha acabado de passar diversas horas sem me preocupar, ocupando minha cabeça apenas com abelhas.

Quando voltamos para uma rodovia asfaltada, o vovô apontou para o sul, para a estrada da Costa, e me contou que, quando ele estava no quinto ou sexto ano, caminhava oito quilômetros subindo o cânion Bixby todo dia para trabalhar no rancho Chapman com os irmãos Trotter. Eles eram adolescentes, já bem altos para a idade, e ensinaram o vovô a transportar feno, carregar um tronco de sequoia em toras de madeira, marcar gado e pastorar ovelhas. Mais tarde, foram eles que ensinaram o vovô a ser encanador. O vovô fez uma pausa em sua história por um instante, como se estivesse se lembrando de algo, e então começou a explicar a maneira correta de tirar um cabrito de dentro da barriga de uma ovelha.

— Se ele estiver de costas, você precisa colocar a mão lá dentro, segurar o que conseguir e girar o cabrito. — A voz dele era séria, como se aquilo fosse salvar minha vida algum dia. Eu não tive coragem de dizer que eu nunca, em hipótese alguma, colocaria a mão dentro de um animal. Sem chance.

Abri a janela para deixar a maresia entrar. As montanhas estavam ficando escuras e roxas no crepúsculo, e um gavião-de-cauda-vermelha observou nosso carro passando do topo de um orelhão. Eu me sentia estranhamente feliz, como se nada de ruim pudesse acontecer comigo em Big Sur. Havia passado um dia inteiro explorando o interior de uma colmeia, absorta demais em aprender sobre abelhas para sentir um pingo de tristeza. Big Sur era como um alçapão secreto para um sonho agradável.

Ver a abelha-rainha trabalhar sem descanso pela família e suas filhas se revezarem para cuidar dela me ajudou a me sentir menos mal em relação à família que eu tinha perdido. Isso reafirmou para mim que a maternidade é parte da natureza, mesmo entre as menores criaturas, então talvez ainda houvesse esperança de que a mamãe pudesse voltar para mim. Apesar de as abelhas saírem da colmeia todos os dias, elas *sempre* voltavam. Não havia dúvidas de que o único propósito de uma abelha era ficar com a família. A colmeia era previsível, e isso era reconfortante. Uma família que nunca desistia.

Seis

O APICULTOR
Outono de 1975

Quando a vovó me levou ao bazar da igreja para comprar roupas para ir à escola, percebi que ficaríamos na Califórnia de vez. Aceitei com a rendição típica de uma criança, com a sensação de estar seguindo o curso do rio em um bote comandado por outras pessoas, assistindo às curvas da vida aparecerem diante de mim com certo distanciamento. Como era costume na minha família, não houve conversa alguma para explicar por que nossa visita tinha se tornado permanente. Por um lado, eu estava feliz por conhecer crianças da minha idade, mas também estava triste por perder a esperança secreta de que um dia voltaríamos para Rhode Island e seríamos uma família de novo.

O bazar ficava no sótão da igreja, com acesso por uma escada atrás do santuário. O cômodo estava mofado e tinha apenas entradas de luz de algumas poucas janelinhas no teto, que iluminavam as partículas de mofo que voavam pelo ar. A vovó escolheu uma camiseta para mim, e eu escolhi uma blusa branca de botões e manga curta, com listras verdes verticais. Olhando de perto, vi que as listras eram, na realidade, colunas com o emblema das escoteiras — pequenos símbolos que pareciam um trevo de quatro folhas. Eu não acreditava na minha sorte: um uniforme oficial das escoteiras! A vovó afastou os cabides em uma arara circular lotada e pegou uma saia na altura do joelho, com uma estampa de quadrados, feita de guingão e chita. Parecia que ela queria que eu vestisse uma colcha para ir à escola.

— Isso é apresentável — afirmou ela, segurando a saia na sua frente.

Eu não tinha certeza do que ela queria dizer, mas sabia que, quando a vovó resolvia alguma coisa, era apropriado obedecer. Minha blusa e a saia da vovó juntas eram um desastre de trem em formato de roupa — o seriado *Os pioneiros* na parte de baixo e uma líder de tropa rebelde na parte de cima, mas foi isso o que escolhi usar no meu primeiro dia de aula, junto com um par de tênis.

Não houve pompa no primeiro dia na escola Tularcitos. A mamãe permaneceu na cama, o vovô saiu antes de o sol nascer para fazer um serviço de encanador no sul da costa, e a vovó carregou Matthew e eu porta afora. Agora que o ano escolar tinha começado, ela precisava sair mais cedo para nos deixar em uma creche na casa de uma mulher na vila e depois dirigir até Carmel para ler a matéria do dia antes dos seus alunos do quinto ano chegarem. Eu tomava café com as crianças da creche, e depois andava sozinha até a escola, cortando caminho pela pista de pouso.

Nos anos 1970, era comum ver crianças caminhando sozinhas por todo canto no vale Carmel. Quase não havia crimes, e a vila era tão pequena que todo mundo sabia qual criança era de que família e ficava de olho na gente. O bairro era todo recortado por trilhas improvisadas pelos jardins por trás das casas, onde as crianças tinham criado seus próprios caminhos, conectando a loja de conveniências à piscina pública, a biblioteca à quadra de basquete. Então, o plano que a vovó montou para mim era caminhar até a Tularcitos todas as manhãs e voltar para a creche à tarde, onde eu esperava com Matthew até que ela fosse nos buscar. Eu me tornei uma criança independente sem independência.

No primeiro dia de aula, me mantive na beira da estrada, respirando o aroma de licor dos arbustos de anis selvagens e virando para trás de vez em quando para ver se vinha algum carro. A rua estava quieta e deserta naquela manhã; até os cachorros da vizinhança ainda roncavam quando os primeiros raios de sol aqueciam suas barrigas. Passei por um estábulo de cavalos, onde dois pôneis levantaram a cabeça, curiosos. Em geral, eu teria parado para dar tufos de grama verde para eles através da cerca, mas dessa vez me apressei para não chegar atrasada no primeiro dia de aula. Cortei caminho pela pista de pouso e finalmente cheguei à casa branca do rancho vizinho à escola, com rodas antigas de carroça apoiadas no portão. Foi quando ouvi a cacofonia gloriosa de vozes de crianças que vinha do jardim. Fiquei ali parada por um momento, ouvindo o eco agradável de amigos em potencial.

O destaque do jardim da escola era um parquinho de dois andares, feito de postes antigos transformados em dois fortes conectados por uma ponte suspensa, que balançava perigosamente quando as crianças atravessavam de um lado para o outro. Toda vez que escalávamos a estrutura, chovia farpas dela e queimávamos nosso bumbum nos escorregas de metal que grelhavam no sol escaldante.

Quando cheguei ao playground, meninos e meninas corriam pela ponte, saltando as ripas que faltavam e, de alguma forma, conseguindo ficar de pé enquanto ela balançava, indo atrás umas das outras com a alegria de rivalidades renovadas. Outras crianças desciam os escorregas íngremes de metal, gritando para os que estavam na frente saírem da frente. Garotos arrastavam suas barrigas no chão feito soldados, passando por túneis feitos de tubos de barro industrializados, enterrados na areia até a metade. Garotas se balançavam nas barras do trepa-trepa, com os cabelos esvoaçando atrás delas conforme avançavam, com experiência, de barra em barra até o fim da linha, com o metal fazendo barulho toda vez que seguravam e soltavam as barras. Na outra ponta do parquinho de areia, meninas executavam movimentos de ginástica nas barras horizontais. Uma menina de rabo de cavalo se sentou em uma barra a cerca de 1,80 metro acima da areia enquanto um grupo de amigas gritava lá de baixo:

— Mortal! Mortal!

Vi a menina se soltar e cair para trás, balançando ao redor da barra com a parte de trás dos joelhos, dando uma cambalhota no ar e aterrissando com os pés no chão.

Senti o nervosismo se espalhando até as pontas dos meus dedos. Eu me juntei ao rio de crianças e deixei que os adultos segurando pranchetas me guiassem até minha sala. Os alunos foram reunidos sentados no chão, na frente da professora, que fazia a chamada. Quando me aproximei, ouvi um burburinho e saí na mesma hora. Eu estava vestida de maneira desastrosa. As meninas vestiam calças jeans da Ditto com corações e arco-íris bordados no bolso de trás. Os meninos vestiam calças jeans da Levi's ou shorts de veludo, e camisetas com logos de surfe ou listras da Adidas. Eu estava lamentavelmente deslocada com minha saia de pano estampada, que fazia um formato de balão conforme eu andava, como se eu estivesse usando anáguas por baixo. É isso que acontece quando se permite que uma pessoa mais velha escolha sua roupa. A vovó escolheu o tipo de roupa dos velhos tempos, que usava quando era criança.

A garota sentada ao meu lado tinha um cabelo tão louro que era quase branco, mas, dependendo da luz, às vezes ficava verde. Era curto, cortado em formato de cuia, como o da patinadora de gelo Dorothy Hamill. Vestia uma jaqueta de cetim rosa.

Ela me disse que seu nome era Hallie.

— Por que seu cabelo é verde? — perguntei.

Ela franziu a testa.

— A piscina deixa ele assim.

— Você tem piscina?

— Sim! E um trampolim também.

Provavelmente, a garota tinha um quarto só para ela. Com uma televisão. Durante o recreio, eu a segui para uma área do pátio reservada para jogar futebol americano. Fui uma das últimas escolhidas do time, e quando chegou a minha vez de ficar na base do batedor, minha saia não permitia que eu tivesse espaço suficiente para balançar a perna e dar um bom chute. Tive que dar passinhos de boneca para correr até as bases, e, é claro, perdi todas as vezes. Hallie era uma atleta tão boa que os atacantes recuavam sempre que chegava a vez dela. Ela voava pelas bases a passos largos, como os meninos, balançando os braços e expirando com força. Ela era maravilhosa. O sino tocou, indicando que deveríamos retornar para a aula, e eu voltei caminhando com ela.

— Você é muito boa — falei.
— É mais fácil se estiver de calça.
Disse a ela que faria isso.

Naquela noite, escondi a saia em um canto no armário, atrás dos casacos de inverno. Eu precisava ser mais cuidadosa para não deixar que a vovó me constrangesse de novo. Jurei prestar mais atenção aos meus colegas de classe, fazer o que eles faziam para tentar me enturmar. Eu os observava com olhos de antropóloga, em busca de dicas para o que eu deveria querer e como deveria me portar. Ouvia conversas sobre a Disneylândia, o zoológico e o McDonald's. Copiava as gírias que falavam, memorizava as músicas que cantavam. Catalogava os itens que sacavam das lancheiras — suco que vinha em caixinhas, palitinhos de queijo que separavam em tiras, frutas descascadas que tiravam do papel celofane. Hallie me ensinou como separar as duas partes do biscoito Oreo e lamber o recheio primeiro. Tinha um gosto divino, feito sorvete que não precisava ficar congelado. Mas, por mais que eu implorasse todo sábado de manhã, quando íamos ao supermercado, a vovó se recusava a comprar essas coisas. Ela não apenas não entendia o que significavam, como também eram inacreditavelmente caras. A falta de renda da mamãe significava que eu tinha direito ao almoço de graça da escola, fornecido pelo governo. No tribunal da vovó, não havia argumentos contra a gratuidade.

Porém, às vezes, a gratuidade tinha seu preço. Na cafeteria, eu ficava na fila do almoço especial, que todo mundo sabia que era para as crianças cujas famílias não tinham dinheiro suficiente para comprar comida. Eu invejava os alunos com almoço feito pela mãe, e ouvia o frenesi diário de seus escambos, enquanto trocavam chicletes, biscoitos de manteiga de amendoim e sanduíches feitos no pão branco macio com a casca cortada. Todos os dias, eu ganhava uma refeição quente em uma quentinha selada com papel-alumínio, e não importava o que tivesse lá dentro, sempre cheirava a batata cozida e não tinha gosto de absolutamente nada. Ninguém queria trocar alguma coisa por brócolis opacos e tiras de peixe velho, então comecei a passar o recreio dentro da sala de aula com a minha comida fedorenta, folheando os livros de Dick e Jane. Minha professora insistia que eu fosse brincar lá fora, mas neguei tantas vezes que ela acabou desistindo. Eu e ela comíamos juntas lá dentro, ela trabalhando em sua mesa e eu sentada à minha carteira, satisfeita com o silêncio.

Tirei nota baixa naquele ano na seção de Crescimento social & emocional do meu boletim:

Trabalha muito bem em sala de aula; com frequência, tenho que "expulsá-la" para o pátio durante o recreio. De vez em quando, reclama de tédio — tanto na escola quanto, às vezes, depois da escola. Eu a encorajei a trocar o número de telefone com os colegas e se encontrar com eles.

Entreguei o boletim de progresso para a vovó junto com o drinque dela. A vovó deu um gole e olhou para o boletim, disse que eu estava indo bem, amassou o papel e o jogou na lareira, onde o vovô avivava as chamas laranja. Ele acendia a lareira pelo menos uma vez por semana, mesmo no calor. Nossa lareira não era usada apenas para aquecer a casa; era uma ferramenta para nos livrarmos das coisas. Não havia nenhum programa de reciclagem, então meus avós jogavam no fogo jornais e caixas de leite, tapetes e revistas antigas, caixas de lenço de papel e os ocasionais catálogos da Sears. A vovó parecia satisfeita ao ver meu boletim virar pó. Ela ergueu o copo, como se fosse fazer um brinde.

— Quem precisa de amigos? O inferno são os outros, se quer saber — disse ela.

Eu não tinha trocado meu número de telefone com ninguém. Os outros alunos não me convidavam para ir na casa deles, e eu não me atrevia a convidar ninguém para nossa casa também. Não queria manter a mamãe escondida, mas também não queria explicar para um colega por que ela não saía do quarto. Não sei com certeza se tinha um motivo, na verdade. Eu já me sentia uma estranha na escola por ter avós em vez de pais, e a inexplicável situação da mamãe só amplificaria minha estranheza.

Quando fui para a cama naquela noite, encontrei a mamãe dormindo de barriga para cima com um livro grosso de capa vermelha aberto sobre o peito. *Seu futuro astrológico*, de Linda Goodman. Recentemente, a mamãe havia descoberto a astrologia e lia com atenção os livros que a vovó pegava na biblioteca, em busca de uma explicação cósmica para seu divórcio. Com delicadeza, tirei o livro das mãos dela, tentando não acordá-la. Ela estremeceu e abriu os olhos. Observou o quarto, registrando o que via, e então relaxou de volta nos travesseiros e se encostou em mim.

— Está tudo bem, venha.

Entrei debaixo das cobertas e encaixei meu bumbum na sua barriga, e ela me puxou para nossa posição de dormir.

— Você até que é uma boa menina. Para uma ariana.

A mamãe tinha dividido todos os signos em bons e ruins. Eu era de Áries, que ela explicou ser um tipo de pessoa meio autocentrada, mas divertida e, no fundo, boa. Só que os taurinos eram melhores, porque ela, a vovó e Matthew eram do signo de Touro. O vovô também era ariano, então fiquei feliz.

— Mãe?

— Hum?

— O Dia das Bruxas está chegando.

As decorações pretas e laranja já estavam espalhadas pela escola. Todas as turmas planejavam festas, e ninguém parava de falar sobre as fantasias que usariam. Eu queria uma fantasia da Dorothy, de *O mágico de Oz*, e pedi para a mamãe costurar um vestido para mim. Ela tinha feito uma fantasia de boneca de pano para mim em Rhode Island que ficara perfeita.

— Não dá — respondeu ela. — Peça para sua avó.

A vovó não ia me ajudar. Ela não sabia costurar, e além disso, o Dia das Bruxas era apenas outra maneira de mimar as crianças. Quando ela era pequena, o Dia das Bruxas não era comemorado, e tudo tinha ficado bem. Tentei dizer a ela que era o dia mais importante da escola. O único dia em que se podia comer todo doce que você quisesse e culpar qualquer pirraça por isso. Os professores prometiam fazer concursos de fantasia e nós iríamos decorar abóboras. Se eu não tivesse uma fantasia, não ia poder participar, então era melhor eu nem ir. A vovó pigarreou alto para lembrar que não era eu quem ditava as regras na casa dela.

Não me ocorreu pedir ajuda ao vovô; eu não podia imaginá-lo segurando agulha e linha em suas mãos fortes. Mesmo se tivesse ido até ele com meu problema, isso voltaria para a vovó, que já havia me dito para parar de incomodá-la com aquela história de fantasia.

Quando acordei no dia 31 de outubro, ainda não tinha plano algum. O vovô estava fazendo um serviço de encanamento em Big Sur, e a vovó estava na cozinha, correndo para esvaziar a caixa de madeira com as coisas de engraxar sapato do vovô em cima do balcão.

— Sente-se aí no banco.

Obedeci. Ela abriu uma lata redonda de graxa de sapato marrom, afundou o dedo lá dentro e lambuzou minha testa.

— Agora fique quieta — mandou ela, erguendo meu queixo.

— O que você está fazendo?

— Uma fantasia — respondeu ela, acrescentando graxa preta ao redor dos meus olhos. Ela logo cobriu todo o meu rosto e parte do meu pescoço. Depois, pegou uma das coleiras marrons de Rita do armário de vassouras e a prendeu no meu pescoço. — Espere aqui.

Eu a ouvi abrindo gavetas em seu quarto. Ela voltou com um par de meia-calça bege já desgastada e cheia de bolinhas. Esticou a cintura elástica sobre a minha cabeça e colocou todo o meu cabelo para dentro. As pernas caíram nos meus ombros. Por último, prendeu uma das guias de Rita na coleira e estendeu a ponta para mim.

— Pronto, isso vai funcionar — falou, dando um passo para trás para conferir o trabalho.

A vovó me seguiu até o banheiro para eu dar uma olhada. Fiquei de pé em frente ao espelho e quase engasguei. Parecia que eu tinha sido terrivelmente queimada, com só a parte branca de meus olhos se destacando da cara cor de chocolate, com linhas pretas cruzando a testa e círculos escuros ao redor dos olhos. Havia um triângulo preto na ponta do meu nariz e bigodes desenhados nas minhas bochechas. Eu parecia alguém com a pele queimada de tanto pegar sol andando por aí com uma meia-calça na cabeça. Fiquei boquiaberta e toquei na tinta oleosa para ver se eu ainda estava por baixo daquilo.

— Você é um basset!

— Um o quê? — sussurrei, estarrecida.

— Um cachorro, um basset.

Ela tinha lido uma revista sobre como fazer fantasias para o Dia das Bruxas com itens domésticos.

— Eu pareço idiota — protestei.

— Vou dizer a você o que é idiota — respondeu ela. — Tem crianças em outros países que estão morrendo de fome, e você está preocupada com uma fantasia.

Estava feito. Não havia discussão. Saí para minha caminhada diária até a escola carregando minha própria coleira. A graxa tinha um cheiro forte de petróleo e estava me deixando um pouco tonta. No parquinho, abri caminho em meio a um mar de princesas e super-heróis perplexos tentando adivinhar a minha fantasia.

Hallie usava uma fantasia de bailarina, com um tutu vermelho sobre seu collant de ginástica e uma sapatilha rosa de balé com fitas. Ela protegeu os olhos do sol e ficou vesga para tentar olhar melhor para mim.

— Por que você está com uma meia-calça na cabeça?

— São orelhas.

Hallie franziu a testa, confusa.

— Eu sou um cachorro. — Mantive os olhos virados para baixo, encarando os sapatos. — Foi a vovó que fez. Não ficou bom.

Hallie pegou a coleira da minha mão.

— Você pode ser o meu cachorro! — sugeriu ela. — Se alguém perguntar alguma coisa, você ataca a pessoa quando eu mandar.

A parte boa do plano era que, sendo o cachorro dela, eu podia permanecer muda e não precisava responder a nenhuma pergunta sobre minha fantasia. Hallie falava por mim, explicando que toda bailarina tinha um cão de guarda e ponto final. Quando nossa professora tirou uma foto da turma, Hallie segurou minha coleira e eu me ajoelhei aos seus pés, como um cãozinho leal. Nosso plano tinha funcionado, e mantive a cara de cachorro até não conseguir mais aguentar o cheiro. Esfreguei o rosto para tirar a graxa no banheiro com sabão em pó rosa industrial e papel toalha áspero. Por fim, arranquei a meia-calça da cabeça e joguei no lixo.

Mesmo com toda a dificuldade que eu tinha em me enturmar, eu gostava da escola. Abracei a rotina e os sinais que estabeleciam os limites entre o projeto de arte, o recreio e a hora de leitura, traçando um objetivo em meus dias. Eu sempre chegava em casa com uma história para o vovô sobre o que eu tinha aprendido, e ele me encorajava a continuar tentando fazer amigos, lembrando-me de que levava tempo para encontrar as pessoas certas que nos fazem sentir confortáveis. Quando contei a ele o que tinha acontecido no Dia das Bruxas, ele me disse duas coisas: que Hallie seria uma amiga para a vida toda, e que, no ano seguinte, podia vestir o véu dele de cuidar de abelhas e ir para a escola fantasiada de apicultora. Não acreditei que não tivesse pensado nisso.

Nossos professores eram hippies inconformistas que abrilhantavam com liberdade nosso currículo escolar. Um professor nos ensinou a moldar e queimar peças de cerâmica. Outro testava nossa percepção extrassensorial desenhando um símbolo em um pedaço de papel e desafiando-nos a duplicar o que ele havia desenhado em nossos próprios papéis. Por alguma razão, esse exercício tinha que ser feito no campo de futebol, onde ficamos de pé em círculo ao redor do professor, com pranchetas nas mãos, e tentamos ler sua mente. Em um experimento científico, aprendi que Coca-cola pode corroer osso. Um professor colocou três copos com Coca-cola na janela. Dentro de um deles colocou um osso de galinha, no outro colocou um prego, e no terceiro, uma moeda. Monitoramos a deterioração diária de cada um dos itens. Quando o osso de galinha desapareceu em menos de um mês, prometi a Deus que nunca mais beberia refrigerante.

Eu mal podia esperar para voltar à escola e descobrir qual seria o aprendizado do dia. Eu respondia à chamada dos professores com uma gratidão que nem entendia, além da sensação de que queria agradá-los, decorar tudo o que eles falavam e mostrar que poderia ser uma boa aluna.

Um dia, a surpresa foi um novo professor de música. A primeira vez que entrei na sala de aula, o sr. Noakes estava sentado com as pernas abertas em cima de um banco de metal, dedilhando um violão, como se estivesse esperando o ônibus em vez de um bando de crianças. Ele era magro como um bambu e parecia jovem demais para ser professor. Usava calça jeans e botas de camurça marrom com sola lisa de borracha, e toda hora jogava a franja longa e castanha para trás, tirando-a dos olhos, para que pudesse encontrar os acordes certos. Ele chegava à escola em sua Kombi somente às quartas-feiras, para a última aula do dia, e sua aula virou o melhor momento da minha semana. Nos dias de aula de música, ele abria a porta, baixava a agulha da vitrola e deixava que as letras nos guiassem para a sala. "Bad, bad Leroy Brown" acalmava o ambiente, nós apurávamos nossos ouvidos, largávamos o lápis e nos juntávamos ao cortejo rumo à sala de música. O sr. Noakes não tocava músicas alegres tipo "Puff the Magic Dragon", feitas para nos acalmar; ele deixava que ouvíssemos músicas de verdade, do rádio.

Quando o sr. Noakes deixou que escolhêssemos os instrumentos musicais, a maioria das meninas correu para o som agudo das flautas e dos xilofones, enquanto eu empurrei os meninos na luta pelos instrumentos de percussão. Ele nos deixava fazer barulho e nunca usou um apito com a gente, como alguns professores faziam, nem mantinha um inventário constante de deméritos por mau comportamento no quadro. Ele via como sua missão pessoal incutir um excelente gosto musical em nossas mentes maleáveis e colocava para tocar vinis da própria coleção. Um dia, ele procurou em seu caixote, pegou a capa de um disco e segurou no alto para que todos pudéssemos ver.

— Alguém sabe quem são esses caras?

Reconheci os quatro Beatles atravessando a faixa de pedestres e congelei no mesmo instante. Era a música do papai. De repente, comecei a suar frio, e o chão sob os meus pés oscilou. O sr. Noakes ainda estava mostrando o *Abbey Road*, com as sobrancelhas arqueadas, esperando para ver se alguém conseguia identificá-lo. Levantei a mão, junto com um outro menino.

— Só vocês dois?

O sr. Noakes observou a sala, apreciando o momento antes de enlouquecer as nossas mentes inocentes. Ele parecia tonto conforme se aproximava da vitrola e, com orgulho, deslizou o disco preto para fora da capa, tendo cuidado de manter as pontas dos dedos na borda externa do vinil, e o colocou no toca-discos.

Não era possível que aquilo estivesse acontecendo. Os Beatles eram algo particular entre o papai e eu, e não uma coisa que todo mundo podia ter assim, de graça. Tocar aquele disco na frente de toda a turma era como *invadir minha privacidade*, e o sr. Noakes não tinha o direito de fazer isso comigo. Eu fiquei olhando, desamparada, ele baixar a agulha no disco, sabendo que um segredo terrível ia sair feito avalanche de dentro de mim, algo de que eu não podia falar em casa, algo do qual eu tinha vergonha, algo que me separaria ainda mais dos meus colegas de classe. Olhei para a porta e pensei se conseguiria fugir a tempo.

As primeiras notas de "Maxwell's Silver Hammer" ecoaram na caixa de som, tomaram meu corpo e o chacoalharam. Senti uma onda de calor subindo pelo estômago, passando pela garganta e invadindo meus olhos. Eu não ouvia Paul McCartney, ouvia a voz do papai me dizendo para ir dormir, para terminar de comer as ervilhas, prometendo que ele sempre seria meu pai. Era como se ele tivesse se materializado na sala, mas quando eu tentava olhar para seu rosto, ele saía de foco, como se estivesse de pé por trás de uma tela opaca. Entrei em pânico, tentando me lembrar de como ele era. Tudo que eu tinha dele eram lembranças, e estava começando a perdê-las também. Olhei ao redor e vi que os alunos estavam envolvidos naquela música estranha e atrevida sobre três assassinos, rindo e fingindo bater uns nos outros com um martelo. Eu jamais me divertia daquele jeito puro. Eu os odiava por serem tão felizes sem se esforçar nem um pouco.

Sentia as lágrimas surgindo e queria que fossem embora. Eu não podia acrescentar um colapso emocional à minha lista de transgressões sociais. Fechei os olhos com força, tentando bloquear a música. Quando isso não aconteceu, apoiei a testa nos joelhos para que minha calça jeans absorvesse as lágrimas. Alguns soluços de choro escaparam e tentei disfarçar. Meu peito arfou e coriza desceu pelo meu nariz. Na hora em que a música acabou, o único som na sala era meu choro.

O sr. Noakes dispensou os alunos antes da hora e fiquei enrolada no chão como uma bola. Quando a sala estava vazia, ele ajoelhou ao meu lado.

— O que aconteceu?

O som de uma voz masculina me fez estremecer ainda mais.

— Meu pai... — murmurei. Foi tudo que consegui dizer.

— Caramba — falou o sr. Noakes. — Fique aqui. Vou chamar a enfermeira.

Ela apareceu na sala, arfante por correr. Deixei que ela me levantasse do chão e me envolvesse em seus braços grossos, e desabei no abraço dela. Abraçá-la foi como me enfiar embaixo das cobertas, e fiquei ali até parar de soluçar. Ela segurou minha mão e me levou até a enfermaria, onde me sentei em seu colo e tentei explicar por que eu estava tão triste. Era muito difícil.

— Meu pai — repeti.

Ela me entregou um lenço de papel.

— Onde ele está?

— Em Rhode Island.

Ela sorriu e hesitou um segundo antes de puxar a gaveta de um arquivo de metal. Procurou por pastas de papel-cartão e levantou uma delas. Abriu-a e me fez a pergunta seguinte com os olhos no papel:

— Você mora com sua mãe?

— Sim. Não... Eu moro na casa da vovó.

Ela inclinou a cabeça, tentando entender o que eu não queria contar.

— Para quem devo ligar para vir buscar você?

Eu disse a ela que ninguém vinha me buscar.

— Eu vou andando para casa — falei, apontando para o leste.

Ela pegou uma caneta de uma xícara na mesa e escreveu um número de telefone em um bloco de papel, arrancou-o e o entregou para mim.

— Entregue isso à sua avó quando chegar em casa e peça para ela me ligar.

Assenti.

— Quer descansar um pouco antes de ir?

Recusei. Eu já tinha vivido coisa demais naquele dia e estava pronta para que ele acabasse. Quando entreguei o bilhete à vovó, estava com medo de contar a verdade para ela, então disse que não sabia por que a enfermeira queria que ligasse. A vovó não fez mais perguntas, e fiquei feliz de não precisar falar sobre o assunto.

Na quarta-feira seguinte, quando era hora de ir para a aula de música, minha professora me pediu para esperar um pouco. Quando os alunos já tinham saído da sala, ela colocou na minha frente um kit de tinta-guache novo e um bloco de papel. Colocou um pouco de água em um copo e me entregou um pincel. Olhei para a página em branco por um instante e então pintei a primeira coisa que me veio à cabeça. Seis pernas, quatro asas, um corpo dividido em três partes, cinco olhos, duas antenas. Um ferrão.

Durante as semanas seguintes, continuei pintando enquanto meus colegas iam para a aula de música. Eu sentia falta de tocar percussão e, apesar de a professora ter dito que poderia voltar para a sala de música quando estivesse pronta, nunca me senti pronta. As crianças passaram a ficar cheias de dedos comigo, como se eu fosse frágil, o que era melhor do que ser ignorada, pelo menos. Minha pintura progrediu. Eu fazia desenhos de casas bonitas com cortinas nas janelas e árvores finas com copas redondas de folhagem verde. Pintava gatos e abelhas e flores. Eu levava todos os desenhos para casa, para o vovô, que admirava cada um deles em detalhes e colava-os na parede de seu "escritório" — um cômodo inacabado na entrada da garagem, onde ele tinha uma mesa antiga de madeira e caixas cheias de equipamento de encanamento.

Certa tarde, eu o vi na garagem pisando em latas de alumínio e depois terminando o trabalho com um amassador de latas, transformando-as em discos achatados. Ele segurava a alavanca com as duas mãos, movimentava-a de baixo para cima e esmagava as latas. Depois, jogava as latas amassadas em uma caixa de papelão na caçamba do carro dele. Foi nesse momento que ele me viu.

— Dá para ganhar um bom dinheiro por elas no centro de reciclagem — disse ele. — Cinco centavos.

Pelo tamanho da pilha, imaginei que ele faria uma pequena fortuna. Havia centenas de latas espalhadas pelo chão. A camiseta branca que ele vestia estava tão surrada que tinha buracos, e a barra da calça estava molhada do líquido remanescente que pingava das latas. Ele usava botas de couro, e o bico do pé esquerdo estava envolto por fita crepe para cobrir um buraco. Dava para ver pedaços de comida presos em seu bigode.

— O que foi? — perguntou ele, percebendo minha expressão triste.

Contei a ele que a gente teria um dia especial na escola. Que os pais iam comparecer e cada um falaria sobre seu trabalho para a turma. Mas que eu não iria porque não tinha um pai para levar comigo.

— Entendi — respondeu o vovô, dando um longo gole na cerveja. Ele arrotou com vontade. — Desculpa.

Colocou a lata de cerveja no chão e pisou nela. Então, levou o amassador de latas para minha frente.

— Quer tentar?

Peguei a alavanca e empurrei, mas só consegui erguê-la poucos centímetros. Afastei um pouco os pés e deixei todo o peso do equipamento descer, e então a lata diminuiu de tamanho com um barulho recompensador. Eu me senti poderosa e, de repente, encontrei uma reserva de energia escondida. Esmaguei a lata de novo, e mais outra, e mais outra, perdendo o controle enquanto o restante de cerveja espumava, sentindo-me um pouco melhor cada vez que ela era esmagada. Quando enfim ergui o olhar, o vovô me encarava. Ele perguntou se eu estava trabalhando em algum projeto de arte novo, e mencionei que estávamos aprendendo a fazer esculturas com papel machê.

Ele ergueu a sobrancelha.

— E o que você está criando?

— Uma abelha.

— É mesmo? Posso ver?

O vovô sugeriu que talvez ele devesse ir na escola junto com os outros pais. E então estava combinado. O vovô seria meu pai substituto no dia de levar o pai para a escola. Mas eu não tinha certeza se aquilo era uma boa ideia. Quando imaginava os outros pais, pensava em homens de terno com pastas que trabalhavam em escritório. E então visualizei o vovô parado do lado deles, com o cabelo todo desgrenhado, sujeira debaixo das unhas e nenhum cartão de visitas. Desejei que ele, ao menos, se lembrasse de pentear o bigode para tirar as migalhas.

Quando o dia chegou, eu já tinha me convencido de que levar o vovô era uma péssima ideia. Ele seria bem mais velho do que os outros pais, o que chamaria ainda mais atenção para o fato de eu não ter um pai de verdade. Tudo que eu queria era me enturmar, e desde que o ano letivo tinha começado, eu fizera todo o possível para isso. Agora eu ia aparecer no dia de levar o pai para a escola com um impostor, atraindo ainda mais olhares. Desejei que eu tivesse simplesmente ficado em casa e tentei pensar em maneiras de cancelar nossa saída no último minuto, enquanto esperava na sala o vovô se arrumar.

Por fim, ele saiu do quarto, ajeitando sua gravata-borboleta preferida ao redor do pescoço, a com um laço turquesa sobre um quadrado prateado brilhante. Ele só a usava nos dias de dança de salão, funerais e casamentos. Reparei que sua calça jeans tinha um vinco na parte da frente — ele deve ter pego no baú de cedro um par novo que ganhou de Natal. Sua camisa mostarda de caubói tinha botões de marfim e listras finas em dourado metálico. O cabelo estava penteado, a barba por fazer tinha desaparecido e ele cheirava a loção pós-barba. Chequei as unhas dele: limpas.

Descemos a rua até a escola. Uma de suas mãos segurava a minha, e, na outra, ele levava um pote de mel para a professora.

Na sala de aula, encaminhei o vovô até a mesa dos projetos de arte e apontei para minha abelha. Era mais ou menos do tamanho de uma bisnaga de pão, e eu tinha me dedicado para moldá-la da forma certa, com seis pernas e quatro asas. Tinha aberto dois clipes de papel e espetado no jornal endurecido para fazer as antenas. O vovô pegou a abelha e a virou para olhá-la por todos os lados, assobiando de satisfação. Naquele momento, minha professora entrou e se apresentou, e com cuidado ele colocou a abelha de volta na mesa.

— É uma abelha e tanto — comentou ele.

O vovô disse para a professora que estava feliz em conhecê-la e entregou a ela o pote de mel. Ela colocou uma das mãos no peito enquanto pegava o presente.

— Este mel é das suas abelhas?

— Sim, senhora — respondeu o vovô.

— Incrível — sussurrou ela.

Nunca tinha ouvido o vovô dizer *senhora* antes, e ri. Ele me lançou um olhar que dizia para eu não estragar seu disfarce. Ele estava se comportando da melhor maneira possível, e até então estava indo tudo bem. Ninguém tinha perguntado quem ele era ou por que estava comigo. Nós éramos uma dupla e era isso que importava. Ficamos juntos enquanto os outros pais falavam com a turma sobre seus empregos, e enquanto ouvia histórias sobre trabalhos em bancos, tribunais e campos de golfe, imaginei o que o vovô ia dizer. Ele não tinha um emprego de verdade — que tivesse um chefe e um salário. Ele só consertava canos e criava abelhas. Fiquei preocupada de ele não ter muito a oferecer, ou que ficasse agitado por ter que falar diante de uma plateia. Uma vez, ele me contou que a melhor parte de ser apicultor era que dava para fazer tudo sozinho, sem ter que ficar conversando com ninguém. O vovô era o tipo de pessoa que preferia ficar sozinho e sempre usava apenas as palavras necessárias para exprimir um pensamento. Eu não tinha certeza de que ele estava pronto.

A professora chamou o nome dele, e eu soltei sua perna. Ele andou para a frente da sala e pigarreou.

— Meu nome é Frank e estou aqui com a minha neta, Meredith — começou ele. — Minha família mora há quatro gerações na costa de Big Sur.

Ouvi um murmúrio de interesse do grupo.

O vovô disse que seu bisavô foi um dos pioneiros de Big Sur, William Post, que tinha 18 anos quando saiu de Connecticut em 1848 para virar baleeiro, transformando gordura de baleia em óleo para lamparinas e coletando os ossos para fazer corpetes na estação baleeira de Monterey. Dois anos depois, ele se casou com uma índia da tribo Ohlone chamada Anselma Onesimo, dentro da Basílica de Carmel. Eles construíram uma das primeiras fazendas em Big Sur, um rancho de 640 acres, onde criavam gado e porcos e plantaram um pomar. Os dois conduziam boiadas para Monterey e faziam viagens de acampamento para levar caçadores e pescadores para o interior de Big Sur. E tinham colmeias.

O vovô explicou que começou a criar abelhas quando era adolescente, depois de um enxame invadir o jardim dele e seu pai lhe mostrar como capturar as abelhas e colocá-las dentro de uma colmeia. As abelhas logo se multiplicaram, aumentaram a colmeia e começaram a desenvolver as rainhas — sinal de que a colônia, já superlotada, estava se preparando para fazer a enxameação. Então, o pai lhe mostrou como mover as rainhas na incubadora e algumas das operárias para uma colmeia vazia e fazer outra colônia. Em dois anos, pai e filho tinham cinco colmeias atrás da casa em Pacific Grove, uma pequena comunidade à beira-mar a uma hora de Big Sur, constituída de vitorianos espremidos em pequenos lotes.

Os vizinhos eram pacientes e, de certa forma, ficaram fascinados com as abelhas, ele contou. Gostaram ainda mais quando o vovô colocou uma colmeia na varanda de uma família japonesa que tinha sido obrigada a trabalhar no campo durante a Segunda Guerra Mundial.

— Nenhum ladrão se atrevia a chegar perto daquela casa — disse ele.

Enquanto muitos ficavam arrebatados com as abelhas, a mãe dele estava perdendo a paciência. Depois de ser ferroada inúmeras vezes enquanto pendurava roupa no varal, ela enfim bateu o pé e exigiu que ele encontrasse um lugar melhor para seu novo hobby.

Amigos e parentes em Big Sur ficaram felizes em ajudar, e o vovô realocou as colmeias para diversos ranchos na costa, onde as abelhas não incomodariam ninguém. Ele colocou as colmeias em um terreno isolado aos pés do cânion Garrapata, no rancho de criação de gado de um primo no cânion Palo Colorado e na horta das freiras no Monastério das Carmelitas. As pessoas começaram a chamá-lo de o Apicultor de Big Sur.

O vovô contou histórias sobre enfrentar os mares para arrastar redes de sardinhas ao longo da rua Cannery Row e fez até os serviços de encanador parecerem empolgantes. Ele soava como um super-herói ao descrever a si mesmo amarrado em árvores e pendurado sobre os rochedos de Santa Lucia para martelar vergalhões e instalar tubulações que direcionavam água das fontes naturais para Nepenthe, o restaurante boêmio histórico empoleirado a 250 metros acima do mar.

Olhei ao redor da sala. As crianças nunca ficavam tão quietas durante as aulas.

— Parece que você saiu de um dos romances de Steinbeck — falou um dos pais, colocando o vovô à altura do pivô da literatura da baía de Monterey. E o vovô, na verdade, lembrava Steinbeck, assim como alguns dos biólogos marinhos, mendigos e mercadores que apareciam no romance *Cannery Row*.

Então, ele pegou o comentário literário do homem:

— O Steinbeck era um cara bacana. Meio calado. Doc Ricketts era mais divertido. Ele costumava nos pagar para trazer sapos do rio Carmel para usar em seu laboratório. Ele também dava boas festas de jazz.

— Você conheceu Henry Miller? — perguntou outro pai.

— Joguei pingue-pongue com ele no Nepenthe uma vez — respondeu o vovô. — Ele falava muito palavrão.

As crianças o bombardearam com perguntas sobre abelhas. Ele já tinha sido picado? Como ele tirava o mel da colmeia? Como pegava um enxame? O vovô começou a se divertir com a plateia. Ele contou que as abelhas o ferroavam toda hora, mas que aquilo significava que ele jamais teria artrite. Falou que tirava o mel da colmeia "com muito cuidado" e respondeu que capturava os enxames sem usar luvas. Elas não conseguiam descobrir se ele estava brincando ou falando a verdade e ficaram vidradas, perplexas. O vovô seguiu contando histórias, até que minha professora educadamente o interrompeu para que outro pai pudesse falar.

Ele voltou para o meu lado, e eu apertei sua mão. Ele tinha, sozinho, apagado minha gafe social anterior e me dado a oportunidade de um recomeço. Ele era legal, e contou à turma que eu o ajudava com as abelhas, portanto, eu também era legal por associação. Eu nunca deveria ter duvidado dele e me senti mal por achar que poderia estragar tudo. O vovô era diferente, mas isso o tornava *melhor*, e não pior. Não importava mais que ele não fosse meu pai. Estávamos juntos agora e era isso que importava. O vovô apertou minha mão de volta.

— Foi muito bom — sussurrei para ele.

Quando chegou a hora de ir embora, senti os olhares sobre nós enquanto cruzávamos o parquinho a caminho de casa. O vovô tinha uma lista de novos pedidos de mel, com nomes e telefones anotados em guardanapos. E eu tinha algo que valia mais do que dinheiro — sua lealdade. O vovô havia me dado crédito diante da turma toda, e isso significava que ele estava ouvindo quando contei sobre os problemas que estava enfrentando na escola. Ele pensou naquele assunto e surgiu com uma ideia para mudar as coisas para mim.

Aprendi naquele dia que o vovô ia ficar comigo, do mesmo jeito que uma abelha defende sua colmeia ou morre tentando. Ele estava me mostrando, do seu jeito silencioso, que tinha feito uma promessa. Ele nunca iria me abandonar.

Sete

AVÔ DE MENTIRINHA
Inverno de 1975

Pouco antes do Natal, o Volvo, que nunca havia se recuperado de ter cruzado o país, quebrou de vez. Foi substituído pelo carro mais estranho que eu já tinha visto. Lembrava uma banheira azul em formato de abacate, largo atrás e com um nariz longo na frente. Ele era rebaixado e parecia que a parte traseira tinha sido arrancada com um machado gigante. Uma listra branca de carro esportivo se estendia pela lateral, de uma ponta à outra, estreitando-se até um ponto logo atrás dos faróis. Era um AMC Gremlin, vendido como o carro econômico com o melhor custo-benefício dos Estados Unidos, e era o que a vovó podia comprar para a mamãe através de um financiamento.

Matthew e eu nos aproximamos com cautela, espiando pelo para-brisa traseiro — um vidro grande preso com dobradiças. Vimos um estofado branco cheio de furinhos e tapetes de tecido azul-gelo, novinhos em folha. Havia um rádio cheio de botões e um volante branco do tamanho da tampa de uma lixeira. O carro brilhava com todas as suas possibilidades.

— Não quero que encostem nele — disse a mamãe.

Ela estava sentada na cama com todos os travesseiros nas costas, lendo o manual.

— Podemos dar uma volta? — perguntei.

Ela fechou o manual no colo.

— O que foi que eu acabei de dizer?

— Para não encostarmos nele — respondeu Matthew.

— Isso mesmo. Agora, saiam do quarto — disse ela, nos mandando embora com um gesto.

A vovó disfarçou o presente que deu à mamãe como um empréstimo, propondo um plano de reembolso quando a mamãe arrumasse um emprego. Era uma espécie de suborno, do tipo que funcionava a favor da mamãe. Ela não dirigia o Gremlin para um possível local de emprego, mas para outros lugares. Minha mãe fazia as compras de vez em quando e ia a vendas de garagem durante os fins de semana. No final, ela nunca pagou à vovó os dois mil dólares que devia, mas foi o incentivo que a tirou da cama. O carro deu a ela um mínimo de autonomia, e fiquei agradecida por esse tantinho bem-vindo de progresso, enquanto a mamãe tentava se reintegrar à sociedade.

E então, um dia, ela quebrou a regra de a gente não tocar no carro e nos ofereceu um passeio até Carmel. A mamãe abriu a porta do carro, e senti uma lufada de um cheiro de limpeza levemente químico. Ela acionou uma alavanca e o banco do passageiro se inclinou para a frente, dando alguns poucos centímetros para nos esgueirarmos para o banco de trás. Isso aconteceu uma década antes de as cadeirinhas infantis serem obrigatórias e, se havia algum cinto de segurança no carro, ele devia estar enterrado embaixo do assento, pois nunca usamos nada disso no Gremlin.

— Olhem onde pisam! — avisou a mamãe, lambendo o dedo e tirando as marcas invisíveis no lugar em que nossos sapatos tocaram os bancos.

Ela se inclinou e tirou os sapatos dos nossos pés, bateu um no outro para tirar a sujeira e, com cuidado, colocou-os no tapete. Eu a vi dar a volta no carro, entrar e largar a bolsa no banco do carona. O interior branco brilhava ao nosso redor como uma lâmpada.

Quando se sentou, ela acelerou o motor duas vezes, e então tirou o pé da embreagem. Pressionou o acelerador forte demais, e o carro engasgou e morreu.

— Merda! — Ela checou nós dois pelo retrovisor. — Não digam à vovó que eu falei isso.

Minha mãe girou a ignição e o carro engasgou de novo, mais forte dessa vez. Matthew se apoiou no banco da frente. Ele me deu um sorriso sapeca. *Merda*, falou só mexendo a boca. Virei para o outro lado para que ele não me visse rindo. Tinha algo muito engraçado em uma criança fofa falando palavrão. A mamãe respirou fundo e ficou um tempo sentada com as duas mãos segurando o volante e os ombros tensos.

— Nós vamos na Macy's? — perguntou Matthew.

O Papai Noel estava na loja de departamento de Monterey, recebendo pedidos de presentes.

— Não, vamos ver o seu avô — respondeu a mamãe.

Uma ruga surgiu entre minhas sobrancelhas. Aquilo não fazia sentido. Nós já tínhamos um avô, que no dia anterior mesmo arrastara uma árvore de Natal da caçamba do carro para dentro de casa e a enchido de luzinhas. Expliquei isso à mamãe.

— Fique quieta. Não consigo ouvir o motor — disse ela.

Por fim, o carro pegou, e a mamãe saiu da entrada da garagem. Quando manobrou na estrada do vale Carmel, passou para a segunda marcha e manteve assim, embora o motor rugisse por uma marcha maior. Uma fila de carros se formou na estrada na parte posterior do nosso carro, e o motorista logo atrás da gente piscou o farol, iluminando o interior do Gremlin como a luz de um raio. Nós nos abaixamos na hora, mas a mamãe ignorou o carro colado na nossa traseira enquanto apertava o isqueiro no painel e batia o maço de cigarros no volante até um deles sair. Ela puxou o cigarro com a boca e jogou o maço de volta na bolsa. Quando o isqueiro desarmou, ela segurou a resistência vermelha na ponta e o acendeu.

— O vovô não é o avô de verdade de vocês — explicou ela, baixando o vidro da janela e jogando a fumaça para fora. — Meu pai é que é. Nós vamos visitar o avô de verdade de vocês. O primeiro marido da vovó.

Um gongo ecoou de repente na minha cabeça. A notícia de que o vovô não era meu avô era estapafúrdia. Eu nunca tinha visto aquele outro homem, nem ouvido nenhuma outra pessoa reivindicar a posição de meu avô. Cravei minhas unhas no banco branco, querendo fazer um buraco. Ela estava tentando me dizer, de certa forma, que o vovô não era bom o suficiente, mas me recusei a acreditar. Espumei de raiva no banco de trás, raiva da mamãe por dispensar o vovô assim tão fácil, e daquele estranho por tomar o lugar do vovô sem o meu consentimento. Ela segurou o cigarro do lado de fora da janela para deixar que o vento levasse as cinzas, e então o trouxe de volta aos lábios.

— O vovô é o meu avô — insisti.

— Não, ele é seu "vôdrasto".

Meu humor não estava dos melhores quando ela saiu da rodovia 1 e entrou na Ocean Avenue, e descemos uma ladeira íngreme que terminava antes das lojas do centro de Carmel. Ela saiu com o Gremlin barulhento da rua principal e foi para um bairro de casebres de madeira que pareciam casas de biscoito com cobertura. Os telhados eram de palha e ondulados, alguns eram decorados com bandeiras ou cata-ventos. As janelas tinham jardineiras, as portas, luminárias. Para todo lugar que eu olhava, via calçadas de paralelepípedo, e as casas tinham nomes em vez de números: *Conforto do interior, Um sopro, Sombras do mar.*

Aquelas casas pertenciam, originalmente, aos pintores, poetas e atores, quando Carmel ainda era uma colônia de artistas à beira-mar, no começo do século XX, mas já haviam sido bastante reformadas e ocupadas pelos seus descendentes ou estrangeiros ricos. Cada uma das casas era única, embora fossem iguais no que diz respeito ao tipo de casa que eu nunca tinha visitado antes. De repente, comecei a me preocupar com a enrascada em que a mamãe estava nos metendo.

Meu mau humor ficou ainda pior. A mamãe deu a volta em um carvalho que estava crescendo bem no meio de uma rua estreita. Nas ruelas sinuosas de Carmel, as árvores brotavam do asfalto em alguns cantos com fitas brilhantes ao redor, direcionando os motoristas a respeitar a natureza e dar a volta. Seja lá quem tenha construído aquelas ruas, a pessoa não teve coragem de cortar as árvores, e os moradores locais estavam acostumados a dirigir devagar ao redor delas.

Minha mãe estacionou em uma vaga de uma casa no alto da colina que tinha vista dos pinheiros de um dos cânions de Monterey. Andamos por uma varanda estreita que dava a volta na casa, até que nos deparamos com uma porta grande e vermelha escoltada por duas esculturas de leões chineses, um com a pata descansando sobre uma bola e o outro com as patas em um filhote.

A mamãe ajeitou a saia e ficou reta, parecendo mais alta, e então bateu na porta. Como se alguém estivesse de pé do outro lado, espiando pelo olho mágico, a porta rangeu ao se abrir imediatamente, e um homem baixo e magro, vestindo uma calça cáqui, um mocassim e uma camiseta social nos fitou. Seu cabelo branco estava penteado, como se o homem ainda estivesse no exército. Ele tinha um rosto rosado inexpressivo, olhos escuros e uma boca com os cantos repuxados para baixo, formando uma careta natural. Nunca havíamos nos visto, embora eu sentisse que ele já estivesse decepcionado comigo. A mamãe e ele se olharam em silêncio. Tive uma vontade repentina de me esconder no carro.

— Sally.

— Pai.

Ele abriu a porta um pouco mais e fez sinal para que entrássemos. Dei a mão a Matthew.

Nossos passos ecoaram ao entrarmos no que parecia ser uma galeria de arte em vez de uma casa. A casa de dois andares feita por um arquiteto era fria e impessoal, vazia no meio, com o andar de cima formando um anel ao redor do andar debaixo. De qualquer lugar do balcão, você podia espiar o andar debaixo, que tinha um chão de cimento queimado, com partes do tronco de uma sequoia incrustadas. A parede que dava para o cânion era toda de vidro. Uma escada flutuante conectava os dois andares. As paredes eram decoradas com pinturas chinesas de topos de montanhas com neblina e guerreiros lutando. Uma árvore de Natal imensa como a da Macy's surgia do térreo. Não havia um grão de poeira em nenhum lugar daquela casa de capa de revista.

A mamãe nos instruiu a cumprimentar nosso avô. Dei um sorriso sem graça. Ele apertou minha mão e me contemplou. Eu tinha a sensação inquieta de que precisava me desculpar por alguma coisa. Meus batimentos cardíacos aceleraram, e engoli em seco, apreensiva, esperando que ele me dissesse que eu tinha feito algo errado e que precisaria ser castigada.

Ouvi passos atrás de mim, e a esposa dele quebrou o gelo, aparecendo para nos cumprimentar em um quimono florido, com um colar de pedras vermelhas volumosas e anéis de jade nos dedos. Ela tinha cabelo grisalho, o rosto quadrado e os ossos das maçãs do rosto proeminentes, e era uns trinta centímetros mais alta do que o marido. Ela disse que nos faria um chá maravilhoso. Falou o nome do lugar de onde o chá vinha, e todos nós a encaramos em silêncio, então ela explicou que era uma montanha muito alta na China e que o chá era servido nos templos que eles tinham visitado. Fomos levados para uma sala no andar de cima, ao lado da cozinha, e nos sentamos em cadeiras chinesas rígidas e antigas. Matthew e eu nos sentamos com a mamãe de um lado da sala, e o pai dela se sentou à nossa frente. Os olhos da mamãe observavam a tapeçaria ao redor, a vista da janela, todos os lugares, menos o rosto do seu pai. Ela derramou um pouco de açúcar ao colocá-lo no chá. Ela odiava chá e só bebia café em casa.

Eu estava com medo de encostar nas coisas. Matthew ficou quietinho na cadeira, enquanto os olhos observavam tudo naquele local estranho. Não havia brinquedos em lugar nenhum.

Eu podia ver que a mamãe já estava se arrependendo da visita. Era óbvio que ela e o pai não gostavam de estar no mesmo cômodo e que eles não faziam ideia do que dizer um para o outro. O ar estalava com ressentimentos não ditos.

Mais tarde, soube que ele tinha sido um pai cruel, implicando, sem dó nem piedade, por ela ser gorda e batendo nela pelas mínimas transgressões, como não limpar a casa da forma que ele gostava ou fazer cara feia para ele. Suas atitudes imprevisíveis haviam consumido a infância dela, assim como a felicidade da vovó. Elas viviam com medo, até que, enfim, quando a mamãe tinha 19 anos, seus pais se divorciaram. Ela ficou eufórica quando ele partiu, aliviada de nunca mais ter que falar com aquele homem. E agora lá estava ela, doze anos depois, na sala de chá da casa dele. Talvez a vovó a tenha forçado a ir, para pedir ajuda financeira ao pai. Mas acho que ela foi atraída até lá por sentimentos confusos de curiosidade, esperança e carência. Usando as festividades como desculpa para uma reconciliação, a mamãe estava testando o pai para ver se ele tinha mudado, se ele sentira remorso e se a ajudaria a se reerguer.

Ele pigarreou.

— E então, Sally, como está?

A mamãe respondeu que as coisas estavam bem, ainda que difíceis. Disse que talvez conseguisse um emprego de caixa no banco ou como técnica de enfermagem no hospital.

— Que bom, Sally. Mas por que não faz algo com seu diploma de sociologia?

A mamãe começou a cutucar o esmalte.

— Já pensou em fazer pós-graduação? — perguntou ele.

Ela disse que não tinha dinheiro para pagar uma faculdade. Que tinha dois filhos para criar.

Vi que uma luz no olhar dele se apagou.

— Vou ficar bem, pai.

Desejei poder dizer algo para mudar de assunto, mas me sentia paralisada na frente de um avô repentino. Tentei imaginar aquele homem, com o casaco de cashmere jogado sobre os ombros e as mangas amarradas na frente, vivendo em meio aos seus livros de arte e suas esculturas de dragão, dentro da nossa pequena casa de um único andar, e aquilo não fazia sentido. Ele não parecia o tipo de pessoa que cortava lenha para fazer uma fogueira, ou que capinava o jardim, ou mesmo que mexia na terra. Na casa dele, tudo estava no lugar e parecia ser bem pouco usado. Na nossa, cada cantinho era lotado de coisas muito usadas. Meus avós transformavam elásticos em bolas, alisavam e reutilizam papel-alumínio e guardavam todas as sacolas de papel. Nós éramos de tribos diferentes, e eu não conseguia imaginar aquele homem na nossa casa. Parecia que as pilhas de tranqueira do vovô tinham brotado do chão e aparecido na propriedade séculos antes.

A esposa dele apareceu com uma bandeja de biscoitos amanteigados, colocando-os na mesa de centro enquanto nos contava sobre uma viagem recente à China. A conversa virou uma chatice adulta entediante, enquanto eles detalhavam os caminhos a lugares antigos que datavam de tal e tal dinastia, e a ideia de tentar dormir de olhos abertos passou pela minha cabeça. Levantei a xícara de chá e vi o que parecia ser uma alga-marinha boiando lá dentro. Coloquei a xícara de volta na mesa de centro laqueada. A mamãe fingia ouvir as histórias, mas a cabeça dela estava em outro lugar, seu olhar estava fixo em um ponto da parede bem acima do ombro do pai. Eu via a boca da mamãe se mexendo, mas não ouvia as palavras. Quando ele terminou de falar, outro longo silêncio se instalou na sala. Seu pai pigarreou novamente.

— Querem conhecer o resto da casa?

Ele nos levou para um tour no andar de cima, mostrando-nos a cozinha, os quartos com divisórias deslizantes que formavam diferentes posições de parede. Havia uma pequena biblioteca com espadas em mostruários nas paredes, e então descemos para o térreo, para o grande cômodo com a árvore de Natal. Lá embaixo, havia um escritório, diversos cômodos com paredes deslizantes e um piano. Meu novo avô voltou sua atenção para mim, perguntando se eu gastava da escola. Eu disse a ele que sim. Ele, então, perguntou o que eu queria ser quando crescesse. Ninguém nunca tinha me feito aquela pergunta.

— Não sei.

— Bem, vai ser médica ou advogada, uma coisa ou outra, certo? — disse ele, apertando minha bochecha.

Doeu, e dei um passo para trás, esfregando o rosto. A cara da mamãe começou a ficar vermelha de raiva.

— Meredith vai ser o que ela quiser, pai — respondeu, firme.

Mais uma vez, o silêncio reinou. Minha mãe olhou em direção às nuvens de chuva que estavam se aglomeravam sobre o cânion e franziu a testa. Seu pai nos levou em direção à árvore de Natal, que estava circundada por uma montanha de presentes. Ele pegou um deles e o entregou à mamãe. Ela abriu e era um casaco de flanela com gola V da Neiman-Marcus, de uma cor entre o verde e o marrom, como a água de um lago. A mamãe não usava casacos. Ela disse que era lindo e deixou a caixa no chão.

— Para o rapazinho — disse ele, entregando um presente a Matthew.

Quando meu irmão desembrulhou um caminhão de entulho Tonka em miniatura, na mesma hora rasgou toda a embalagem e começou a empurrar o brinquedo pelo chão, enquanto o pai da mamãe mantinha um olhar atento aos vasos.

Meu presente era um porta-joias de cerâmica em formato de ovo de ganso salpicado de bolinhas. Eu não tinha nada para guardar ali dentro, mas achei bonito e delicado, algo que uma dama teria em casa. Aquilo fez com que eu me sentisse madura o suficiente para ganhar a confiança de algo quebrável. Meu humor melhorou um pouco.

Ficamos mais um tempo, comemos mais biscoitos, e então a mamãe se levantou e disse que era hora de ir. Nosso anfitrião não tentou argumentar. Ele nos agradeceu por termos vindo e nos levou de volta até a grande porta vermelha. Não abraçou ninguém; só ficou com uma das mãos na porta e acenou com a outra.

A mamãe andou depressa até o carro. Bateu a porta, girou a chave na ignição e saiu de ré da vaga. Estava tão brava que se esqueceu de nos fazer tirar os sapatos. Girou o volante para fazer as curvas fechadas das ruas de Carmel, e Matthew se inclinou na minha direção e sussurrou:

— Gelatina!

Concordei, e nós deixamos nosso corpo ficar mole no banco de trás, balançando juntos enquanto a mamãe virava o carro de um lado para o outro. Ela estava resmungando e batendo na coxa com o punho. E começou a falar sozinha.

— Vocês viram aquela casa? Eu podia receber um pouco de ajuda também, sabe? Mas *nãããããão*!

Ela estava tremendo e devia estar chorando também, mas eu não tinha certeza. Matthew e eu caíamos para a esquerda, para a direita, e depois para a esquerda de novo, absorvidos pela função de transformar nossos corpos em gelatina.

— Não sei por que eu tento. Idiota. Idiota. *Idiota!* Eu nem deveria dar a ele o ar da graça. Ele nunca se importou merda nenhuma comigo, essa é a pura verdade!

Matthew estava pronto para praticar a palavra com M outra vez, e eu logo tapei sua boca. A mamãe continuou falando com o cigarro. Ela batia no volante entre as frases.

— Depois de tudo o que ele fez comigo!

Pou!

— As pessoas não mudam nunca.

Pou!

— O mesmo babaca de sempre!

Pou!

Matthew e eu continuamos colados um no outro, mesmo depois de a rua ter voltado a ficar reta. Nós nos unimos contra a corrente de palavras iradas vindo na nossa direção, mantendo-nos tão confortáveis quanto se é possível ao estar preso em um armário com uma pessoa usando um megafone. A mamãe gritava; as palavras ricocheteavam dentro do carro, colidindo e sendo esmagadas em pedaços sobre a nossa cabeça. Todas as coisas que ela queria ter dito ao pai vieram em enxurrada no nosso confessionário móvel. Ela não precisava dele. Ele não significava nada para ela. Ela queria que ele morresse. Ela nunca mais ia gastar um segundo da vida com ele.

Eu queria confortá-la, mas a mamãe parecia inalcançável, perdida nas próprias memórias, que eram terríveis demais para ser divididas. O que quer que tenha acontecido com ela era grande demais para que eu pudesse consertar com palavras.

Eu queria chegar logo em casa para que ela pudesse ir para a cama, onde era seguro. Só de ver aquele pequeno flash do passado, fiquei mais solidária e prometi a mim mesma não sentir tanta raiva por ela não sair da cama. O mundo foi duro com minha mãe, e eu precisava ser paciente, porque fora seu passado difícil que a fizera desistir do presente.

Ao entrar na cobertura de amendoeiras que levava aos fundos do jardim, ela ergueu o indicador e proclamou:

— Vou lhes dizer uma coisa: foi a *última* vez que ele viu a gente!

O nó no meu estômago se desfez. O problema dos dois avôs desapareceu, como em um truque de mágica. Quando acordei naquele dia esquisito, eu tinha um avô. Ao meio-dia, tinha dois. Agora tinha só um de novo. Acho que seria demais para a maioria das crianças, ganhar e perder um avô em um espaço de doze horas, mas para mim era só outro exemplo de como as relações na minha família mudavam como uma lufada de vento. Um dia, uma pessoa estava aqui; no seguinte, era história. Eu estava começando a me acostumar com a impermanência das pessoas, dos lugares, das promessas. Tudo mudava com o humor inconstante da mamãe, então era melhor deixar que as palavras delas apenas deslizassem por mim sem lhes dar muito significado. Não importava mais, porque aquele avô impostor se tornara assunto proibido. Ele nunca havia sido real para mim, de qualquer forma. Mas eu decidi ficar com o lindo ovo de cerâmica.

A mamãe continuou xingando ao entrar em casa. A vovó estava estirada no tapete com o seu drinque diário, e quando a mamãe passou sem cumprimentá-la, ela abriu um sorriso sarcástico e mexeu os cubos de gelo no copo de plástico.

— Então, como está o bom-e-velho-como-é-mesmo-a-cara-dele--meu-primeiro-marido? — gritou a vovó para ela.

A porta do quarto bateu em resposta.

— Eu bem que avisei — comentou ela, dando de ombros.

Meu irmão colocou o brinquedo novo na frente dela.

— Olha o meu caminhão.

Ela pegou o caminhão e o inspecionou por todos os ângulos.

— É um caminhão de entulho *muito* legal. Por que você não vai lá fora e enche de terra?

Matthew não precisou ouvir duas vezes. Pegou o presente e correu para o jardim, para a caixa de areia, e eu o segui, já que não tinha nada melhor para fazer. Enquanto Matthew empurrava o caminhão e fazia barulho de motor, peguei as frutinhas vermelhas que estavam na areia e as enfileirei para servir de estrada. Nossa caixa de areia era um quadrado simples feito de quatro tábuas de sequoia, grande o suficiente para caber nós dois, preenchido com areia que o vovô tinha trazido da praia de Carmel. A areia era tão branca e limpa que fazia um chiado quando nós a espremíamos. Matthew estava enchendo e esvaziando levas de areia com o caminhão para construir prédios, quando ouvimos o ruído do carro do vovô e o barulho das cascas de nozes se quebrando sob os pneus.

— O vovô chegou! — comemorou Matthew.

Ele estacionou embaixo da cobertura na porta da garagem, colocou a marmita e as chaves no capô, e Rita correu na nossa direção e pulou na caixa de areia para cavar. O vovô puxou uma flor amarela de uma planta de mostarda e mastigou enquanto vinha também.

— O que vocês estão fazendo? — perguntou ele, pegando o caminhão. Ele fez alguns testes empurrando-o na areia. — Que bacana. Motor forte. Quem te deu?

Eu disse ao vovô que a gente tinha ido até Carmel para conhecer o pai da mamãe. O vovô assentiu em silêncio e se sentou na borda da caixa de areia, esperando que eu continuasse.

— A mamãe disse que você não é nosso avô de verdade.

O vovô ficou quieto por um momento, pensativo. Depois, ele me levantou e me colocou sentada no joelho. Pegou Matthew e o colocou no outro joelho.

— Agora, vocês dois, escutem aqui, e escutem bem — disse ele. — Apertem o meu braço.

Nós olhamos o rosto dele para ver se ele estava falando sério.

— É sério. O mais forte que conseguirem.

Eu cravei minhas unhas no antebraço.

— Vocês sentem a pele?

A gente assentiu.

— Então eu sou de verdade. Sou o avô de vocês.

Satisfeito, Matthew desceu do joelho do vovô e caminhou de volta para dentro de casa. Eu me senti melhor, mas algo ainda estava me incomodando.

— O que quer dizer "vôdrasto"? — perguntei.

— "Vôdrasto" significa que você é sortuda o suficiente por ter mais de um avô.

— Mas a mamãe disse...

O vovô se inclinou até que nossos narizes quase se encostassem.

— Às vezes, ela fica confusa — sussurrou o vovô, baixinho, de modo que só eu pudesse ouvir.

Ele estava me dizendo que não tinha problema escolher por mim mesma quem eu queria que fosse o meu avô. E era uma decisão fácil, pois a vida do vovô tinha espaço para nós e não era complicada por um histórico familiar difícil. Ele era o adulto que ficava ansioso para ver a gente, gostava de nos ensinar coisas novas e se importava de verdade com nossas opiniões. Ele nos amava do jeito que um pai deveria amar.

Uma sombra passou pela caixa de areia, e o vovô olhou para cima, para as nuvens cinzentas que ameaçavam chuva.

— Tenho que checar uma colmeia bem rápido. Quer ir colocar seu véu?

Eu o segui até a cerca dos fundos e fiquei a alguns metros de distância, enquanto o vovô abria a colmeia. Primeiro, ele colocou a tampa no chão; depois, forçou o formão sob a primeira caixa e quebrou o selo grudento que as abelhas tinham feito. Mexeu a caixa para afrouxá-la e, com bastante esforço, colocou-a sobre a tampa no chão para que as abelhas não fossem esmagadas. Era nas caixas de cima da colmeia que as abelhas estocavam o mel, e elas podiam chegar a pesar vinte quilos quando estavam cheias. Essa colmeia tinha duas caixas superiores, e o vovô tirou as duas sem examiná-las. Ele sabia, só pelo peso, que ainda não estavam cheias.

Além disso, naquela época do ano, ele não estava interessado em pegar mel das abelhas. Elas precisariam do mel durante o inverno para se alimentar. Ele tirava o mel durante o período de fluxo de néctar, na primavera e no verão, e só pegava o que sobrava, para que elas tivessem comida suficiente. Naquele dia, o objetivo do vovô era chegar nas caixas maiores que continham a ninhada, na base da colmeia, dentro do berçário onde as rainhas colocavam os ovos nos alvéolos do favo de cera.

Essa colmeia específica tinha dado bastante trabalho durante o ano todo. Na primavera, metade da colônia migrou junto com a rainha, e as operárias que ficaram para trás produziram uma segunda rainha. Pouco depois, a segunda rainha também escapou. Por mais que seja natural para uma colmeia se propagar desse jeito, cada êxodo era um retrocesso para a colônia, forçando as abelhas a gastarem tempo e energia criando uma nova rainha e esperando que ela fosse fecundada para começar a colocar ovos de novo.

Naquele dia, o vovô esperava encontrar ovos no berçário, o sinal revelador de que a rainha estava saudável e a colônia havia se reerguido outra vez.

As abelhas-guardiãs estavam inquietas e circundavam a cabeça dele enquanto o vovô trabalhava. Toda hora, uma delas interrompia a patrulha e dava uma cabeçada nele, para alertá-lo de que a paciência da colônia estava diminuindo. Elas ainda não estavam prontas para ferroá-lo, mas o fariam, caso a inspeção fosse longa demais. Era o meio da tarde, e as abelhas estavam retornando de suas viagens em busca de comida para dormir, tendo aproveitado as melhores horas do dia com bastante sol. Elas não gostavam quando a temperatura caía no fim da tarde e a luz do sol invadia sua casa no exato momento em que estavam indo descansar, ficando juntas para se aquecerem.

Como o vovô já havia exposto a caixa contendo o berçário, ele levantou o quadro de madeira com o favo da ponta da fileira de dez, examinou os dois lados do favo e logo determinou que estava cheio de mel. Ele abaixou o quadro e o apoiou contra a cerca. O quadro seguinte também estava cheio de mel. O terceiro tinha favos vazios no meio, com um pouco de pólen guardado e um pouco de mel estocado perto da parte superior. Quando chegou nos quadros do meio da caixa, retirou um e o encontrou repleto de abelhas-nutrizes colocando a cabeça dentro dos alvéolos. Ele empurrou algumas para o lado e inclinou o quadro para a frente e para trás na luz do entardecer, para que pudesse ver se as abelhas estavam alimentando as larvas.

— Estamos em franca atividade! — exclamou.

Ele inclinou o quadro para que eu pudesse ver as pequenas larvas brancas no fundo dos buraquinhos. Aquelas minhoquinhas tinham quatro dias de vida. Ele apontou para outra área do favo, e vi alfinetes brancos verticais: ovos novos. As abelhas-nutrizes estavam tão absortas pela função de alimentar todos que permaneceram no quadro e não prestaram nenhuma atenção enquanto nós o virávamos de um lado para o outro para examiná-lo.

— A rainha está aqui? — perguntei.

— Não neste quadro — respondeu ele. — Precisamos continuar procurando.

A chuva começou rápido, gotas batiam no quadro que estava nas mãos do vovô. As abelhas-nutrizes olhavam ao redor, correndo umas para as outras e tocando as antenas em um frenesi insano. Elas estavam perturbadas pelas estranhas gotas de água em seu berçário.

— É melhor fechar. — O vovô deu alguns passos em direção à colmeia, parou no meio do caminho e olhou para o quadro. — Caramba, não acredito!

Ele girou para os lados e segurou o quadro para cima. Alguns segundos antes, onde as nutrizes estavam andando em todas as direções e trombando umas nas outras, agitadas com a chuva repentina, havia centenas delas alinhadas em filas perfeitas, como em uma espiga de milho. Estavam organizadas de maneira tão precisa, como se fossem um batalhão, todas viradas na mesma direção, com as asas entrelaçadas, formando uma proteção sobre os preciosos ovos. Elas ficaram juntas, imóveis, com a postura rígida e as asas unidas como as telhas de um teto espanhol, protegendo a futura geração da chuva.

O vovô havia me convencido de que as abelhas eram inteligentes. Mas eu não sabia que eram capazes de amar. Fiquei maravilhada com o sacrifício que faziam ao receber o impacto das gotas de chuva nas costas e desviar a água das larvas em pequenos riachos que se formavam sobre as asas interligadas. Quanto tempo elas ficariam daquele jeito se não tivéssemos colocado o quadro de volta na colmeia? Elas pareciam tão determinadas que pensei que ficariam fazendo guarda até que a chuva parasse, ou até que ficassem tão encharcadas ou com tanto frio que seus corações parassem de bater.

Era um desafio à lógica que as abelhas-nutrizes soubessem como fazer aquilo. Elas permaneciam lá dentro — em colmeias feitas pelo homem, em buracos de troncos de árvores ou dentro das paredes de uma casa, qualquer lugar seco onde as colônias pudessem ficar. Elas eram "abelhas caseiras", que não saíam em busca de comida, não até que aprendessem a voar longas distâncias e tivessem amadurecido o suficiente para virarem abelhas campeiras. Portanto, não eram familiarizadas com a chuva. Como poderiam saber, tão repentinamente, a alinhar-se para formar um guarda-chuva? E como tinham sinalizado tão rápido umas para as outras que se colocassem em formação ao mesmo tempo?

Fiquei pasma.

— Não é incrível? — comentou o vovô. — Um amigo meu disse que viu isso acontecer uma vez, mas não acreditei nele.

— Como elas fizeram isso?

— Você vai ter que perguntar à Mãe Natureza.

Ele deslizou o quadro de volta à segurança do berçário, recolocou todas as caixas e botou a tampa por cima, prendendo-a com um tijolo. As nutrizes logo estariam secas no calor da colmeia.

Enquanto íamos andando para casa pensei no que tinha acabado de presenciar. Eu tinha visto insetos demonstrando amor incondicional. As abelhas-nutrizes amontoando-se contra a chuva não eram as mães dos bebês que estavam protegendo. A abelha-rainha era a mãe. Mas elas haviam se arriscado porque são designadas a criar a prole da rainha. Eram mães de aluguel, assim como o vovô era um pai para o meu irmão e para mim.

Era necessário milhares de abelhas-nutrizes para cuidar de tantos ovos, então a colmeia inteira dividia a responsabilidade. Não importava que as nutrizes não pudessem colocar ovos; mesmo assim, elas sabiam o que fazer. Cada abelha tinha o mesmo amor, e não havia distinção dentro da colmeia entre "madrasta" e "mãe".

As abelhas tinham acabado de confirmar quem era meu avô de verdade.

Oito

PRIMEIRA COLHEITA
Verão de 1976

Na maior parte do ano, o ônibus do mel ficava adormecido. Mas após a colheita de néctar na primavera, já quase no início do verão, o vovô começava a ficar de olho no termômetro fincado na cerca do jardim. Quando a linha vermelha ultrapassava os 32°C, as condições eram ideais para extrair mel. O calor fazia com que o mel ficasse mais líquido, e por isso passava mais rápido pelos tubos dentro do ônibus. Se chovesse durante a primavera, o que não era muito comum, e tivesse flores em abundância, ele podia aumentar a produção para quase 4 mil litros de mel.

Eu perguntei ao vovô durante toda a primavera se podia ajudá-lo na colheita. Ele não tinha me deixado entrar no ônibus do mel no ano anterior porque eu era muito nova. Agora que já tinha seis anos e meu sapato tinha aumentado dois números, fiz uma campanha árdua para ser admitida. Todas as manhãs, eu checava a previsão do tempo, para que ele soubesse que eu estava monitorando a situação, pronta para começar a trabalhar, caso o dia ideal da colheita chegasse.

E enfim aconteceu. Em uma manhã de julho, acordei com o canto agudo das cigarras. Saí da cama, abri a cortina e vi Rita deitada toda encolhida sob a sombra da árvore de damasco, ofegante. Um calor desgastante àquela hora da manhã só podia significar uma coisa: os sagrados dias de colheita tinham chegado. Corri lá para fora ainda de pijama e chequei o termômetro. Quase 32ºC. Encontrei o vovô apoiado em uma enorme pilha de panquecas na mesa de jantar e dei a ele a boa notícia.

— A temperatura está boa para extrair o mel.

O vovô mastigou devagar, como se estivesse pensando em uma equação complexa de álgebra, e deu um longo gole no café, naquele ritmo sem pressa que as pessoas mais velhas têm para tudo. Ele dobrou o guardanapo no meio, depois em quartos, e, de forma elegante, limpou os cantos do bigode antes de pigarrear. Prendi a respiração, esperando pelo seu veredito.

— É melhor você trocar de roupa — concluiu ele.

O vovô voltou a comer as panquecas, como se a Terra não tivesse acabado de girar fora do eixo. Arranquei o pijama e coloquei uma roupa em tempo recorde. Não sabia por que o vovô tinha mudado de ideia e me deixado entrar no ônibus do mel, mas eu é que não ia questioná-lo.

Antes de o ônibus do mel ser o ônibus do mel, ele era usado pelo exército dos Estados Unidos para transportar soldados da base militar de Fort Ord, ao norte de Monterey, para outros postos ao longo da costa da Califórnia. A Ford o construiu em 1951 como parte da série-F, seu primeiro modelo para ônibus e caminhões no período pós-guerra, e enviou o ônibus de 29 passageiros para Fort Ord, para suprir um pedido feito pelo governo durante a Segunda Guerra. Como novos equipamentos continuavam chegando, mesmo após o fim da guerra, a base ficou superlotada de veículos e, então, começaram a vender alguns seminovos de seu inventário. Um amigo do vovô de Big Sur comprou o ônibus em um leilão, para adaptar seu motor de seis cilindros e colocar no próprio carro. Ele colocou um motor mais leve no ônibus e o vendeu para o vovô em 1963 por seiscentos dólares.

O vovô estava inspirado a construir uma casa de mel portátil após ler em uma revista sobre apicultores que instalavam extratores de mel nas caçambas de suas picapes Ford Model A, para que pudessem dirigir até seus apiários e coletar o mel ao lado da fonte. Mas o vovô achava aquilo idiota, porque se você fizer a colheita do lado de fora, as abelhas vão encontrar o mel e entrar em um frenesi para pegá-lo de volta. Com o ônibus, ele poderia dirigir até os apiários e extrair o mel em um ambiente fechado, sem ser picado. Ele tirou todos os bancos e deu para amigos — que os instalaram na parte de trás de suas picapes — e construiu uma fábrica de mel lá dentro com partes da coleção de tranqueiras que tinha acumulado no jardim.

Ele ficou extremamente orgulhoso de sua criação, até que tentou dirigir o ônibus do mel de uma tonelada e meia pelos cânions íngremes de Big Sur e quase ficou preso nas curvas sinuosas das estradas de terra algumas vezes. Depois disso, ficou longe dos apiários mais remotos e só dirigia o ônibus até os apiários perto da estrada.

Além disso, ele não imaginou como seria caro manter o ônibus em movimento. O F-5 bebia gasolina, e ele gastava centenas de dólares por ano com o seguro e o registro. Então, para o horror da minha avó, ele estacionou a monstruosidade verde atrás da casa em 1965, removeu o motor e deu para um amigo. Naquela época, o vale Carmel ainda era um local do interior, onde caubóis de verdade caçavam javalis selvagens e pescavam lagostins no rio, antes de os turistas começarem a pedir um espresso no balcão de café da manhã do Wagon Wheel, e, de acordo com a vovó, empesteando o lugar com seus perfumes e conversas de carros de corrida e tacadas de golfe. Era um tempo em que as pessoas podiam deixar ônibus decrépitos em seus jardins e ninguém se importava.

Segui o vovô a caminho do ônibus enquanto ele cortava caminho pela vegetação de rabo-de-raposa na altura da cintura. Sua calça jeans suja ficava escorregando, mas ele não estava nem aí. Além disso, também não tinha se dado ao trabalho de colocar uma camiseta, revelando seu peito forte em um tom entre canela e ferrugem. Seus braços musculosos terminavam em duas mãos que mais pareciam patas de urso, cheias de cortes, manchas e cicatrizes de trabalho. O topo do dedo indicador esquerdo do vovô não existia mais, e sua unha havia crescido ao redor, como um capacete. Um acidente durante as aulas de mecânica do ensino médio, ele contou, quando estava cortando metal para fazer sirenes de alerta para a guerra. Nós andamos entre pequenas pilhas de canos e louça quebrada, e paramos diante de uma placa de estrada antiga de madeira pregada na parte de trás do ônibus: *Parque Estadual Pfeiffer: 8,5 km*, com uma seta embaixo e a palavra *Restaurante*.

Minha ansiedade aumentou conforme ele subia a escada de paletes de madeira da porta dos fundos e alcançava a barra de ferro que mantinha no teto, fora do meu alcance. Ele inseriu um lado da barra no buraco onde ficava a maçaneta, girou e abriu a fechadura. A porta se abriu com um leve som de sucção, e ele me levantou e me colocou dentro do ônibus. Depois, bateu a porta para impedir a entrada de um punhado de abelhas que estavam nos seguindo. Elas eram atraídas pelos favos que o vovô tinha colocado dentro do ônibus, soltando um aroma de baunilha, manteiga e terra fresca, que eu na mesma hora reconheci como o cheiro da pele do vovô. Era como se o ar dentro do ônibus tivesse um aroma próprio.

Lá dentro, vi as caixas brancas de colmeia empilhadas por toda a parede oposta ao maquinário, indo quase até o teto. Comecei a contar, cheguei ao número 37 e parei. Pensei que produziríamos baldes e baldes de mel. O vovô tirou a tampa da colmeia mais próxima, retirou um dos quadros e admirou as delicadas células hexagonais seladas com uma fina camada de cera amarela. Ele o segurou contra a luz, deixando que o sol iluminasse o néctar cor de âmbar, como um vitral. Deixou escapar um longo e baixo suspiro de satisfação.

— Que beleza! — disse, entregando-me o quadro para que eu sentisse o peso. Parecia um dicionário pesado, com facilmente um pouco mais de um litro de mel.

O vovô pegou o quadro de volta e o colocou dentro da caixa com os outros nove. Foi pelo corredor estreito até a frente do ônibus, com os passos fazendo um barulho grudento no chão preto de borracha.

— Isso funciona? — perguntei.

Puxei uma corda cinza e envelhecida pelo tempo, e um sino tocou. O vovô me olhou de trás do banco do motorista, onde ele colocava gasolina em um motor de cortador de grama que havia arrumado para ligar o extrator de mel, e larguei a corda. O motor chiava e roncava conforme ele puxava uma corda para ligá-lo. Por fim, funcionou e começou a dar uns saltos que vibravam sob meus pés. O ônibus inteiro chacoalhava. Para manter os vapores de exaustão fora do ônibus, o vovô tinha feito um buraco no chão e colocado o escapamento do motor do cortador de grama para fora.

— Venha aqui, quero mostrar uma coisa para você! — berrou o vovô, em meio ao ruído, acenando para mim em direção ao extrator.

Espiei dentro do tanque de metal que batia na minha cintura e notei uma roda com moldes retangulares que pendiam de cada um dos seis raios. Os moldes eram do tamanho exato para acomodar um quadro de mel. Quando a roda girava, o mel saía do favo e pingava no extrator. Então, o mel era bombeado para um tubo e direcionado para uma rede de tubos menores, suspensos nas barras do teto com linhas de pesca. O mel pingava dos tubos em dois tanques de armazenamento.

Dei um empurrão na roda, mas não percebi que havia uma trava. Com gentileza, o vovô tirou minha mão dali.

— Regra número um: não toque em nada. E, acima de tudo, não coloque as mãos no extrator. A não ser que você não goste muito delas.

Olhei para o dedo indicador decepado dele e instintivamente me distanciei do extrator. Eu tinha que tomar cuidado para não ser expulsa do ônibus do mel. Então, fiquei quietinha, com as mãos no bolso, para que não ficasse tentada a encostar em mais nada. Enquanto o vovô preparava o local de trabalho, tirando potes de vidro e caixas do nosso caminho e lubrificando as engrenagens, estudei o ônibus e, para minha surpresa, descobri duas barras da extensão de todo o teto. Aquilo era ótimo, minhas próprias barras para praticar e poder fazer truques no parquinho da escola com as outras meninas. Esquecendo meu voto de ser boazinha de um minuto antes, pulei, segurei as duas barras e me balancei para os lados, ganhando impulso até que conseguisse erguer as pernas sobre uma das barras e me pendurar de cabeça para baixo pelos joelhos. O vovô me viu, segurou a barra oposta, levantou os pés do chão e se pendurou na minha frente.

— Quer competir? — perguntou ele. E então fez cócegas na minha axila, fazendo-me gritar até não conseguir mais aguentar e soltar a barra. — Pronta para trabalhar agora?

Eu o segui em direção aos fundos do ônibus, para uma bacia grande de metal cheia de bolinhas de cera e abelhas mortas. Ele me entregou uma faca afiada, com uma lâmina de trinta centímetros escurecida por camadas de mel queimado, um cabo oco de madeira e duas mangueiras de borracha inseridas dentro dele, pregadas com grampos. As mangueiras iam até um buraco na parede do ônibus e saíam em uma panela de cobre de água fervente sobre um maçarico de gás propano.

— Cuidado, sai vapor quente dessa mangueira — alertou o vovô. — É por isso que chamam de faca quente. Ela queima pra valer.

Segurei a faca na minha frente com os braços esticados, como um cavaleiro com uma espada, e esperei por mais instruções. Conforme a lâmina esquentava, o mel cristalizado nela começava a reluzir e soltar aroma de caramelo, e um fio de fumaça saía da ponta. Eu a segurei o mais longe possível do corpo, enquanto o vovô colocava um quadro de mel do lado menor em um prego protuberante de uma barra sobre a calha e a segurava ereta com uma das mãos. Ele colocou a mão livre sobre a minha e guiou a faca quente de cima para baixo do favo de mel selado, segurando a lâmina em um ângulo perfeito para cortar a cera, revelando o mel cintilante por baixo. A cera se soltou do favo e caiu na bacia de metal. Era preciso um toque delicado para remover a camada fina de cera sem desperdiçar o mel.

— Agora tente você.

Ele soltou o cabo e a faca ficou desajeitada na minha mão pequena. Eu estava com medo dela e a deixei cair na calha, onde começou a soltar fumaça no mel respingado. O vovô a pescou e usou um pano molhado para limpar o mel do cabo. Talvez o vovô estivesse certo: eu era nova demais para fazer a colheita do mel.

— Use as duas mãos.

Estava ficando tão quente dentro do ônibus que minhas mãos começaram a suar e não consegui segurar a faca direito. Tentei firmar a lâmina como o vovô tinha feito, mas acabei espetando dentro do favo e desperdiçando bastante mel.

— É assim, olha — explicou ele, segurando e guiando minhas mãos de novo.

Nós retiramos juntos a capa de cera de dezenas de molduras, com as mãos dele sobre as minhas, até que aprendi a sentir a flexibilidade da cera e pude, aos poucos, aplicar a pressão correta para retirá-la sozinha. Levava um bom tempo para retirar a capa de cera dos dois lados de um quadro, mas o vovô esperava com paciência, incentivando e levando o trabalho adiante quando eu ficava frustrada. Por fim, consegui remover uma camada fina de cera e deixar a maior parte do mel dentro do favo.

O calor se tornara escaldante, mas não podíamos abrir as janelas porque não havia tela para manter as abelhas do lado de fora. O vovô ligou um ventilador perto do banco do motorista, que ajudou a circular o ar, mas era mais um ruído cacofônico dentro do ônibus. Então, ele tirou a calça jeans e ficou só de cueca samba-canção e tênis.

— Bem melhor! — gritou o vovô. Sorriu e colocou a mão dentro da calha, pegou um pedaço de cera grudenta e colocou na boca. — Chiclete!

Ele sempre tentava me convencer de que as coisas mais nojentas eram absolutamente deliciosas, como fígado e queijo gorgonzola. Ele me ofereceu um pedaço de favo de mel e eu quebrei um pedaço pequeno e tentei comer. Tinha o gosto das minhas balas preferidas misturadas — primeiro, senti gosto de coco, depois de um licor vermelho e uma explosão de caramelo. A textura era de marshmallow quente derretendo na língua, e eu não conseguia acreditar que nunca tinha sido avisada que tamanho prazer existia. Mastiguei até que a cera ficasse fria, e imitei o vovô, cuspindo o resto de cera no tubo e pegando um pedaço quente depois. O vovô deu alguns passos para trás e piscou para mim. E então ele cuspiu a cera para cima, como se estivesse lançando uma semente de melancia, e ela pousou na bacia. Peguei a deixa e cuspi minha cera na bacia grande, como ele havia feito.

— Dois pontos! — exclamou ele, indo até a outra ponta do ônibus para fazer um arremesso à distância. Ele cuspiu e errou, e a bola de cera aterrissou bem no meu pé. Ele veio buscá-la, e enquanto levantava, se inclinou na minha direção, como se fosse me contar um segredo.

— Como vão as coisas com a sua mãe?
Eu me encolhi.
— Vocês estão se entendendo?
— Acho que sim — respondi.
— Talvez ainda demore um tempo para ela melhorar, sabe? — comentou ele.
— Eu sei.

Trancados dentro do ônibus, onde ele podia dizer o que pensava longe dos ouvidos da vovó, a personalidade do vovô mudava. Ele conversava comigo de igual para igual, e demorei um tempo para me acostumar com aquilo. Eu sentia que ele tentava me dizer algo importante, buscando as palavras certas, mas sem querer me deixar triste ou me dizer mais do que eu podia suportar. Ele voltou a retirar as capas de cera, mas continuou falando comigo dessa maneira nova e adulta.

— Ela não pode mudar seu jeito de ser.

As palavras dele ficaram suspensas no ar. De que jeito era minha mãe, exatamente? Eu sabia que a tristeza a seguia em todo canto. Eu sabia que ela precisava ficar na cama porque tinha muita dor de cabeça, e que ela não gostava do pai dela. Mas, ao ouvir minhas colegas de escola, eu descobrira que as outras mães trabalhavam, estudavam, preparavam o jantar. A minha dormiu durante o Natal e deixou debaixo da árvore cheques para mim e para meu irmão em vez de presentes de verdade. Nossa mãe era diferente. Mas as palavras do vovô tinham me atiçado. Por que a mamãe era daquele jeito, e por que não podia mudar? O que havia de errado com ela? O vovô tinha admitido algo para mim, talvez algo que eu não deveria escutar.

— O que ela não pode mudar?

O vovô virou uma caixa de colmeia vazia ao contrário e se sentou nela como se fosse um banco. Secou a testa com o braço e olhou para mim. Eu podia ver que ele escolhia as palavras com muito cuidado.

— Sua mãe ama você.

Esperei que continuasse. Ele tentou outra vez.

— Às vezes, é difícil para ela demonstrar isso.

— Por quê?

O vovô olhou para cima, para uma aranha que formava uma teia em uma das janelas retangulares no teto. Eu sabia que fizera uma daquelas perguntas que não tinham resposta. No silêncio que se instalou entre nós, uma tristeza pesada pressionou meu peito, e de repente, precisei me sentar. Puxei uma caixa de colmeia vazia ao lado dele e fiz meu próprio banquinho.

— Já contei para você sobre as abelhas-exploradoras?

Fiz que não.

— As abelhas-exploradoras são caçadoras de lares. Se a casa delas não está em boas condições, se está cheia ou suja demais, por exemplo, elas saem para procurar uma casa melhor.

Eu não sabia por que ele estava me dizendo aquilo, então esperei.

— As abelhas-exploradoras se arriscam, convencem toda a colmeia a migrar. Dias antes de as abelhas migrarem em uma grande nuvem, as abelhas-exploradoras investigam a vizinhança em busca de um lugar melhor para viverem, explorando o interior das árvores, dentro de chaminés e até no interior das paredes das casas. Elas aguardam por um belo dia de sol e então correm pela colmeia, batendo as asas nas outras abelhas para motivá-las. A excitação delas é contagiante, conforme a temperatura aumenta dentro da colmeia e todas aquelas asas batendo parecem um batuque. O som fica cada vez mais alto, e mais alto, e quando atingem quase um rugido, de repente o enxame se derrama para fora pela entrada da colmeia, girando em uma horda de uns dez metros, com a rainha em algum lugar ali no meio.

Imaginei fogos de artifício de abelhas no céu, dezenas de milhares de pontos pretos girando e andando juntos, como se estivessem passando por um túnel invisível.

— Como elas decidem para onde ir?

— Elas dançam.

Até então, eu sabia que o vovô nunca brincava quando falava de abelhas, não importa quão impossível a história soasse. Ele tinha me convencido de que as abelhas podiam fazer qualquer coisa. Eu sabia que elas se comunicavam através do cheiro, do som e do toque. Então, por que não podiam fazer isso através dos movimentos também?

Agora ele estava dizendo que as exploradoras dançavam dentro da colmeia para dizer às abelhas onde encontrar flores ricas em néctar. As abelhas-exploradoras dançavam em meio ao enxame reunido para dizer onde iriam se realocar.

— A dança é como um mapa — falou o vovô. — Os passos dizem às abelhas o endereço da nova casa.

— Posso ver?

— O quê?

— As abelhas dançando.

— Se tiver sorte, vamos pegá-las fazendo isso em algum momento.

O vovô se levantou e começou a se preparar para o primeiro giro da roda do extrator. Colocou a mão dentro da calha para pegar os quadros dos favos que tínhamos descolado com a faca quente e as deslizou, com o mel pingando, para os moldes que pendiam da roda dentro do extrator. Quando tivesse preenchido todos os moldes, ele destravaria a roda e a pararia antes de colocá-la para girar.

— Não quero que fique muito triste por causa da sua mãe. Você é esperta como uma abelha exploradora. Um dia, vai encontrar seu próprio caminho.

Concluí, naquele instante, que a abelha exploradora era a minha preferida.

— Vá em frente, puxe — disse ele, apontando para a alavanca perto da borda do extrator.

A roda girou e pegou velocidade, chiando até que os moldes abaixo dela esvaziassem. O mel voou primeiro em cordas grossas, afinando conforme a velocidade aumentava, até virar um fio dourado fino como uma teia de aranha, sinalizando que era hora de girar a manivela que saía do topo da roda para o outro lado e reverter o giro. Levava alguns minutos de cada lado, um pouco mais, um pouco menos, dependendo de quão cheios os favos estivessem.

Quase trinta centímetros de mel coletados na bacia, tão espesso e brilhante que podíamos ver nosso reflexo nele. A bomba acionou e sugou todo o mel, levando bolhas lânguidas para a superfície enquanto empurrava o mel pelos tubos. O encanamento reverberava enquanto a bomba forçava o mel pelo tubo principal que saía da bacia do extrator e ia até o teto, onde o tudo se dividia em dois canos menores. Dali, o mel era canalizado passando pelas janelas dos passageiros em direção aos dois tanques de armazenamento de duzentos litros atrás do banco do motorista. Os tubos de mel terminavam bem em cima da abertura dos tanques e ficavam suspensos por fios de metal que o vovô tinha prendido nas barras de ferro do teto com fita. Fiquei observando as saídas, enfeitiçada.

— Lá vem ele! — exclamou o vovô.

Os primeiros riachos de mel brotaram dos tubos e caíram em cascata dentro dos tanques de armazenamento. Era lindo, como o cabelo louro de uma menina ondulando ao vento. Lembrei que uma vez o vovô me contou que uma única abelha produz menos do que a medida de um dedal de mel durante a vida. Tinha tanto mel descendo que deve ter sido necessário milhões e milhões de abelhas para produzi-lo.

Trabalhamos o dia inteiro, até o sol começar a descer atrás da cordilheira Santa Lucia, transformando as montanhas verde-escuras em cinza, e já tínhamos quase quatrocentos litros de mel. Eu me perdi nos movimentos de levantar os quadros e retirar a cera, e imaginei que éramos abelhas-operárias dentro da nossa colmeia. O barulho do extrator parecia o zumbido de uma colônia, encobrindo nossas vozes, de forma que tínhamos que nos comunicar basicamente por gestos. Cutucávamos um ao outro nessa ou naquela direção, sacudindo-nos pelo ombro para chamar a atenção para algo importante. Se estivéssemos um em cada ponta do ônibus, tínhamos que acenar e dançar, como uma abelha faz para atrair a atenção das irmãs.

O vovô desligou o motor durante os últimos raios de sol, e mesmo depois de o ônibus ter parado de chacoalhar, meus ouvidos continuaram zunindo. Meus braços doíam e a garganta estava seca. Nós tínhamos pedaços de cera no cabelo e na pele, e cheiro de manteiga e sálvia. Eu nunca tinha trabalhado tanto, e meu corpo sentia sono antes do horário de dormir. O vovô abriu a torneira no fundo do tanque de armazenamento, segurou um vidro antigo de maionese debaixo do jorro do cano e o encheu até a boca com mel. Pegou um rolo de etiquetas brancas quadradas com letras vermelhas e colou uma no vidro:

MEL DE FLORES SILVESTRES
U.S. Choice
Dos Apiários de Big Sur
E. F. Peace

— Prontinho — disse ele, me dando o pote de vidro. — Você fez este mel.

O mel brilhava nas minhas mãos, como uma coisa viva, que respirava. Era quente, e eu amei aquilo, porque fazia sentido quando nada mais fazia. Era um exemplo nítido do que o vovô tentou me explicar dentro do ônibus — que coisas bonitas não caem simplesmente no colo de quem deseja. É preciso arregaçar as mangas e se arriscar para ser recompensado.

Só que ele não estava totalmente certo quando disse que eu tinha feito aquele mel sozinha. Nós dois havíamos feito a colheita, mas foram as abelhas que produziram o mel. Elas haviam coletado o néctar de milhões de flores para fazer aquele pequeno vidro de mel nas minhas mãos.

Todos nós, humanos e insetos, de formas separadas, tínhamos viajado bastante, mergulhado em perigos e trabalhado à exaustão por uma obsessão compartilhada.

Nós fizemos aquele mel porque acreditamos que poderíamos fazê-lo.

Nove

MENOR DESACOMPANHADO
1977

No verão depois que fiz 7 anos, apareceu uma carta na caixa de correio endereçada a mim. A vovó a leu primeiro antes de me entregar.

— Seu pai quer que você vá visitá-lo e conheça a nova esposa dele — disse ela. — Não precisa ir, se não quiser.

Eu não ouvia falar no papai desde que nos despedimos na calçada de casa, dois anos antes. Desdobrei as folhas amassadas e segurei-as contra o peito, sentindo com as pontas dos dedos as marcas de onde meu pai tinha pressionado a caneta no papel, como se precisasse me convencer de que a mão dele tinha realmente feito aquilo e que ele escrevera aquelas palavras especialmente para mim. Era uma prova física de que meu pai me amava, no fim das contas. A vovó e a mamãe quase me fizeram acreditar que o papai havia desaparecido para sempre, mas eu recebera evidências de que elas estavam cem por cento erradas. Acreditei que minha sorte tinha enfim mudado, e que coisas boas aconteceriam para mim. Não apenas eu veria o papai de novo, como ganhara uma segunda mãe. O vovô havia me explicado que "drasto" significa ter algo em dobro. Assim como com as abelhas, talvez eu estivesse arrumando uma nova rainha para substituir aquela que estava falhando com a colmeia.

— Eu quero ir — falei. — Matthew também vai?

— Ele é muito pequeno para pegar um avião sozinho. São as regras das companhias aéreas.

A vovó franziu a testa enquanto enfiava a carta de volta no envelope, e eu fiquei sem entender se tinha permissão para ir ou não. Ela ficou parada um instante, batendo a ponta da carta na palma da mão, pensando sobre aquilo.

— Vamos falar com sua mãe — concluiu.

A mamãe se sentou na cama, observou a carta com o rosto inexpressivo e a deixou deslizar dos dedos e cair no chão. Ela pegou um livro de mistério e continuou lendo, como se a vovó e eu não estivéssemos mais no quarto. Alguns segundos depois, baixou o livro e olhou para nós.

— Já podem ir embora — disse ela, indiferente.

— Sally... — falou a vovó com a voz doce que ela reservava para acalmar os alunos do ensino fundamental. E deu alguns passos na direção da cama.

— *Eu disse para saírem daqui!*

A vovó deu um pulo para trás e colocou a mão no peito, e então me encaminhou para fora do quarto, fechando a porta. Eu podia ouvir o choro abafado da mamãe e sabia que os planos da minha viagem estavam prorrogados indefinidamente. Voltei para a sala, liguei a TV e me distraí com a claque de um seriado, ignorando meus sentimentos com uma alegria forçada. Eu estava determinada a ver meu pai, não importa o quanto a mamãe chorasse, e me recusava a deixar a visita se perder em sua tristeza. O humor da minha mãe era capaz de sugar toda a energia da casa, deixando todos entediados e desesperançosos. Agora que o papai estava vindo atrás de mim, eu não podia deixar que a mamãe arruinasse isso também.

Por fim, ficou decidido que eu podia ir. Ninguém falou diretamente comigo sobre isso; um dia, a vovó me avisou que tinha escrito para o papai, para que ele fizesse os trâmites necessários para que eu pudesse visitá-lo por uma semana. Nos dias que antecederam minha viagem, a mamãe foi ficando cada vez mais ansiosa. Ela tossia e falava enquanto dormia, estava com a mente lotada de pensamentos, com uma lista crescente de coisas que queria que eu trouxesse da casa do papai.

— Ei, está acordada? — sussurrou ela no meio da noite.

Eu tentei fingir que estava dormindo, mas ela sacudiu meu ombro um pouquinho.

— Meredith.

— Quê?

— Certifique-se de pegar meus discos do Bobby Darrin. E o do Kingston Trio. São meus, não dele.

Eu estava sonolenta, mas sabia que ela me lembraria daquilo inúmeras vezes, então não respondi. Ela me cutucou de novo.

— Você ouviu o que eu disse? Repita para mim.

— Bobby e King Tree — murmurei.

Em um segundo, ela arrancou o lençol e me virou de frente para ela. O susto me despertou por completo, e quando meus olhos se ajustaram à escuridão do quarto, o rosto dela estava a poucos centímetros do meu. Ela segurou meus ombros e falou bem devagar, pronunciando sílaba por sílaba.

— Bob-by Dar-rin. King-ston Tri-o.

Minha mãe apertava meus ombros com força, muita força, e o desespero que ouvi na voz dela me deu calafrio. Repeti os nomes para que ela me soltasse. Ela soltou, e eu me arrastei até a beirada da cama, fora do alcance dela. Mas sua voz ainda me encontrava no escuro.

— Não se esqueça das pulseirinhas de ouro. Preste atenção: havia duas. Uma é sua e outra é do Matthew. Os nomes de vocês estão gravados nelas. Eu sei que ele está com as pulseiras. Se ele falar que não, está mentindo.

Eu disse que pegaria para que ela parasse de falar. Eu não ligava para nenhuma daquelas coisas e não queria pedir nada daquilo para o papai. Fiquei ressentida dela transformar minha viagem em uma viagem dela. Mas eu sabia que seria um inferno se não seguisse as instruções. Toda noite, a lista crescia. Ela queria o colar de pérolas e o conjunto de brincos que usara no casamento deles. As fotos nos porta-retratos de quando Matthew e eu éramos bebês. Um casaco de lã que tinha pertencido à sua avó. Ela pairava pelo quarto enquanto a vovó me ajudava a arrumar a mala, tirando algumas das minhas roupas para garantir que teria espaço suficiente para as coisas dela.

Com medo de que eu não me lembrasse de tudo, ela escreveu uma lista das suas posses e colocou no forro laranja da mala.

Quando minha passagem de avião chegou pelo correio, a vovó abriu o envelope e examinou detalhadamente o preço.

— Se ele pode pagar por isso, bem que o pão-duro podia dar uma pensão maior — disse ela.

A vovó se sentou diante da escrivaninha, abriu uma gaveta e pegou um bloco grosso de papel bege. Ouvi as frases dela serem escritas com uma fúria. De vez em quando, ela erguia a carta e relia o que tinha escrito, refletia por um momento e então baixava o papel para reforçar os argumentos. Quando ficou satisfeita, fechou o envelope e acrescentou a carta à minha mala.

Não me deixei ficar visivelmente chateada pelas funções que a vovó e a mamãe estavam me dando. E quando eu estivesse acima das nuvens bebendo meu refrigerante, seria fácil esquecer todos aqueles recados dentro da mala. No meu ombro direito, eu usava um adesivo obrigatório que dizia "menor desacompanhado", o que eu rapidamente entendi que significava que eu teria excesso de atenção das aeromoças me entregando biscoitos e brinquedos. As moças bonitas checavam como eu estava com bastante frequência e queriam saber se eu precisava de travesseiros extras ou lápis de cera ou se queria um broche de asas de prata para colocar na minha jaqueta. Eu era a única criança sozinha no voo e isso me tornava interessante para os outros passageiros, que me faziam um monte de perguntas sobre o lugar para onde eu estava indo. Eu estava tão animada em ver o papai que explicava com entusiasmo, mas nem sempre obtinha a resposta que eu esperava. Alguns adultos ficavam encantados quando eu contava a eles que estava indo ver meu pai, enquanto outros só abriam um sorriso amarelo e mudavam de assunto.

Quando o avião pousou, a aeromoça me instruiu a esperar até que todo mundo saísse antes que eu me levantasse do assento. Eram as regras para uma criança viajando sozinha, mas também era uma tortura. O tempo parecia passar de trás para a frente, enquanto as pessoas se agitavam com casacos e bolsas e eu pulava no meu assento, silenciosamente empurrando-os pelo corredor com uma vassoura imaginária. Por fim, a minha tutora se materializou, pegou minha mão e me guiou para fora da aeronave. O aeroporto estava abarrotado de gente, com tantos braços e pernas bloqueando minha visão que não conseguia procurar o papai. Segurei a mão da aeromoça com força, com medo de me perder naquela confusão.

— Como é o seu pai?

— Ele é alto e tem o cabelo escuro — expliquei, o que não ajudava muito. Fazia tanto tempo desde que eu o vira pela última vez que não tinha certeza de que conseguia distingui-lo no meio de uma multidão. Ela apontou para um homem desconhecido de cabelo castanho, de pé ao lado da janela, e para outro gordinho sentado em uma cadeira lendo um jornal. Balancei a cabeça para os dois. Mesmo assim, ela me levou até o homem sentado.

— Senhor, esta é sua filha?

O homem ficou surpreso e baixou o jornal. Balançou a cabeça e voltou a se esconder atrás do jornal. Eu me esforcei para enxergar entre aquele monte de pessoas, mas não conseguia localizar o papai. Andamos pela multidão uma, duas vezes e até uma terceira, enquanto minha ansiedade se transformava em uma pedra na garganta. Ele tinha se esquecido de vir. Ou pior: ele lembrou, mas não veio mesmo assim. Tinha mudado de ideia e decidido que não me queria, afinal. Eu me preparei para o momento em que a aeromoça me levaria de novo para o avião e me faria pegar um voo de volta para a Califórnia. A vovó estava certa. O papai não prestava.

Eu podia sentir a aeromoça ficando impaciente. A multidão se esvaía, e ela estava ficando sem opções. Imaginei se poderia me levar para a casa dela. Conforme minha tutora me levava em direção ao balcão de informações, um homem com um corte de cabelo de cuia e um bigode cheio veio até nós. A aeromoça apontou:

— É ele?

O homem vestia o que parecia ser uma blusa da moda disco de gola larga. O tecido parecia escorregadio e tinha estampa de espirais pretas saltando sobre um fundo marrom e verde. Sua calça de veludo cotelê bronze era boca de sino. Meu pai era o oposto daquilo — tinha cabelo curto e se barbeava, e sempre vestia camisa lisa de botão para dentro da calça reta. Aquela pessoa estava toda desgrenhada, parecendo um andarilho. Ou um integrante dos Monkees.

— Não — respondi.

— Oi, filha.

A voz profunda me deixou paralisada, e, no mesmo instante, larguei a mão da moça bonita. O andarilho tirou a franja dos olhos e sorriu.

— Você deve ter passado por mim. Eu fiquei aqui esse tempo todo — falou ele.

Olhei para cima e vi as entradas no cabelo, e sabia que era o papai. Pulei nos braços dele e afundei meu rosto no pescoço, inspirando seu perfume familiar e sua loção pós-barba. Quando ergui os olhos, a aeromoça já tinha ido embora. O papai beijou minha testa, fazendo cócegas com o bigode.

— Você está diferente — falei.

— O quê, isso aqui? — perguntou ele, mexendo no bigode.

— É, arranha.

Ele me colocou no chão e esticou meus braços para os lados, para ver minha altura.

— Eu não estava de olho em uma menina tão alta.

Percebi certo orgulho na voz dele, e achei que tivesse realizado algo incrível e grandioso apenas por ter crescido. Eu era brilhante, maravilhosa e perfeita sob o olhar de aprovação dele. Conforme meu pai me guiava pelo labirinto de corredores movimentados, senti algo dentro de mim voltar para o lugar, um sentimento de completude de novo.

O papai dirigia um Ford Mercury Monarch de duas portas, que ele chamava de "o cinturão banana". Era amarelo por dentro e por fora, da pintura ao estofado, e também o volante e até os cintos de segurança. A cor exuberante amplificava meu humor abobalhado. No caminho, o papai me explicou como se pronunciava o nome da minha madrasta:

— Di-énn.

Parecia glamouroso, um nome que pertencia a uma aeromoça, provavelmente. D'Ann tinha uma família italiana grande, o papai explicou, com muitos irmãos, irmãs e primos, e eu ia conhecer todo mundo. Mais de vinte parentes iam jantar na enorme mesa no meio da cozinha da nana Stella, comendo espaguete e cannoli até nossas barrigas explodirem.

— E — falou o papai, depois de uma pausa dramática — a Stella sempre faz *três* sobremesas.

Eu não fazia ideia de que ele estivesse se divertindo tanto. Estive tão ocupada sentindo saudades dele que sequer considerei o que ele pudesse estar fazendo em Rhode Island. E ficara claro que ele estava construindo uma nova família. Mas essas novas pessoas também eram minha família? Eu não tinha certeza de como isso funcionava.

— Você recebeu minhas cartas? — perguntou o papai.

Disse a ele que recebi a que tinha a passagem de avião.

— E as outras?

— Que outras?

Meu pai cerrou o maxilar e murmurou algo que parecia um xingamento. Eu disse a ele que não tinha recebido nenhuma outra carta.

— Elas devem ter jogado tudo fora — concluiu ele.

Todos os dias, a vovó dirigia pela via Contenta até o correio no fim do quarteirão, abria uma portinha com o número 23 gravado e pegava todas as cartas. Ela trazia para casa contas, revistas e cartas de parentes e amigos. Se havia cartas do papai, eu nunca vi. A vovó dizia que o papai não era confiável, mas aquilo fez com que ela parecesse covarde. Olhei para baixo, para o meu macacão jeans combinando com a minha jaqueta jeans — um presente da vovó para a viagem de avião. Não conseguia entender como a mesma pessoa que me levava para comprar roupas novas podia roubar minha maior preciosidade. Estava com a cabeça girando, tentando encontrar uma explicação lógica. Talvez o correio tenha perdido as cartas. Talvez o papai tenha se enganado e mandado para o endereço errado. Talvez a vovó estivesse guardando as cartas para quando eu fosse mais velha. Será que o papai escrevera mesmo para mim ou só estava dizendo da boca para fora? Ou talvez simplesmente houvesse segredos e mentiras demais voando para lá e para cá para que eu pudesse entender qualquer coisa.

— Por que você não ligou? — perguntei.

— Eu tentei. A sua avó sempre desligava na minha cara.

Eu me senti aprisionada. A vovó, a mamãe e o papai estavam presos em uma guerra que era maior e mais forte do que eu. Minha família era o oposto de uma colmeia. Em vez de trabalharem juntos, só sabiam conspirar para deixar o outro infeliz.

O papai ligou o rádio. Uma melodia vigorosa de jazz preencheu o carro e a harmonia delicada levou nosso mau humor embora. Ele tamborilou os dedos no volante na hora do batuque e me contou que o saxofonista era Charles Lloyd e que ele morava em Big Sur. O vovô e eu quase nunca víamos outras pessoas quando íamos até as colmeias, e era estranho pensar em qualquer um que morasse lá. Principalmente alguém famoso.

— Frank ainda tem as abelhas?

Eu contei para o papai que o vovô estava me ensinando a ser apicultora.

— Eu lembro que uma vez ele me deixou entrar naquele ônibus velho — comentou o papai.

— Você já esteve no ônibus do mel?

Eu não podia acreditar que aquelas duas partes separadas da minha vida tinham se encontrado.

O olhar do papai ficou perdido no horizonte e explicou que isso acontecera antes de eu nascer.

— Seu avô sempre foi legal comigo. Não se esqueça de mandar um "oi" para ele.

Prometi.

O papai estava morando do lado oposto da baía Narragansett, em Wickford, uma pequena cidade colonial com uma rua principal de construções de tijolo do século XVIII. Passamos por um cais com veleiros alinhados lado a lado e viramos em uma vizinhança de casas simples de um andar no estilo da Nova Inglaterra, com janelas pintadas e varandas com tela. Ele estacionou na frente de uma casa azul, e, quando saímos do carro, a porta da frente se abriu e uma mulher pequenina veio até nós, com o cabelo escuro preso em um longo rabo de cavalo. Ela usava roupas estilosas e sapatos combinando, e estava maquiada e com as unhas pintadas, e na mesma hora eu pensei na minha mãe de mentirinha que dirigia um carro conversível.

— Ouvi falar bastante de você — disse ela, me abraçando e me envolvendo com um perfume caro.

D'Ann pegou minha mão e me girou, para olhar bem para mim.

— Você é igualzinha ao seu paizão — concluiu. Ela não conseguia pronunciar "ão", e o jeito que falou "paizon" me fez rir de nervoso. Mas ela riu comigo, como se fôssemos melhores amigas. — Quer sorvete?

Em um segundo, ela já estava aprovada.

Quando entrei na casa, objetos familiares desencadearam uma sensação alucinógena de voltar no tempo. Reconheci pedaços da minha outra vida, mas, naquele novo contexto, não tinha certeza do que eu estava me lembrando. Era o mesmo sofá preto de couro sintético, mas com um gato preto e branco enorme roncando onde Betty costumava se sentar e enrolar meu cabelo. A águia pintada no encosto de uma cadeira de balanço era familiar. A vitrola do papai estava na sala, mas agora dividia o espaço com uma esbelta pianola.

D'Ann deu um tapinha ao lado dela no banco do piano, e me sentei ali. Ela abriu a tampa para expor as teclas de marfim, e então deslizou uma portinhola no painel superior e inseriu um rolo com buraquinhos perfurados lá dentro. Depois, colocou os pés em dois pedais e pressionou-os, um de cada vez, e as teclas começaram a se mover sozinhas, tocando "Hound Dog", do Elvis. Fiquei boquiaberta, como se um fantasma tivesse tomado conta do piano, e pedi a ela que fizesse aquilo de novo, e de novo, sem parar. D'Ann trocou o rolo e então "Great Ball of Fire" preencheu o cômodo. Ela abriu um armário próximo para me mostrar que a prateleira mais alta estava repleta de rolos até o teto.

Assim começou minha semana de princesa. Fingi que era filha única com dois pais felizes que me mimavam. Nem precisei dividir o tempo com Matthew — um pensamento perturbador, mas que não pude evitar. Fiquei com vontade de experimentar uma vida diferente, e vivi esse papel de forma tão intensa que a mamãe desapareceu de minha mente. O papai e D'Ann tinham planejado tantas aventuras durante os sete dias seguintes que nem deu tempo de pensar na Califórnia. Fizemos piqueniques na praia, dirigimos até um campo de morangos e passamos a noite acordados fazendo geleia. D'Ann fez uma blusa para mim na máquina de costura que ela tinha e me deixou passar todos os cremes de rosto dela. Quando o fim da semana chegou, D'Ann nos levou até a casa da família dela para um enorme jantar italiano. Os pais e os irmãos dela eram barulhentos, faziam muitas piadas e comiam à beça, servindo-me um prato imenso, convidando-me para jogar totó no porão, para corridas de bicicleta e partidas de badminton. No final da noite, minhas novas tias e novos tios colocaram notas de cinco dólares amassadas na minha mão "para tomar sorvete".

Fiquei tão acostumada a ser o centro das atenções que logo comecei a esquecer as boas maneiras. Toda vez que pedia algo ao papai ou a D'Ann e ganhava, era encorajada a pedir mais. Havia o perigo de ficar mimada, mas não conseguia resistir a experimentar essa sensação com a devoção deles, testando a força e durabilidade daquilo. Cada vez que os resultados eram positivos, era como uma pequena dose de dopamina, um punhado de alegria ao ouvir a amorosidade da palavra *sim*. Eu os encorajei a demonstrar amor de forma excessiva, pois isso afastava o medo crescente de que tudo aquilo acabaria, e logo eu voltaria para um mundo que não girava ao meu redor.

Uma noite, quando nós três assistíamos juntos a um filme na cama, o papai se levantou e perguntou se queríamos alguma coisa da cozinha.

— Muffins! Com manteiga! — ordenei, sem tirar os olhos da TV.

D'Ann me cutucou e apontou para meu pai, que estava na porta com as mãos na cintura.

— Não deveria ter um *por favor* em algum lugar dessa frase? — perguntou ele.

Fiquei mortificada. Eu tinha esquecido quem era. Tinha me tornado um filhote de pássaro insaciável: não importava quantas minhocas o papai colocasse na minha boca, eu continuava piando e pedindo mais. E nem era comida que eu queria; eu tinha fome de saber até onde ele iria para me agradar. Mas enfim encontrara o limite.

— Por favor... — murmurei.

Ele assentiu, e afundei de volta na cama e cobri a cabeça com a coberta, me escondendo de sua desaprovação. Quase perdi o papai por causa de uma besteira. Jurei ser mais educada, voltar a ser a garota que guardava os pensamentos para si.

Encontrei o papai na manhã seguinte bebendo um copo inteiro de leite. Ele vestia um short e um chinelo de couro, e D'Ann estava colocando alguns sanduíches em um caixa térmica. Era uma daquelas manhãs de verão na Nova Inglaterra, quando o ar estava denso e todos os lugares onde eu me sentava estavam grudentos. O papai terminou o leite e colocou o copo na pia. Eu ainda não tinha certeza se ele estava bravo comigo, então esperei que falasse primeiro.

— Vamos procurar uma lugar mais fresco — disse ele.

Foi assim que eu soube que tudo tinha sido perdoado.

A praia era o lugar perfeito para passar meu último dia com o papai e D'Ann. Sempre parecia que o tempo passava mais devagar à beira-mar, longe dos relógios, telefones e calendários. Eu queria prolongar aquelas últimas horas, com medo de ter que me despedir mais uma vez do papai. Tive uma reação supersensível ao me separar dele, pois aquilo me lembrou de todas as vezes que ficamos destroçados contra nossa vontade. Eu estava com medo daquilo que eu sempre sentia ao nos despedirmos, uma sensação de algo abrindo meu peito, como se unhas estivessem me rasgando do pescoço até o umbigo. Eu estava com medo de entrar no avião sem ele. Não sabia se era forte o suficiente para lidar com aquilo.

Afastei o pensamento conforme o azul do oceano dominava minha visão. Alguém deve ter ligado antes e reservado a praia só para a gente — o estacionamento estava vazio, exceto pelas gaivotas no céu e alguns surfistas solitários saindo de suas roupas molhadas. Caminhamos pelo calçadão, passamos por uma loja onde uma máquina redonda giratória fazia algodão-doce, e, em cima, no segundo andar, um carrossel sem ninguém girava ao som de uma música de piano antiga. Após cruzarmos uma duna, eu me deparei com um crescente azul reluzente, com ondas cheias de espuma se desenrolando em direção ao mar.

O papai entrou na água primeiro e se ajoelhou, e eu o segui, grunhindo como se agulhas de gelo estivessem perfurando minha pele. A água se espumou ao redor de nossas pernas, chiando conforme a corrente sugava a areia sob meus pés. O papai colocou as mãos sobre a cabeça em posição de mergulho e se curvou para uma onda que vinha mergulhando por baixo dela e saindo do outro lado para boiar de costas, com os braços abertos, e seus pés grandes cortando a água como barbatanas de tubarão. Ele parecia não fazer nenhum esforço, como se o corpo dele fosse feito de isopor. Levantou a cabeça para falar comigo.

— Agora, você!

Imitei o mergulho e me lancei diretamente sob o barril rolante de água seguinte. Meus olhos arderam quando pisquei na água salgada e, embora fosse turva, eu podia ver pedacinhos fosforescentes de algo boiando ao meu redor, como poeira de ouro. Bati as pernas em direção à luz, e quando emergi na superfície, senti braços me envolverem por trás, e de repente eu estava sentada em um trono formado com o joelho flexionado e o peito do papai, conforme ele me protegia da onda seguinte com as costas.

Ele me ensinou a boiar enchendo os pulmões de ar e segurando a respiração, e nós dois boiamos como lontras por tanto tempo que meus dedos ficaram enrugados que nem passas e, por fim, roncos de fome emanaram do meu estômago. Mergulhamos na onda seguinte de cabeça e nos juntamos a D'Ann na toalha para almoçar.

— Eu estava prestes a chamar a Guarda Costeira de tanto tempo que vocês ficaram lá.

Ela nos entregou sanduíches de presunto, abriu um pacote de batatas e colocou no meio da toalha. O papai devorou o sanduíche em quatro mordidas. Depois, deitou de costas se espreguiçando todo, apoiou a cabeça na toalha e colocou uma pilha de batatas sobre a barriga. Ele mastigou fazendo barulho e soltou um longo e alto suspiro de satisfação.

— Não acredito que vou ter que voltar ao trabalho — anunciou ele para o céu azul, o que acho que foi sua forma de dizer que não queria que aquela semana terminasse.

Cavei a areia com meus dedos do pé.

— Eu também não — falei.

D'Ann chegou mais perto e, em silêncio, esfregou pequenos círculos nas minhas costas. Terminamos o almoço em silêncio, mastigando devagar, e tentamos não pensar no dia seguinte.

Naquela noite, o papai me colocou na cama para dormir, como tinha feito durante a semana inteira, mas ficou comigo por mais tempo que de costume. Apagou a lâmpada, e o mata-mosquito elétrico do lado de fora lançou uma luz roxa para dentro do quarto.

— Não queria que você fosse embora — disse ele, puxando o lençol até meu queixo, e se sentou de novo, fazendo ranger as molas do colchão. Eu o ouvia coçando a cabeça, um cacoete de nervoso. — Você gosta de morar na Califórnia?

Na escuridão, as palavras soavam pesadas e importantes. Uma mariposa enorme voou para dentro do mata-mosquito e morreu eletrocutada.

— Quer dizer — disse ele —, você é feliz?

Aquelas eram perguntas importantes, que ninguém nunca fizera para mim, e eu não tinha certeza de que tipo de resposta ele queria. Nunca tinha levado em consideração minha própria felicidade, então o questionamento dele me pegou de surpresa. Eu não era feliz como as crianças que dançavam na aula de música, mas também não era como a mamãe. Eu estava em algum lugar no meio. Mas aquele era o lugar onde eu deveria estar? Não tinha certeza, então, em vez de responder, puxei um fio solto do lençol.

Era a conversa séria que havíamos evitado a semana inteira. Nós dois estávamos relutantes a interromper aquelas férias com a realidade. Agora, as palavras dele quebravam o encanto, lembrando-me de que a semana sendo sua filha cem por cento do tempo não tinha passado de um faz de conta.

O papai tentou mais uma vez.

— Sua mãe é legal com você?

"Legal" não era a palavra certa. A mamãe era a mamãe. Ela não era legal nem má. Ela não era nada, na verdade. Tentei pensar na descrição correta, mas não consegui colocá-la em palavras. Ele deve ter achado que meu silêncio significava que eu estava escondendo alguma coisa. Baixou o tom de voz para quase um sussurro.

— Ela já... bateu em você?

Eu me sentei na cama, sem gostar do caminho que a conversa estava tomando. A pergunta era estapafúrdia. Ela jamais faria isso.

— O quê? Não!

Um silêncio desconfortável se instalou entre nós. Eu ainda não tinha contado a ele sobre a lista da mamãe ou sobre a carta da vovó, não porque estivesse escondendo, mas porque tinha esquecido durante toda a diversão da nossa semana atribulada. Ele coçou a cabeça de novo e disse que estava feliz por tudo estar indo bem na Califórnia.

— Mas você sabe que sempre pode me contar qualquer coisa, não é?

Parecia um bom momento para falar da lista da mamãe. Puxei minha mala de debaixo da cama, encontrei a carta da vovó e entreguei a ele.

— É da vovó. Ela quer mais dinheiro.

Ele amassou o envelope sem abrir e arremessou na lata de lixo ao lado da escrivaninha, errando a pontaria.

— As cartas dela são tão horríveis que nem consigo mais ler.

Mostrei a ele a lista de itens que a mamãe queria de volta. O papai colocou o papel na cama e pigarreou.

— Você ia gostar de morar comigo?

A proposta dele cintilou na escuridão como a cauda de um cometa. Maravilhosa, mas fora do alcance. Após uma semana de diversão, tudo dentro de mim dizia que sim, mas conversar com o papai em segredo sobre ir embora do vale Carmel, de alguma forma, fazia com que eu me sentisse sorrateira. Eu não podia deixar Matthew para trás. O vovô não teria ajuda para cuidar das abelhas. Filhas não podiam largar as mães, podiam? A ideia era pecaminosa. A proposta do papai era tentadora, mas senti como se não tivesse o direito, ou o poder, de trocar de pais. Quando as abelhas tomavam decisões sobre mudar de casa, o grupo inteiro decidia junto. Elas passavam dias procurando possíveis lares e então votavam através de uma dança, decidindo juntas quando migrar e para onde se realocar. Primeiro, discutiam e ouviam a opinião de todo mundo. Eu teria problemas se tomasse essa decisão sozinha, não?

— Você não precisa voltar — falou ele.

O papai girava sem parar o relógio de pulso enquanto esperava pela minha resposta. Eu me senti comprimida pela grandeza daquela decisão, como se não conseguisse inspirar oxigênio suficiente. Eu sabia que nunca poderia contar a ninguém que o papai fizera aquela proposta para mim. Fiquei preocupada de ser uma ideia fantasiosa, embora, se ele perguntasse outra vez, eu responderia que sim. Fiquei com medo do que a vovó e a mamãe fariam se eu não voltasse para casa. Sofri com a impossibilidade do que eu queria, mas não podia ter — que todos os adultos da minha vida se dessem bem. Eu estava sufocada pela indecisão e queria que o papai tomasse aquela decisão por mim.

Quando o silêncio ficou insuportável, sussurrei para o papai que eu estava bem.

Disse a ele que preferia ficar na Califórnia. Menti e falei que tudo estava bem em casa; que a mamãe estava bem. Era o que eu conhecia, então escolhi, mesmo que significasse voltar para o coração partido da mamãe. Mas logo que fiz a escolha, me arrependi de ter feito uma escolha, qualquer que fosse.

— Se mudar de ideia, quero que saiba que pode vir morar comigo quando quiser — disse ele, beijando minha testa.

Ele fechou a porta, e olhei para a luz roxa que o mata-mosquito elétrico lançava na parede, pensando se tinha cometido um erro terrível. Quando enfim consegui dormir, tive um pesadelo que uma bruxa com uma risada maléfica espremia minha cintura com dedos longos e finos, até me quebrar ao meio.

Ainda estava escuro quando o papai me acordou. D'Ann acenou para mim da calçada enquanto meus sete dias da vida de outra garota acabavam. O papai parou em uma loja de doces e engoli três rosquinhas com cobertura de uma vez só, sem sequer me dar conta de que gosto tinham.

— Nós vamos nos ver no próximo verão. E o Matthew também — disse ele.

— Falta muito até lá — respondi.

Não conseguimos pensar em mais nada para falar pelo resto da viagem, já sentindo a separação antes de acontecer. Na hora de entrar no avião, o papai teve que me soltar do pescoço dele. Outra aeromoça-boneca apareceu de algum lugar e segurou minha mão. A essa altura, eu já sabia como funcionava, e a deixei colocar o adesivo na minha blusa e me levar embora, enquanto eu usava toda a força interior que tinha para não olhar para trás.

Ela não soltou minha mão até que eu estivesse com o cinto afivelado no assento, e assim que ela saiu, abracei as pernas e afundei a cabeça nos meus joelhos. Era o tipo de tristeza que eu não me importava que outras pessoas vissem. Chorei pela falta do papai mais do que achei que fosse possível, pois agora eu sabia o que estava perdendo. Mas para ficar com ele, eu teria que abrir mão da minha vida em casa, e também não queria isso. Eu queria ficar com ele *e* ficar na Califórnia. Eu queria as duas coisas, mas aquilo não era uma opção. Eu não sabia se tinha tomado a decisão certa e queria que alguém, qualquer um, me dissesse o que fazer. Tentar fazer essa descoberta era como ser dividida ao meio, com o papai puxando um braço, e a mamãe, o outro. Tentei me concentrar nas partes felizes da viagem — o piano e as travessas de espaguete com meus novos parentes italianos —, mas saber que eu só poderia tê-los emprestados por um tempo me fez chorar ainda mais.

A aeromoça voltou, se agachou no corredor e me deu um lenço. Ela acariciou meu braço e falou que ia ficar tudo bem. Ignorei aquelas promessas idiotas. Ela não me conhecia e não sabia o que estava acontecendo, só estava dizendo aquilo porque eu estava deixando os outros passageiros sem graça. Continuei chorando com toda a força, ignorando o livro para colorir, o giz de cera e os biscoitos que ela tinha colocado no meu colo. Chorei até meu nariz ficar tão entupido que eu não conseguia mais chorar. Apoiei a cabeça contra a janela redonda, fechei os olhos e desejei que o céu me engolisse.

Meu sono foi bem agitado, em um ciclo de acordar, não saber onde estava, lembrar e voltar a dormir. Quando o avião pousou, eu estava rabugenta, faminta e um pouco mais cética em relação à árvore genealógica nós-versus-ele que a mamãe e a vovó tinham desenhado para mim.

A vovó estava esperando por mim no portão da sala de desembarque, e para minha surpresa, a mamãe estava de pé ao lado dela. Entendi aquilo como um sinal de que ela tinha sentido saudades de mim. Relaxei um pouco. Talvez voltar para a Califórnia tivesse sido a decisão certa. Tivemos uma conversa sem importância no caminho para o carro, falei que o tempo estava bom e que a viagem tinha sido boa. Sim, tinha sido "bom" ver meu pai.

— Que bom — falou a vovó.

Tínhamos uma viagem de duas horas pela frente, e eu me deitei no banco de trás, enquanto a vovó ligava o carro. A mamãe colocou o cinto de segurança no banco do carona. Depois, virou para trás.

— Como ela é?

Demorei um segundo para entender de quem ela estava falando.

— Sei lá. Cabelo escuro.

— Como assim, sei lá? Ela é mais bonita do que eu?

Cutuquei a unha em vez de responder.

— Quantos anos ela tem?

Falei para a mamãe que não tinha perguntado.

— Ela parece mais nova ou mais velha que eu?

Olhei para o teto.

— Meredith! Você está ouvindo?

Tentei dizer que estava cansada. Tentei dormir. A vovó dirigia em silêncio enquanto a mamãe me interrogava. Eu a ignorei até que as palavras dela viraram um borrão, e transportei meu corpo de volta para a casa de Stella, com o molho marinara borbulhando no forno e o vovô Duke abrindo uma cerveja e falando sobre seu jogo de golfe enquanto o papai fingia se interessar pelo assunto. O tio Roland estava na calçada, apalpando um buraco em sua canoa. O tio Jeff estava me empurrando no balanço de pneu. Algumas pessoas jogavam futebol no quintal.

A mamãe queria saber se eu tinha pegado tudo da lista.

A vovó mantinha os olhos na estrada.

— Responda à sua mãe — ordenou a vovó.

Murmurei que só havia resgatado as fotos de bebê. A mamãe fez uma careta como se tivesse cheirado uma caixa de leite estragado.

— Meredith, mas que merda! Eu te pedi uma coisa simples. Você não consegue nem fazer uma coisa simples!

A mamãe e a vovó discutiam se eu deveria ligar para o papai quando chegássemos em casa e exigir que ele enviasse as coisas pelo correio, ou se a vovó deveria escrever outra carta. A mamãe queria que eu ligasse e deixasse ela ouvir na extensão. A vovó argumentou, e elas enfim concordaram em tentar escrever a carta primeiro. Aquela conversa paralela me deu quinze minutos de paz. E então, a mamãe voltou a atenção para mim.

Ela me perguntou sobre a casa nova do papai. Era grande? Que tipo de carro eles dirigiam? D'Ann cozinhava? O que ela cozinhava? Dei respostas monossilábicas, o que só a deixou com mais raiva. Ela perguntou, gesticulando sem parar.

— O que você fez, dormiu o tempo inteiro?

Contei a ela que fomos à igreja no domingo. A mamãe fez cara de nojo.

— Ela é católica? O que a família dela acha disso? Os católicos divorciados não podem se casar de novo, sabia?

Perdi a paciência e chutei o banco dela.

— Eu não sei!

A vovó enfim interveio:

— Meredith, *não* fale assim com a sua mãe!

Chutei o banco da vovó também.

— O papai falou que você jogou fora as cartas dele!

E então todas nós estávamos nos debatendo como macacos enjaulados.

— Eu não fiz nada disso! — falou ela. — Como ele se atreve?

Alguém estava mentindo, mas eu não queria mais saber quem era. Estava exausta de tentar entender o que fazer com minha vida e só queria dormir. A mamãe continuou me questionando por todo o caminho até vale Carmel, fazendo as mesmas perguntas de diferentes formas, tentando me enganar para obter as respostas. Mas quando chegamos em casa, ela fez a pergunta que realmente queria fazer. De repente, sua voz ficou mais doce, como a de uma criança.

— Seu pai perguntou por mim?

Hesitei e, por fim, respondi:

— Não.

Ela afundou no banco, arrasada.

Saí do carro e reparei que a porta do escritório do vovô, à esquerda da garagem, estava aberta. Eu o encontrei sentado na escrivaninha, com os papéis arrastados para o lado, curvado sobre sua tábua de sequoia manufaturada, fazendo novos quadros de madeira para a colmeia e passando um fio de metal por eles. Os fios horizontais funcionavam como um braço para segurar as finas folhas de cera que estavam marcadas com hexágonos, para dar às abelhas uma fundação do lugar onde construir um novo favo. Ele aquecia os fios usando uma gambiarra que tinha feito de um soquete aberto de lâmpada, e então pressionava as finas folhas de cera nos fios quentes para fundi-los no lugar.

— Você voltou! — disse ele. — Que bom! Me ajude aqui — falou, entregando um alicate para mim. — Corte esse fio aqui para mim, pode ser?

O escritório do vovô tinha cheiro de cera quente de abelha, poeira e loção pós-barba. Inspirei e, de repente, fiquei mais calma. Não tinha percebido, até então, o tamanho da saudade que tinha sentido dele. Estava com saudade das abelhas e das nossas viagens a Big Sur.

Ele me entregou um quadro finalizado, o sinal para dar a ele um outro vazio, que ele colocava na tábua e continuava passando o fio. Ele me perguntou se eu tinha me divertido, e contei a ele sobre a praia, sobre minha madrasta, sobre todos os sorvetes que tinha tomado. Mencionei que o papai tinha mandado um abraço para ele. Contei tudo o que não tinha falado dentro do carro.

Era um alívio falar da minha viagem com alguém que estava ouvindo de verdade. Perguntei a ele como estavam as abelhas, e ele disse que ficou ocupado pegando enxames. Três.

— Um estava bem alto, no alto do telhado de uma casa — disse ele. — Você teria me ajudado, segurando a escada.

— Onde você colocou o enxame?

— Nos fundos, com as outras colmeias.

Ele olhou para cima e viu o que eu ia dizer antes que eu dissesse. Colocou as ferramentas na mesa, se levantou, puxou a calça para cima e estendeu a mão para mim.

— Tá bom, vamos até lá dar uma olhada nelas.

A mão dele envolveu a minha; eu senti seus calos pressionando minha palma, e soube que aquela era a escolha certa.

Dez

CRIA PÚTRIDA
1978

A mamãe me chamou no quarto. Ela fazia isso às vezes quando queria mais água ou aspirina, então imaginei que fosse o caso — que precisasse que eu levasse algo para ela. Mas quando entrei, minha mãe estava vasculhando dentro do armário, empurrando caixas e casacos para os lados nas prateleiras mais altas. Pegou um jogo de tabuleiro e me entregou.

— Preciso que jogue isso comigo — disse, voltando para a cama e segurando a caixa. Ela tirou a tampa e puxou o jogo lá de dentro.

— O que é isso?

— É um tabuleiro Ouija — respondeu, fazendo uma pausa para dar um gole no refrigerante, enquanto, ao mesmo tempo, equilibrava um cigarro entre os dedos pálidos.

Ela bateu na colcha, indicando que eu me sentasse ao seu lado. Colocou o tabuleiro na nossa frente, e vi que tinha uma lua em uma das bordas superiores e um sol na outra. No meio, havia o alfabeto em uma fonte estilo faroeste sobre uma linha de números. Na parte debaixo havia as palavras *Não, Sim* e *Adeus*. Era estranho, mas não havia cartas, dados ou piões. Aquele jogo parecia ser muito chato.

— Como se joga?

— Você usa o jogo para se comunicar com os espíritos — respondeu a mamãe. — Como a minha avó que já morreu.

Levei um segundo para absorver o que ela tinha acabado de dizer. Ela queria conversar com o fantasma da avó morta. Comigo ali. Eu não tinha interesse algum em fuxicar a vida após a morte, porque todo mundo sabe que os fantasmas não gostam de ser incomodados, e eles têm vantagem no quesito vingança. Mas a mamãe não estava brincando. Suas instruções eram práticas, como se ela acreditasse *mesmo* que pudesse se comunicar com os mortos. Em algum momento enquanto estudava a carta celeste, ela havia evoluído de astrologia para sessão espírita. Eu não vi aquilo acontecer. Imaginei que talvez ela estivesse no quarto por tanto tempo que, talvez, estivesse começando a fazer amigos imaginários. Não sabia o que dizer.

— Eu também tinha uma avó, sabia? — falou ela. — Eu amava minha vó. Ela era a única pessoa que foi legal comigo. Uma pena que você nunca a tenha conhecido. — Uma expressão melancólica surgiu em seu rosto. — Ela morreu logo antes de você nascer.

A mamãe bateu a ponta do cigarro no cinzeiro e segurou um triângulo de plástico branco com um pequeno visor redondo no centro.

— Nós temos que colocar dois dedos em cima disso, ao mesmo tempo. Então, você fecha os olhos e fica parada. A peça vai começar a se mexer quando os espíritos quiserem falar alguma coisa. Eles vão soletrar o recado.

Parecia loucura. Mas a mamãe estava me convidando para fazer algo com ela. Aquilo era raro e talvez fosse até um sinal de melhora. Apesar da trepidação, coloquei dois dedos no disco ao lado dos dela. Nossos dedos se encostaram, e foi como um pequeno abraço, um gesto intencional de amor maior do que quando ela me abraçava, grogue de sono, na cama. Ficamos paradas ali por minutos, com as duas mãos em cima do leitor de plástico, olhando fixo para ele, querendo que se mexesse. Era bom ficar tão perto da minha mãe. Eu não me importava se o leitor ia se mexer ou não. Ela havia me pedido para ficar com ela, e era suficiente.

Por fim, senti uma pequena vibração sob a ponta dos dedos.

— Você está mexendo? — perguntei.

— Shh, estou estabelecendo contato. Vovó, você está aqui?

O disco se mexeu e balançou em arco, parando sobre a palavra *Sim*.

Um calafrio percorreu meu corpo. Eu sabia que não estava movendo o disco, e se a mamãe também não estava, significava que alguma presença invisível controlava o jogo. Fiquei com a mão relaxada, só para ter certeza de que não estava mexendo o disco sem querer. Eu podia ouvir a respiração da mamãe ficando mais forte.

— Você tem uma mensagem para mim?

O leitor ia para a frente e para trás, tão rápido que tivemos que nos mexer para acompanhar. A mamãe se debruçou no tabuleiro para entender as letras que apareciam no visor, soletrando-as uma por uma para decodificar a mensagem.

S-A-U-D-A-D-E.

Meu estômago revirou, e de repente fiquei com vontade de fazer xixi. De alguma maneira, a avó morta da mamãe estava falando conosco. Em menos de cinco minutos, nosso jogo inocente havia adentrado o oculto, e senti como se eu estivesse presa em um filme de terror. Prendi a respiração e olhei em volta, em busca de sinais do sobrenatural. Estava tão apavorada que tudo me fazia pular de susto. O que era aquele movimento por trás da cortina? Eu estava ouvindo passos atrás da porta? Eu tinha sentido uma brisa fria ou era a vovó morta voando pelo quarto? Queria fugir, mas estava petrificada demais para me mover. O leitor parou no tabuleiro, enquanto a presença esperava pela próxima pergunta. A mamãe se sentou reta e semicerrou os olhos em concentração.

— Eu vou encontrar outro marido?

O disco branco não se mexeu. Ela fez a mesma pergunta mais seis ou sete vezes. Nada. A entidade que estava no quarto alguns minutos antes havia claramente cruzado para o outro lado. Que decepção! "Ouija é um fracasso", concluí.

Mas a mamãe não estava pronta para desistir. Ela permaneceu curvada sobre o tabuleiro, com a resolução de alguém que não ia abandonar o jogo até receber algumas respostas.

Foi quando fiquei assustada de verdade. Pior do que ver um fantasma era perceber que minha mãe talvez estivesse enlouquecendo. Ela acreditava que o Ouija era real. Precisava desse oráculo de araque para garantir que sua vida ia mudar.

Isso fez com que eu sentisse pena dela, vê-la implorar aos ventos por um homem que a fizesse feliz de novo. Ela estava suplicando ao universo, aos mortos, ao nada, por um pequeno sopro de esperança. A mamãe parecia ter ficado mais desesperada desde minha visita ao papai durante o verão, como se isso tivesse apenas intensificado sua sensação de estar parada no tempo enquanto a vida ao redor seguia em frente.

A mamãe e eu continuamos esperando, mas o leitor de plástico não respondia. Ela perguntou ao tabuleiro outra vez, mais alto, para que os fantasmas pudessem ouvi-la. Quando não recebeu resposta, recorreu à barganha.

— Tudo bem, que tal um namorado? Vou arrumar um namorado em breve?

Esperamos mais um pouco. Meu braço já estava dormente, como se um formigueiro estivesse andando no meu ombro, enviando um exército de patas de insetos aos meus dedos. Por fim, minha mão escapou e caiu, empurrando o leitor para a direita.

— Não! Estava se movendo em direção ao *Sim*. — A mamãe pegou minha mão e a colocou de volta no jogo. Quando o leitor permaneceu imóvel, ela cedeu. — Vou entender isso como um sim. Estava se mexendo em direção ao *Sim*. Você viu, não viu?

— Vi — respondi, esfregando meu antebraço com cãibra.

Ouvi o vovô ligar a caminhonete para deixar o motor aquecer e me levantei para ir até lá. Nós tínhamos planos de ir dar uma olhada nas abelhas no sul da costa.

— Ainda não! — gritou a mamãe, me puxando de volta para a cama pelo punho. Ela me apertava tão firme, com tanta urgência, que beliscou minha pele. Havia um traço de agressividade naquele movimento que era perturbador.

— Ai, mãe! Você está me machucando.

— Desculpa — respondeu ela, sem parar ou tirar os olhos do tabuleiro. — Só mais um pouquinho. Cinco minutos.

Esfreguei a vermelhidão no meu punho, onde os dedos dela haviam brevemente me algemado. Eu não tinha escolha e sabia disso; precisava continuar jogando até que ela me liberasse. Eu estava presa dentro da mente perturbada da minha mãe. Ouvi o vovô passar a marcha do carro e fiquei com medo de que talvez ele partisse sem mim.

— Sobre esse namorado... ele vai ser rico?

Dessa vez, eu trapaceei e empurrei o leitor para a palavra *Sim*. Acho que nós duas sabíamos o que eu tinha feito, embora não tenhamos dito nada. Mas eu precisava sair daquele jogo de algum jeito, porque a mamãe ia forçar os fantasmas a dizer o que ela queria escutar, não importava quanto tempo levasse. Então apareci com uma mentira que nós duas podíamos aceitar.

Os músculos do rosto da mamãe relaxaram quando ela colocou o jogo de volta na caixa. Ela me entregou, e eu a coloquei no armário, enterrando-a embaixo de alguns casacos, em um lugar onde rezei para ela não achar. Quando virei de volta, ela estava com um sorriso no rosto. Ficara contente, sabendo que dias bons lhe aguardavam.

Encontrei o vovô sentado na caçamba da caminhonete, tirando a lama das botas com um formão.

— Quase pensei que você tinha esquecido — disse ele.

— A mamãe queria ajuda com um negócio de ler o futuro.

O vovô inclinou a cabeça para o lado.

— O quê?

— Oui-ji.

— Nunca ouvi falar.

— Não é tão bom quanto *cribagge* — falei, referindo-me ao jogo preferido do vovô. Ele estava me ensinando a jogar, usando fósforos no lugar das peças e um pedaço de madeira no lugar do tabuleiro, onde ele tinha feito alguns buracos.

Ele sorriu com minha afirmação, e depois abriu a porta do carona e acenou para que eu entrasse, fazendo uma reverência dramática como um chofer.

Quando chegamos à Big Sur, o céu estava de uma cor chocante, rosa e laranja, sobre uma névoa matinal que ainda não tinha saído da linha do horizonte. A terra estava úmida sob nossos pés, enquanto caminhávamos em direção a um dos pequenos apiários do rancho Grimes. O vovô cortou caminho por um campo de flores silvestres, e eu o segui de perto, com o fumigador e nossos véus. Esse grupo de colmeias era o mais fácil de chegar desse apiário, reunido em um pasto vazio com vista para a rodovia 1 e para o oceano Pacífico. Muito tempo antes, um dos primos do vovô que morava no rancho decidiu ser apicultor, mas seu interesse durou menos de um ano. Esse primo pediu ajuda ao vovô algumas vezes, o que acabou virando algumas aulas, que se transformaram em tomar conta das abelhas, que finalmente resultou em uma tomada final das colmeias. Durante esses anos de transformação, conforme era costume entre as abelhas, a colônia se multiplicou, e naquele dia, o vovô e eu estávamos andando na pouca claridade, com 28 colmeias começando a zumbir aos primeiros raios de sol.

O fluxo de néctar do verão estava diminuindo, e as noites ficavam cada vez mais curtas e frias. A colheita do fim do outono seria menor do que a do verão, que tinha sido excelente, e o vovô precisava ser mais cuidadoso com a quantidade de mel que retiraria das colmeias, para que as abelhas tivessem comida suficiente até que as plantas voltassem a florir na primavera. Quando o clima se tornasse gelado, as abelhas ficariam expostas, amontoando-se dentro da colmeia e batendo as asas para gerar calor. A rainha estaria no lugar mais quente, onde poderia colocar seus ovos e conservar energia. Quando as abelhas que estivessem na periferia ficassem com muito frio, elas correriam para o centro para se aquecer, empurrando outras abelhas para as bordas, fazendo um movimento de rotação e trocando de lugar para que todas se mantivessem aquecidas. Não era exatamente uma hibernação, estava mais para uma redução de afazeres, com as abelhas saindo da colmeia apenas para esticar as asas ou buscar água. A colônia planejava com antecedência, o vovô explicou, armazenando uma grande quantidade de pólen e mel nos quadros mais próximos às paredes da colmeia, onde o estoque para o inverno tinha dupla função: nutrição e isolamento. O vovô conhecia a personalidade e os hábitos de divisão de trabalho de cada colônia, assim como quais colmeias conseguiam economizar mel, quais conseguiam sobreviver sozinhas e quais morreriam de fome se o vovô não as alimentasse.

As colmeias mais famintas ganhavam uma massa grudenta de pólen que o vovô havia comprado no catálogo de equipamentos para apicultores, que era feita de pólen e fermento de cerveja, e se transformava em panquecas achatadas cor de manteiga de amendoim pressionadas entre duas folhas de papel-manteiga. Ele colocava as massas sobre as molduras das ninhadas, onde as abelhas-nutrizes podiam devorá-las sem ter que ir longe. Outras vezes, o vovô misturava a mesma quantidade de água e açúcar e alimentava as abelhas com esse caldo, colocando-o dentro de um vidro de maionese, em que fazia furos na tampa com uma chave de fenda e virava o vidro de cabeça para baixo em um bloco de madeira cortado, que ele deslizava para dentro da entrada da colmeia e servia como comedouro. Havia um espaço entalhado no bloco que permitia que as abelhas lambessem os pingos que caíam do vidro. Sua terceira opção era pegar quadros de mel de colmeias abundantes e colocá-los nas colmeias com estoque baixo de mel.

A missão do dia era abrir todas as colmeias e redistribuir os quadros das colmeias fortes para as frágeis, e se sobrasse mel, levar de volta para o ônibus, para a gente.

Ao chegarmos no apiário, um bando de pássaros voou para anunciar nossa chegada em sua linguagem própria: canários-da-terra, sabiás, mariquitas-amarelas, gaios-azuis. Todas aquelas asas batendo juntas pareciam as bandeiras da minha escola tremulando em um dia de bastante vento, e parei por um instante, sentindo o poder sonoro daquela debandada coletiva. O vovô e eu assistimos aos pássaros dispararem em direção ao cânion Garrapata. Quando estavam longe, olhei para o chão para ver o que os pássaros haviam encontrado de tão interessante.

Senti algo sendo esmigalhado embaixo do sapato, e descobri que estava pisando em um campo de batalha de abelhas, com o chão repleto de zangões à beira da morte. Alguns machos ainda não estavam mortos e se arrastavam em círculos sem sentido em meio à carnificina, tropeçando nas pernas quebradas ou mancas. Um pobre zangão tentava voltar para a colmeia, mas ficava sendo empurrado de volta para fora pelas abelhas-guardiãs. Duas abelhas o atacaram, cada uma mordendo e puxando as asas, até que o trio caiu no chão e continuou lutando. Perplexa, vi que elas arrancavam uma das asas dele. Uma das abelhas-guardiãs ergueu o zangão já enfraquecido e o carregou em seus alforjes para deixá-lo, sem dó nem piedade, a diversos metros de distância da colmeia.

Com certeza, o vovô tinha visto os zangões, mas pisou sem critério, esmagando-os sob os sapatos, enquanto se preparava para trabalhar, acendendo o fumigador e colocando o véu sobre o rosto, como se nada tivesse acontecido. Puxei a manga do casaco dele e apontei para aquela catástrofe no chão. Ele olhou para baixo e me entregou o fumigador. Tomei cuidado ao pegá-lo pela alça, onde não estava quente.

— O inverno está próximo — disse ele. — Não há comida suficiente para todos. É hora de as mulheres expulsarem os homens.

Naquele instante, um marimbondo apareceu como um jatinho e pousou seu corpo delicado e ereto nas costas de um zangão grogue que lutava para ficar em pé. O marimbondo arrancou a cabeça do zangão em dois movimentos rápidos e devorou seus olhos, enquanto o corpo decapitado continuava a tremer. Olhei e perguntei ao vovô por que as abelhas se tornaram cruéis de repente.

O vovô explicou que os zangões são expulsos de todas as colmeias, todo ano.

— São menos bocas para alimentar — concluiu ele.

Os zangões faziam de tudo para sobreviver, mas uma colmeia tinha dezenas de milhares de fêmeas e só algumas centenas de machos, então os caras não tinham a menor chance.

— Lembra quando eu contei que os zangões não trabalham? Que só ficam implorando por comida?

Assenti.

— Então, essa é a hora de dar o troco. Se você for solícito, as pessoas vão te ajudar de volta. Mas se você só se preocupar consigo mesmo, aí, já era!

Ele passou o dedo indicador lentamente pelo pescoço.

— Carácolis — falei, imitando uma das expressões preferidas da vovó.

— Não é nada de mais — disse o vovô. — Quando esquentar de novo, a rainha simplesmente vai fazer mais zangões.

Naquele momento, eu me senti muito, mas muito aliviada por ser mulher. Uma colmeia era um matriarcado construído no princípio básico de trabalho e recompensa, mas a irmandade parecia estar levando seu poder um pouco longe demais. Não parecia correto matar um irmão. Mesmo que ele fosse preguiçoso. E eu já tinha visto programas sobre natureza suficientes para saber que todas as criaturas precisam tanto de machos quanto de fêmeas para fazerem bebês. Se uma colmeia expulsava todos os zangões para morrerem no frio, como a rainha conseguia continuar botando ovos?

O vovô ouviu minha pergunta e ficou em silêncio por um instante. Ele me ajudou a prender meu véu e baixou a voz:

— Tá certo, sabichona, os zangões têm um trabalho, sim. Engravidar as rainhas.

Coloquei o fumigador em cima de uma colmeia, onde a grama não pegaria fogo, sentindo que uma história intrigante em potencial estava a caminho. Ouvi com atenção ao vovô explicar a guerra que era a competição pela afeição da rainha.

— Tudo começa — disse ele — quando os zangões sentem o cheiro de uma rainha virgem voando por perto.

— Como quando uma cadela está no cio e outros cachorros sabem?

— Mais ou menos assim.

Ele continuou, gesticulando, para explicar que os zangões voam e se juntam a uma nuvem de abelhas, preparando-se para a rainha virgem encontrá-los. Quando ela sai da colmeia para fazer a dança do acasalamento, copula apenas com os candidatos mais rápidos e fortes que conseguem acompanhá-la. Ela acasala com uma dúzia ou mais de zangões, um após o outro, e então retorna para a colmeia com o esperma deles armazenado no corpo. Ela passa o resto da vida botando ovos e fertilizando-os sozinha.

Como uma colmeia saudável consegue viver até cinco anos com a mesma rainha, e centenas de zangões nascem e morrem todo mês, a matemática não está a favor deles. Poucos chegam a ter a chance de fazer a única coisa para a qual nasceram. É mais comum que um zangão seja somente uma política de segurança, ficando ali de prontidão caso uma rainha virgem passe de repente. Mas, mesmo que um zangão tenha a chance de copular, ele não sobrevive à cópula, o vovô falou.

Estava tudo tão quieto que eu podia ouvir as ondas quebrarem nas pedras.

— Como assim?

— O membro dele sai e ele cai no chão, morto.

— Que nojo!

O vovô pareceu surpreso. Percebi que minha frescura o deixou decepcionado, que todo esse tempo em Big Sur deveria ter me tornado mais forte, ou pelo menos capaz de aceitar as leis da natureza. Meu chilique era digno de uma criança boba da cidade grande.

— Nojo? O que tem de nojento nisso? É parte da vida. Se tiver bastante silêncio, você consegue até ouvir quebrando. Faz um barulhinho.

Estremeci, pronta para a história chegar ao fim. Peguei o fumigador e comecei a lançar nuvens de fumaça sobre as entradas das colmeias para acalmar as abelhas. Borrifei mais fumaça nas abelhas-guardiãs do que de costume, sentindo que precisava compensar o que elas tinham feito com os zangões. As abelhas entraram nas colmeias para fugir do odor de esterco de vaca queimando, o que mascarou o cheiro de banana do feromônio delas. O vovô percebeu que tinha perdido minha atenção e tirou a tampa de uma das colmeias para checar o suprimento de mel lá dentro.

Nós tínhamos estacionado o carro a centenas de metros do apiário, de propósito, e colocamos as caixas vazias de colmeia na caçamba. É difícil roubar mel das abelhas, então fizemos um sistema para tentar enganá-las. Primeiro, o vovô removia o quadro com cera sólida de ambos os lados, selado com mel, e então, chacoalhava para enviar as abelhas de volta para dentro da colmeia. Elas ficavam ofendidas, e muitas retornavam para o ar procurando pela propriedade roubada. As abelhas voavam, bravas, em círculos ao redor da cabeça do vovô, enquanto ele retirava as mais insistentes do favo com uma pena de galinha, tentando direcioná-las, em uma batalha de vontades.

Quando o quadro estava com o mínimo de abelhas possível, ele me entregava e eu levava para o carro, seguida por um punhado de abelhas-guardiãs. Quando chegava à caçamba, conferia as clandestinas no favo e as assoprava com delicadeza, como o vovô havia me ensinado, para irritá-las apenas o suficiente para que fossem embora. Quando o quadro estava sem abelhas, eu o deslizava para dentro da caixa vazia e o escondia sob um lençol. As abelhas podiam sentir o cheiro do mel e tentariam recuperá-lo se não o mantivéssemos protegido. Elas iriam segui-lo, o caminho inteiro até o vale Carmel, e essa seria a desgraça delas. Elas conseguiriam sobreviver à viagem, mas nossa casa era longe demais para que pudessem voltar para a colmeia, então morreriam sozinhas.

As duas primeiras colmeias não conseguiram guardar mel. O vovô tirou a tampa da terceira e se debruçou na caixa que continha o berçário, com o bigode praticamente encostado nela, como se estivesse tentando mergulhar lá dentro. Cheguei mais perto e meu nariz sentiu o cheiro que ele estava sentindo — um cheiro horrível, de carne podre. O vovô se levantou e balançou a cabeça.

— Isso não é bom.

Aquela colmeia estava diferente das outras. Quando toquei a lateral, a madeira estava fria, sem o calor que normalmente emanava da colônia. Olhei para a entrada da colmeia e percebi pouquíssimo movimento.

O vovô puxou um quadro. Sem sombra de dúvida, os favos tinham uma cor estranha. A cera estava escura demais, cor de café, e enquanto deveria estar coberta de abelhas-nutrizes protegendo a ninhada, havia somente algumas nutrizes tristonhas caminhando em um berçário apodrecido, procurando desesperadamente uma larva saudável para alimentar. A cera seladora sobre as células com larvas estava afundada e perfurada, quando deveria estar macia como um papel de saco de pão.

O vovô pegou uma grama do chão e colocou a ponta dentro de uma das células murchas. Quando retirou, um fio pegajoso marrom veio junto. Ele examinou a gosma na ponta da grama durante muito tempo, como se não conseguisse acreditar no que estava vendo. Checou outros alvéolos, e todos tinham a mesma coisa gosmenta dentro, onde deveria haver uma larva branca de abelha. De alguma forma, as larvas haviam se liquidificado antes de se desenvolver para virarem abelhas.

— Cria pútrida — disse ele.

Ouvi a frustração em sua voz e sabia que era algo ruim e sério.
— Cria o quê?
— Uma doença. Muito contagiosa. O único jeito de exterminá-la é colocando fogo.

O vovô montou a colmeia de volta, pegou um lápis no bolso de trás e desenhou um grande X na tampa. Engasguei ao perceber que aquilo significava que ele teria que queimar a colmeia com as abelhas dentro. O vovô franziu a testa, como se tivesse com dor de cabeça, e então passou a mão no cabelo e olhou para o horizonte. Ele estava matutando algo, então esperei um pouco antes de fazer minhas perguntas.

— Como isso aconteceu?
— As abelhas-nutrizes alimentaram as larvas com comida que continha uma bactéria. E isso destruiu os órgãos delas.

O vovô não tinha como saber de onde aquela bactéria viera. Podia ser de qualquer lugar, ele falou; uma abelha pode pegar a bactéria ao tocar em outra, ao roubar mel de uma colmeia doente ou até ao pousar em uma flor onde uma abelha doente esteve. Abelhas em desenvolvimento pegam cria pútrida quando as nutrizes a alimentam com o pão das abelhas feito com uma mistura de néctar e pólen com a bactéria.

— Só sei que é um negócio terrível. Pode durar até cinquenta anos.

Assisti ao vovô abrir colmeia por colmeia e perfurar as células com larvas com um mato seco. Ele se movimentava metodicamente, mais como uma máquina do que como um homem. Quando terminou, uma dúzia de colmeias havia sido condenada com um X. Ele precisaria fazer uma fogueira e queimar todas juntas para evitar que a doença se espalhasse pelo restante do apiário. Eu o vi pegar uma pá no banco de trás do carro e, quando estava a uma boa distância, começou a cavar um túmulo para as abelhas.

Eu não fazia ideia de que abelhas podiam ficar doentes. Na minha cabeça, abelhas eram bolinhas de energia inesgotável. A maioria morria de exaustão após seis semanas, então aproveitavam cada minuto de vida. Todo dia, elas visitavam milhares de flores em um raio de oito quilômetros das colmeias, parando somente quando suas asas cansadas falhavam. Abelhas idosas eram fáceis de identificar: seus corpos eram mais magros e com menos pelos, parecendo polidos. Agora que eu tinha percebido quão vulneráveis as abelhas eram, me senti responsável por não conseguir protegê-las. Um bom apicultor deveria manter suas abelhas vivas, e não matá-las.

A cova do vovô tinha meio metro de profundidade, e ele estava de pé dentro dela quando eu enfim o abordei.

— Você vai fazer isso hoje?

— Vou ter que voltar amanhã com gasolina — respondeu, enquanto pisava na pá e a afundava na terra. Ele puxou o cabo em sua direção para soltar a terra, então inclinou-se e jogou uma pá de terra para o lado.

Nunca tinha ouvido tanta tristeza na voz do vovô, e não sabia exatamente como me portar ao lado dele. Fiquei sentada na beira da cova e esperei até que ele se cansasse de cavar. Ele se sentou ao meu lado e apoiou a cabeça nas mãos. Eu me encostei nele e senti o calor do seu esforço. Ficamos daquele jeito por um tempo, fazendo companhia um para o outro, sem falar nada.

— Bom, é isso — disse ele, por fim.

— Você vai perder muito dinheiro?

O vovô estava olhando para o horizonte, e eu não sabia se ele tinha ouvido.

— Dinheiro? Você acha que faço isso por dinheiro?

A pergunta soou como se eu estivesse encrencada, mas não consegui entender o que fizera de errado. Eu o decepcionara mais uma vez com um pensamento errôneo, apesar de todos os esforços dele para me criar como uma menina boa.

— O mel não é a coisa mais importante — concluiu ele.

Abri a boca para protestar, mas não consegui formar uma frase. Para que ter um ônibus do mel se ele não se importava com o mel? Todo mundo sabe que o mel é a coisa mais importante das abelhas. É por isso que elas são chamadas de "produtoras de mel".

— Você acha que a única coisa que as abelhas fazem é mel?

Eu sabia que era uma pergunta capciosa. Então respondi com outra pergunta.

— Sim?

— Não. As abelhas fazem os alimentos crescerem. Todas as frutas e castanhas nas árvores. Os vegetais no jardim.

A tristeza do vovô devia estar deixando-o sentimental. Eu já tinha visto seu pé de alcachofra dar caules maiores do que eu e produzir alcachofras com uma cabeça enorme com cabelo roxo na ponta — sem precisar de cuidados exagerados. A amendoeira no jardim da frente da nossa casa dava flores brancas que se transformavam em vagens verdes felpudas, e depois eu via aquelas vagens se abrirem e deixarem para trás cascas amadeiradas com castanhas dentro. A árvore fazia todo aquele trabalho.

— As plantas fazem os alimentos sozinhas.

— Não sem as abelhas — corrigiu o vovô. — As flores precisam trocar pólen com outras flores para virarem comida. E como elas não têm pernas, precisam das abelhas para carregar o pólen para elas. O pólen gruda nas abelhas quando elas voam de flor em flor, e é aí que a mágica acontece. Polinização.

O vovô explicou que, sem as abelhas fazendo a entrega de pólen, muitas coisas desapareceriam do supermercado. Eu perderia o pepino e as amoras que tanto amava. Não haveria mais abóboras para o Dia das Bruxas. Os verões não teriam melancias. As cerejas que a vovó tanto gostava de colocar nos seus Manhattans? *Puf,* ficariam no passado. O mundo sem as abelhas seria insípido, e um tédio, e sem flores.

Agora fazia sentido o vovô estar tão desamparado. Perder as colmeias era muito mais do que um desastre pessoal. Era uma perda da própria natureza. Ele falou que não seria apenas a gente que perderia alimentos, mas também outros animais. Nós precisávamos das abelhas para polinizar a alfafa e outros tipos de capim que as vacas e os cavalos comem. A Mãe Natureza costurou direitinho um plano perfeito, e se você puxasse um fio, toda a tapeçaria poderia se desfazer. Aqueles insetos que faziam a maioria das pessoas correr de medo eram a cola invisível da vida.

O vovô havia revelado uma escadaria escondida na minha mente, mostrando para mim que havia tanta coisa para aprender, muito além do que eu podia ver com meus olhos. Antes, quando olhava dentro de uma colmeia, tudo que eu via eram abelhas fazendo suas funções, e nunca imaginava que o trabalho delas tinha a ver comigo. Era surpreendente perceber que toda criatura, por menor que fosse, ajudava a manter um mundo todo vivo em uma organização oculta. Se algo aparentemente tão insignificante como uma abelha estava cuidando de nós em silêncio, imagine uma formiga, ou uma minhoca, ou um peixe? O que mais eu não sabia sobre as contribuições invisíveis que a natureza fazia ao meu redor? Isso me fez pensar que o universo tinha um plano para mim, e apesar de nem sempre conseguir vê-lo ou senti-lo, eu precisava confiar que ele existia. Talvez minha vida não fosse tão aleatória, ou azarada, quanto eu pensava. Ponderei sobre essa possibilidade por um instante e senti um tiquinho da preocupação se desfazendo. Eu nem me lembrava direito da última vez em que senti essa sensação.

Todo aquele tempo achei que éramos o vovô e eu que estivéssemos tomando conta das abelhas, quando, na verdade, eram as abelhas que estavam tomando conta da gente.

— Sinto muito por você ter perdido suas abelhas — falei.

O vovô se levantou, colocou os dedos dentro da boca e soltou um assovio altíssimo que ecoou pelo cânion Palo Colorado. Ele se sentou de novo e, em alguns segundos, Rita veio correndo, do nada, pulou no colo dele e lambeu sua bochecha.

— Às vezes, as coisas são tiradas da gente — explicou ele. — Mas não podemos deixar que isso nos abale muito.

O bom das abelhas, ele continuou, é que elas se multiplicam rápido. Se fôssemos cuidadosos e ficássemos atentos às colmeias restantes, ele poderia construir o apiário de volta, do mesmo tamanho, em cerca de um ou dois anos. As abelhas podem levar muitos golpes, mas tendem a se recuperar.

Entrei no carro e Rita se sentou no meu colo para esperar o vovô, enquanto ele colocava os quadros com mel na caçamba. Devido ao fim da estação e ao fiasco da cria pútrida, a produção fora miserável, com apenas um punhado de caixas para levar para casa. Ouvi a porta da caçamba bater e, quando o vovô se sentou ao meu lado, fiquei chocada com a aparência cansada, as bochechas murchas e as linhas de preocupação formando entalhes profundos em sua testa. Ele deu uma última olhada para o apiário e a função horrível que o esperava, e fomos embora.

O sol estava sobre o oceano, e a superfície da água brilhava como diamante. Dessa vez não houve história alguma no caminho para casa. O vovô estava sombrio, perdido em pensamentos. Rita saiu do meu colo e se aninhou no colo dele, como se também sentisse que ele precisava de carinho. Ela cavou a barriga dele e deitou a cabeça em cima, bocejando.

— Eu vou ajudar você — falei.

— A fazer o quê?

— Vou ajudar você a recuperar suas abelhas — respondi.

O vovô abriu um sorriso grande e sua expressão voltou a ser aquela com que eu estava acostumada. Ele deu tapinhas no meu joelho.

— Obrigado.

Liguei o rádio e girei o botão até que a vida voltou ao carro com uma música de Johnny Cash que eu tinha ouvido a vovó colocar na vitrola.

O vovô começou a cantar e se inclinou para a frente para me perguntar, como dizia na música, "em que altura estava a água, Momma". Eu sabia a resposta: "Sessenta centímetros de altura, e subindo"

Ele cantou a pergunta outra vez, e mais outra, cada vez mais alto, e eu respondi bem alto: "Noventa centímetros!" "Um metro e vinte!" Nós gritamos junto com Johnny quando ele cantou que suas colmeias haviam morrido, que ele havia perdido suas abelhas, e que suas galinhas estavam em cima do telhado.

Ouvi a tristeza naquela música pela primeira vez, mas, de um jeito estranho, ela fez a gente se sentir melhor. Nós não éramos os únicos à mercê da natureza.

Onze

PAIS SOLTEIROS
1980

Matthew e eu ainda estávamos de pijama, deitados de bruços gritando números para a televisão. Nosso ritual do fim de semana era assistir aos programas *The Price Is Right* ou *Let's Make a Deal* para testemunhar pessoas comuns como nós ganhando prêmios que lhes proporcionaria felicidade eterna. Memorizávamos os preços para que, um dia, quando tivéssemos idade suficiente para dirigir, fôssemos até Hollywood, participássemos do programa e ganhássemos uma fortuna grande o bastante para comprar uma mansão com tantos quartos que perderíamos a conta. E todo quarto teria um colchão d'água também.

Após anos de estudos dedicados, eu sabia dizer o preço de quase tudo, desde um Corvette até uma garrafa de cloro. Na tela, uma professora tentava adivinhar o preço de uma viagem para o Havaí mais o preço de um Jipe, e, apesar das minhas dicas vigorosas de fora da televisão, ela estava chutando alto demais. Eu estava tão focada no programa que não ouvi a mamãe entrar na sala.

— Quem quer jogar boliche?

Desviamos os olhos da TV. A mamãe passou a bolsa de couro branca de um ombro para o outro com impaciência. Era desconcertante vê-la fora da cama durante o dia.

— Que foi? Por que estão me olhando assim?

Estávamos na metade do nosso sexto ano vivendo na casa do vovô e da vovó e, àquela altura, a mamãe tinha virado uma irmã mais velha, tolerando a gente quando precisava, mas basicamente evitando todo mundo com sua impaciência infinita. Nosso pai havia cumprido sua promessa e mandava passagens de avião todo verão para mim e para Matthew irmos visitá-lo, mas a vovó cuidava de nós cem por cento do tempo, e, assim, a mamãe tinha se livrado da labuta da vida adulta. Ela ainda não trabalhava, não tinha amigos, não tinha motivação alguma para sair da cama. Meu irmão e eu estávamos tão desacostumados a ouvir a sua voz que, a princípio, não entendemos que ela estava nos convidando para ir a um lugar.

— Boliche? — repeti, ainda surpresa.

Ela bufou. Sua pele estava tão pálida que veias azuis apareciam nas têmporas e nos punhos. Ela vestia uma calça de poliéster amarela com um elástico na cintura, que havia expandido consideravelmente desde que tínhamos nos mudado para a Califórnia.

— Foi o que eu falei. Não tenho o dia inteiro. Vocês querem ou não?

Achei que tínhamos que pedir permissão à vovó primeiro, ou que talvez ela devesse vir como acompanhante, para o caso de algo dar errado. Eu estava em dúvida, mas curiosa demais para dizer não.

A pista de boliche mais próxima ficava a uma hora de distância, em Seaside, e no caminho, a mamãe explicou que recentemente havia se inscrito em algo chamado Pais Solteiros, e nós iríamos passar a tarde jogando boliche com outros adultos como ela.

— Mulheres sem marido? — perguntou Matthew.

A mamãe abriu um pouco a janela e deixou que o vento levasse embora as cinzas do cigarro.

— E homens sem esposa também — falou ela.

Ergui as sobrancelhas para Matthew e me inclinei na direção dele.

— É um encontro — sussurrei.

Fingi beijar ferozmente a palma da minha mão, até que ele teve um ataque de riso.

— O que é tão engraçado?

Mamãe nos espiou pelo espelho retrovisor. Tudo o que ela viu foram dois querubins sentados no banco traseiro de um Gremlin. Apertei discretamente a ponta do nariz para reprimir uma risada.

— Preciso que os dois se comportem. Não façam nada que possa me deixar constrangida.

Prometemos ser bonzinhos, apesar de não ter entendido como poderíamos constrangê-la lançando uma bola em alguns pinos. Olhei pela janela e vi plantações de espinafre e morangos, com as cores se misturando, como se alguém estivesse embaralhando um baralho de cartas. Salinas era uma cidade plana, e os campos eram alinhados como em uma formação militar, como se Deus tivesse desenhado a cidade primeiro em papel pautado para depois criá-la.

Quando saímos do carro, o ar tinha cheiro de estrume, mais forte do que o perfume da mamãe. Seus brincos de argola balançavam enquanto ela puxava Matthew e eu em direção à entrada, mas, conforme fomos nos aproximando, ela desacelerou o passo. Parou diante da porta de vidro como se tivesse mudado de ideia. Retocou o batom no reflexo e colocou alguns fios de cabelo para trás da orelha. Ajeitou o elástico da calça na cintura. Ela tinha iniciado uma dieta nos últimos dias e estava comendo só toranja e queijo cottage, seguindo os conselhos de um médico de celebridades chamado Scarsdale.

— Estou parecendo gorda? — perguntou ela, ficando de lado em frente ao vidro.

A barriga estava um pouco protuberante, mas as pernas e os braços estavam do tamanho normal, então parecia que ela estava grávida. Mas Matthew e eu não comentamos nada além de dizer que ela estava magra.

— Vocês acham mesmo?

Ela olhava por sobre o ombro para tentar ver as costas no reflexo do vidro.

Assentimos com entusiasmo.

Ela mordeu o lábio e olhou de volta para o Gremlin, como se estivesse tentando escolher entre a porta número um e a porta número dois. Em uma, havia diamantes; na outra, um jegue. Ela encolheu a barriga e prendeu a respiração. Depois soltou o ar e franziu a testa.

— Vocês não estão mentindo? Acham mesmo que estou bem?

Outras crianças estavam correndo para a pista de boliche, abrindo a porta e deixando sair um cheiro inebriante de batata frita e pizza de pepperoni. Ela segurou nossas mãos e as apertou.

— Agora escutem, vocês dois. Não me peçam para comprar nada, pois sabem que não tenho dinheiro.

Matthew e eu prometemos. Ela abriu a porta, e ouvi o barulho oco de pinos caindo, seguido de gritos de comemoração. Comecei a salivar com o cheiro de algodão-doce, e um canto cheio de máquinas de pinball me chamava, com suas luzes e músicas sedutoras. Após um funcionário nos entregar nossos sapatos de boliche, a mamãe levou Matthew e eu para uma pista onde um grupo de crianças gordinhas estava sentado em um banco feito de plástico laranja moldado. Esses eram os filhos e as filhas de todos os pais solteiros, forçados a jogar juntos e claramente desejando estar em outro lugar.

— Eu vou ficar logo ali — disse a mamãe, apontando para quatro pistas à frente, onde adultos estavam conversando. A bolsa batia na sua cintura enquanto ela se afastava rapidamente.

Fizeram um strike na pista ao lado, e um grupo de homens comemorou e brindou com suas canecas de cerveja. O jogador que havia lançado a bola tocou uma guitarra invisível e colocou a língua para fora, como um integrante do Kiss.

Matthew e eu olhamos para nossos novos colegas e vimos meia dúzia de olhos entediados nos observando. Um deles cuspiu semente de girassol no chão ao lado do meu pé, claramente de propósito. Um garoto de brinco disse algo em espanhol, e seus amigos riram.

— Oi — falei.

Ninguém respondeu. Eu podia sentir que todo mundo ali, inclusive eu e meu irmão, era o tipo de criança que, às vezes, simplesmente fica com vontade de bater em alguma coisa. Mais pinos foram derrubados perto da gente fazendo um estouro, e levei um susto. Tentei encobrir fingindo uma coceira e coçando entre as escápulas, e então caminhei até as bolas de boliche, e, quando fui pegar a vermelha, uma garota pegou primeiro.

— Esta é minha, *putana* — disse ela, estufando o peito, como eu tinha visto alguns garotos fazerem na escola quando queriam brigar. Eu não sabia o que aquela palavra significava, mas com certeza era algo ruim, um xingamento. Derrotada, sentei-me no banco ao lado de Matthew. Coloquei a mão nas costas dele e senti seus músculos rígidos.

— Você quer jogar? — perguntei.

— Não — respondeu ele, cobrindo os ouvidos a cada strike. Ele estava odiando aquilo. Levantei-me para tentar outra vez, tomando o cuidado de não pegar a bola vermelha. Depois que Matthew me visse jogando, provavelmente se juntaria a mim. Mas um dos garotos bloqueou meu caminho até a pista.

— O que você acha que está fazendo? Esse jogo é *nosso*. — Ele apontou para o monitor eletrônico que pendia do teto. — Você tem que pagar.

Sentei-me de volta ao lado de Matthew, que estava começando a chorar em silêncio. Tentei acalmá-lo, mas os garotos malvados sentiram o cheiro das lágrimas e começaram a atacar. Eles zombaram fazendo cara de choro e voz de neném, e fiquei na frente do meu irmão para que ele não pudesse vê-los, enviando raios invisíveis de raiva com os olhos. Indiferentes, eles continuaram choramingando e conversando em espanhol, se divertindo por terem o poder de assustar um menino pequeno. Matthew abraçou os joelhos e se curvou como uma bolinha, e isso atiçou a minha tigresa interior. Andei até os garotos.

— Agora chega — falei. — Vou falar com a minha mãe.

Os tiranos, de repente, ficaram calados, enquanto eu girava o corpo e marchava em direção à mamãe, sem ter certeza do que diria. Ela estava sentada em frente a um painel cheio de botões luminosos que controlavam o quadro de pontos, comemorando por alguém do time dela. Parecia feliz de um jeito que nunca tinha visto, e esqueci, por um instante, porque tinha ido falar com ela. Era como se estivesse vendo alguém que não conhecia, alguém com tanta alegria dentro de si que a transmitia para todos ao seu redor. Eu a chamei, e conforme ela girou em seu banco, toda a alegria evaporou do seu rosto.

— O que aconteceu? Já vi que tem algo errado.

Expliquei a ela que estávamos sofrendo bullying na pista dois. E que era tão ruim que Matthew estava chorando.

— Como assim Matthew está chorando?

— Os garotos estão sendo maus com ele — respondi. — E eles não querem deixar a gente jogar.

Ela apagou o cigarro em um cinzeiro embutido na mesa.

— Bem, o que você quer que eu faça?

— Precisamos de dinheiro para jogar sozinhos.

A mão dela segurou meu punho feito um chicote e me puxou para perto. Ela praticamente rosnou:

— O que eu falei sobre pedir dinheiro?

— Eu sei, mas...

Antes que eu pudesse terminar, ela estava de pé. Colocou a bolsa debaixo do braço e praticamente marchou em direção à pista das crianças. Eu vi os olhos dos meninos malvados se arregalarem conforme a minha mãe se aproximava, mas ela foi direto para Matthew, se inclinou sobre ele e gritou no seu ouvido:

— Por que você está chorando?

Senti o rosto ficar quente como se chamas de medo e vergonha lambessem minhas bochechas. As coisas não eram para ser assim. Era para ela proteger meu irmão. Agora os garotos estavam com expressões satisfeitas, em um êxtase silencioso, pois o menorzinho do grupo estava sendo repreendido pela própria mãe. Matthew seria esculhambado no segundo em que ela fosse embora. Ao perceber isso, ele se encolheu, afundando ainda mais o rosto nos joelhos.

A mamãe se virou para mim e apontou o dedo.

— Vocês *não* vão estragar isso para mim! Eu dirigi por um bom tempo, e agora vocês vão ficar aqui até que eu esteja pronta para ir embora. Escutaram?

Matthew parou de segurar o choro e abriu um berreiro. A mamãe o arrancou do banco pelo braço e ele escondeu o rosto com as mãos, tentando fazer com que ela e todo o boliche desaparecessem.

O homem na pista ao lado colocou sua cerveja na mesa e se virou para olhar. O barulho dos pinos parou. As crianças falando espanhol prenderam a respiração. Todo o local ficou em silêncio, como uma biblioteca.

Eu corri para longe.

— Para onde você acha que está indo? — gritou a mamãe.

Os jogadores de pinball se viraram para assistir à comoção. Vi minhas pernas me levando para o banheiro, o único lugar onde eu poderia me esconder do fiasco da saída de mentira da família. Eu me tranquei em uma cabine e me sentei na tampa do vaso sanitário, em uma vã esperança de que a mamãe não visse meus sapatos. Então, ouvi os passos fortes dela entrando no banheiro e fechei os olhos, prendi a respiração e me encolhi de medo.

A mamãe entrou no banheiro como um touro e abriu cada uma das portas das cabines com um empurrão, procurando por mim. Vi vários pares de sapato correndo para fora do banheiro e, com tristeza, pensei que eu tinha uma mãe tão assustadora que estranhos fugiam dela. Eu queria dizer a essas outras garotas que elas não tinham com que se preocupar, que não precisavam fugir daquele jeito. Mas enquanto a mamãe esmurrava todas as portas, tive outro pensamento aterrorizante: talvez elas tivessem bons instintos. Eu era o animal bobo que havia se encurralado, sem um plano de fuga.

Vi o topo da cabeça da mamãe quando ela parou na frente da cabine. Uma veia pulsava na testa dela. Ela socou a porta de metal, fazendo com que as paredes vibrassem também.

— Meredith, sei que está aí! Saia daí agora!

Ela lançou o braço por cima da porta em busca da tranca, com garras desesperadas. Mas a tranca estava seguramente fora do alcance dela.

— Você precisa abrir essa porta *agora*!

Ela agarrou a porta por cima com ambas as mãos e a sacudiu, tentando escancará-la, enquanto eu via o fecho frágil ceder. Meus nervos ficaram à flor da pele enquanto eu tentava não pensar sobre o que ela faria se me pegasse. Ela socou a porta de novo, e me encolhi ainda mais. A vovó e o vovô estavam muito longe para me salvar.

Abracei meus joelhos com mais força e falei para mim mesma que aquilo era só um sonho ruim.

— Responda! — rugiu a mamãe.

Abri a boca, mas não consegui falar. Estava seca como da vez em que tive amigdalite e tudo o que saía era um sussurro fraco. Eu queria gritar por ajuda, mas estava com muita vergonha para implorar para estranhos me salvarem. Era apenas a mamãe; ela não ia me machucar, não é? Eu nunca tinha sentido medo dela até aquele dia, e não tinha certeza do que fazer com aquele novo sentimento. Ela estava me assustando, sim, mas isso era uma informação pessoal, que não precisava ser compartilhada com toda a sociedade. Eu estava paralisada com minha indecisão e chorava, desamparada.

De repente, a cabine parou de chacoalhar. O banheiro ficou em silêncio por alguns segundos, e então a mamãe jogou todo o próprio peso na porta, como um jogador de futebol americano, tentando quebrá-la com o ombro.

— Mãe, para... — sussurrei. — Por favor.

— O que vocês têm de errado? — gritou ela. — Agora *os dois* estão chorando? Vocês precisam crescer, isso, sim!

Ela chutou a porta.

— Quem manda aqui sou *eu*!

A respiração dela estava acelerada, como se tivesse acabado de correr uma maratona. Então, ouvi o clique de um isqueiro e a ouvi tragando um cigarro. Uma nuvem de fumaça subiu pelo outro lado da porta. Ficamos no nosso embate silencioso por não sei quanto tempo. Até que ouvi a voz de um homem.

— Senhora. Com licença, senhora.

A mamãe recuperou a voz calma:

— Você não pode entrar no banheiro feminino.

— Certo. E é por isso que preciso que a senhora saia do banheiro, ou vou ter que chamar a polícia.

— E quem é você?

— O gerente. Tem alguém aí dentro com a senhora?

Vi o cigarro cair no chão e ser apagado sob o sapato de boliche. Ela respirou fundo e foi embora. Esperei alguns minutos até que parecesse seguro, e então abri a trinco e saí do banheiro. Matthew acenou para mim de onde estava sentado, em um banco do lado de fora de uma sala com janelas de vidro. Ele apontou lá para dentro, onde eu podia ver a mamãe gesticulando loucamente, explicando algo para o gerente, que estava de pé com os braços cruzados. Sentei ao lado de Matthew e esperei até que o gerente abrisse a porta para a mamãe e apontasse para a saída.

— Vamos, estamos indo embora — chamou ela, segurando nossas mãos.

Corremos para acompanhar seus passos largos conforme ela se apressava para a saída.

— Estão felizes agora? — perguntou ao passar a marcha com força, pisar no acelerador e deixar o estacionamento.

Nós sabíamos que a pergunta era retórica, e por isso não respondemos.

— Eu podia ter conhecido alguém hoje, mas vocês dois destruíram essa chance! É a última vez que levo vocês para qualquer lugar.

Eu queria desaparecer pelo resto do dia. Estava com pena de mim mesma, estava com pena da minha mãe não ter um marido e precisar ir a encontros estúpidos no boliche. Estava com pena de meu irmão por sempre implicarem com ele porque ele se recusava a brigar. Mas, acima de tudo, estava com pena por tudo estar dando errado. A mamãe tinha saído do quarto uma pessoa diferente daquela que tinha entrado. Ela havia passado de um rato para um leão.

Fechei os olhos e tentei me lembrar de como era a mamãe antes de nos mudarmos para a Califórnia. Era difícil porque eu era bem pequena na época, e já estava quase no sexto ano, e tinha passado tanto tempo que estava esquecendo as coisas de Rhode Island, como a neve, correr entre os montes de folhas e as letras das músicas dos Beatles. Apenas algumas lembranças da mamãe ainda estavam nítidas na minha memória: o bolo em formato de coelho que fizemos para a Páscoa certa vez, decorado com coco ralado e finas tirinhas de alcaçuz para os bigodes. Eu me lembro de assistir ao filme *Charada* na cama com ela, tentando descobrir onde o tesouro estava enterrado. Podia até sentir as mãos dela empurrando minhas costas no balanço. Tinha que haver mais coisas.

Quando chegamos em casa, a mamãe ainda estava espumando de raiva. Ela voltou para o quarto e se deitou na cama, e nós sabíamos, sem precisar de aviso, que deveríamos ficar longe dela. Matthew e eu fomos para o jardim colher amoras, e ao passarmos pelo ônibus do mel, não conseguimos deixar de reparar que a porta de trás estava entreaberta. Abrimos a porta e encontramos o vovô sentado lá dentro, com uma lata de vinte litros de óleo presa entre os pés.

— Vão pegar duas pedras pequenas — pediu ele, como se estivesse esperando nossa companhia.

Nós voltamos, e ele amarrou cada pedra em um pedaço de trinta centímetros de pavio. Afundou a pedra e metade do pavio dentro da lata com cera de abelha quente. Suspendeu a pedra rapidamente, esperou até que a cera endurecesse e submergiu outra vez. A cada camada, a vela ficava maior. Ele entregou os pavios para nós, e copiamos seus movimentos. Nós nos sentamos juntos em silêncio enquanto a luz do sol entrava no ônibus, fazendo velas e parando de vez em quando para o vovô reaquecer a cera no fogareiro do lado de fora. A vela de Matthew estava meio torta. O vovô pegou e a envolveu entre as palmas de suas mãos para endireitá-la, e logo a devolveu para meu irmão. Percebi que nunca tinha perguntado ao vovô como as abelhas faziam cera.

— Pequenos flocos saem de debaixo do abdômen delas — respondeu ele.

— O quê? — questionou Matthew.

— As abelhas produzem flocos de cera naturalmente no abdômen — explicou o vovô. — Então, elas puxam os flocos para a boca, mastigam e modelam no formato do favo. Algumas abelhas são produtoras de cera e outras são construtoras de favos. Quando as abelhas estão prontas para construir o favo de cera dentro de um quadro de madeira vazio, elas sobem na barra superior e se penduram juntas como um cacho de uva para gerar calor. Quando a temperatura aumenta, oito escamas de cera brancas como a neve emergem de glândulas que ficam abaixo do seu abdômen. Uma das abelhas sai do cacho e se arrasta sobre as outras até chegar ao topo do quadro de madeira, onde ela vai mastigar os flocos, misturando-os com sua saliva, até que esteja satisfeita com a consistência. A abelha vai prender a pequena bolinha no topo do quadro e deixar lá. Uma após a outra, todas as abelhas vão fazer o mesmo, até que haja um pequeno bloco de cera disforme na espessura correta para se esculpir o favo. Depois, chegam as construtoras. Elas empurram e puxam a cera, se revezando para esculpir as células hexagonais. A primeira célula de cera do favo estabelece o padrão para o restante.

— Que legal! — concluiu Matthew, segurando sua vela no alto para ver a cera quente escorrer e pingar de volta na lata.

Meus nervos se acalmaram com o movimento lento e repetitivo da produção de vela, mas mesmo assim não consegui tirar a pista de boliche da cabeça.

— Vô?
— Hum?
— A gente foi expulso do boliche.
— A mamãe se encrencou — disse Matthew.

Contamos ao vovô tudo o que tinha acontecido enquanto ele segurava a vela dele, esquecendo-se de afundá-la na cera, e ela passava de branco para um tom amarelo-mostarda enquanto esfriava. Vi os músculos de sua mandíbula tensionarem enquanto ele ouvia a história. Ele colocou a vela em cima de uma colmeia vazia e se inclinou na nossa direção.

— A mãe de vocês não vai mudar, então é melhor não a aborrecerem. Fiquem fora do caminho dela e sejam pacientes. Um dia, quando forem mais velhos, vocês vão poder viver da maneira que quiserem.

Eu disse a ele que era difícil evitá-la, pois dormíamos na mesma cama.

— Façam o que ela manda e não questionem nada, entenderam?

Ele esperou pela nossa resposta, para se certificar de que estávamos prestando atenção. Nós prometemos fazer o que ele estava mandando.

Mas não contei que senti medo dela. De repente parecia possível que a mamãe nos machucasse de verdade.

Quando acabamos de fazer as velas, o vovô cortou os pavios, entregou duas velas para cada um de nós e nos disse para levá-las para a vovó colocar na mesa de jantar. As velas de um amarelo delicado ainda estavam quentes e tinham cheiro de biscoitos recém-assados de manteiga e mel. A vovó sentiu o cheiro e os olhos dela se reviraram. Ela me pediu para pegar os castiçais de prata no aparador e depois me mostrou como polir com cuidado as heranças da família com uma pasta roxa, até que brilhassem.

Naquela noite, ela colocou uma vela na bandeja da mamãe e três na mesa de jantar. Enquanto a mamãe jantava sozinha, nós quatro comemos à luz de velas, com as chamas fazendo um movimento festivo na sala, enquanto a vovó discutia política, explicando ao vovô por que ele e todos os americanos com a cabeça no lugar deveriam votar no Jimmy Carter.

Revirei os olhos em segredo para Matthew, que estava sentado à minha frente, e ele riu de um jeito conspiratório. E então estendeu o pé direito debaixo da mesa e encontrou o meu esquerdo. Nós pressionamos as solas dos pés e empurramos as pernas para a frente e para trás, como em um movimento de gangorra, nossa versão secreta de um cumprimento.

Sorrimos um para o outro em meio às lindas velas que tínhamos acabado de fazer, e por um instante aquele dia foi esquecido.

Doze

INSETO SOCIAL
1982

Ficar fora do caminho da minha mãe se tornou algo consideravelmente mais fácil quando entrei no sexto ano. Eu precisava acordar uma hora mais cedo e caminhar até minha antiga escola para pegar um ônibus amarelo que fazia um percurso de uma hora até Carmel. Os lugares no ônibus eram baseados em uma ordem específica que passava de geração em geração: os alunos do oitavo ano se sentavam no fundo, de ponta a ponta, ocupando os bancos de dois assentos; os alunos do sétimo ano se espalhavam pelo meio, sempre em busca de uma melhora de assento; e os alunos do sexto ano eram forçados a se sentar na frente, perto do motorista rabugento, que conseguia nos espiar pelo espelho retrovisor em busca de bagunça.

No entanto, a hierarquia se esvaía quando o ônibus estacionava na frente da Escola Fundamental de Carmel, que pulsava com centenas de alunos de toda a península de Monterey. De repente, eu estava migrando entre cinco salas distintas, cada uma com uma mistura de pessoas diferentes, de Carmel a Pebble Beach e Big Sur. Isso me permitia ser gloriosamente anônima. Ninguém precisava saber que eu era a garota que não conseguia ouvir Beatles sem chorar, ou aquela cuja família era estranha demais para fazer uma fantasia de Dia das Bruxas. Eu me misturava à multidão, feliz em ser invisível.

A vovó escolheu minhas matérias eletivas e me inscreveu nas aulas de datilografia, alemão e, para minha surpresa, economia do lar, onde aprendi a cozinhar e a usar uma máquina de costura. A turma era toda composta de meninas, mas eu não considerava um treinamento para ser esposa; entendi aquilo como um planejamento para a vida adulta que, segundo o vovô, estava se aproximando, quando eu enfim cozinharia minha própria comida sem queimá-la e jamais precisaria vestir roupas doadas por outras pessoas.

Quando uma aula nova de computação começou, após o horário escolar, a vovó comprou um disquete fino do tamanho de um descanso de panela para que eu pudesse aprender a programar uma máquina chamada IBM. Quando o diretor da escola convidou voluntários para trabalhar nos fins de semana e ajudá-lo a copiar e colar as fotos de todos os alunos nas páginas do anuário, eu me candidatei. Qualquer coisa que a escola oferecesse, eu queria. Estava surpresa e feliz por saber que havia tanta coisa acontecendo fora da minha casa, e queria fazer todas.

A nova escola parecia uma segunda chance para minha vida que havia começado com o pé esquerdo, e durante as primeiras semanas analisei as pessoas, observando novos amigos em potencial. Havia uma menina na minha aula de literatura inglesa que chamava minha atenção. Sophia tinha o tipo de beleza que silenciava um lugar; era baixinha e graciosa, parecia um pouco a Brooke Shields em sua calça jeans da Calvin Klein. Caminhava com a indiferença desprendida dos alunos europeus de intercâmbio que tinham visto mais do mundo do que os professores.

Ela começou a falar alemão mais rápido do que qualquer pessoa na sala, e quando se sentava ao meu lado nas aulas de literatura inglesa, seu cabelo preto comprido esvoaçava quando ela sacudia a cabeça para tirá-lo do rosto. Ela sempre sorria com o canto da boca, e eu queria saber desesperadamente o que ela estava pensando, que tipo de música ouvia e para onde ia depois da aula. Ela me contou que seus pais a deixavam beber vinho tinto no jantar e que sua mãe, às vezes, se sentava no banco do carona e deixava ela dirigir o carro, com câmbio manual, até a escola. Não duvidei do que ela contava. Sofia era tão fascinante que os garotos do ensino médio já dedicavam a ela canções de amor na KSPB, a estação de rádio da escola particular de Pebble Beach. Durante as provas, sempre que ela se inclinava na minha direção para cochichar que não sabia a resposta, eu a deixava copiar minha prova. Eu não ligava se fôssemos pegas colando.

Um dia, tive coragem de perguntar qual shampoo ela usava, que deixava o cabelo tão cheiroso.

— Algo do salão da minha mãe — respondeu.

A palavra "salão" acendeu como uma placa de Hollywood dentro da minha cabeça. Eu ainda frequentava o barbeiro da vila e ganhava um pirulito depois que ele cortava meu cabelo no mesmo corte de cuia. Comentei algo sobre como deve ser legal ganhar shampoo caro de graça e imediatamente me arrependi por soar tão mesquinha.

— Posso conseguir para você — ofereceu ela. — Eu te levo no salão da minha mãe depois da escola. Ela não vai se importar.

Uma chuva de purpurina imaginária caiu ao meu redor.

— Sério? — falei, tentando ao máximo parecer indecisa.

O resto do dia passou como um borrão, e depois do último sinal, encontrei Sophia atrás do ginásio. Ela me guiou por um atalho que passava no meio de um campo aberto que, em quinze minutos, dava no Barnyard, um shopping projetado para parecer um aglomerado de galpões ao redor de um moinho de vento. Era um local turístico, onde os visitantes compravam casacos de cashmere ou pinturas a óleo da Costa Central, mas a loja principal era direcionada para os locais: uma imensa livraria com um café orgânico no fundo. Sophia me conduziu pelas trilhas de pedra do jardim do Barnyard, depois subimos alguns degraus e seguimos por uma varanda. Eu ouvi o barulho de secadores de cabelo e sabia que estávamos perto. Sophia abriu a porta e uma música do Adam Ant tocava com trompetes e bateria.

— Querida, é você? — perguntou uma voz que vinha de trás de uma divisória. — Vou sair em um segundo.

Sophia se sentou em uma das cadeiras cromadas de couro da sala de espera, passou uma perna por cima do encosto de braço e folheou uma revista *Vogue*. Ela observava cada modelito com bastante atenção, lambendo as pontas dos dedos sem perceber antes de virar cada página. Enfim fazia sentido que Sophia desfilasse pelo colégio em sua passarela particular; ela tinha uma escola de moda em casa. Ouvi uma torneira fechar e a música do Adam Ant diminuir de um volume de show para música ambiente.

A mãe de Sophia entrou, e de repente pareceu que eu tinha sido jogada em um clipe da MTV. Ela era igual a Pat Benatar, uma beleza élfica com cabelo preto espetado, maçãs do rosto altas e maquiagem pesada. Brilhava em um macacão dourado com ombreiras, um dos antebraços cobertos com pulseiras cintilantes e seu corpo pequenino empoleirado em botas de salto agulha. Ela havia acentuado os olhos com um delineador forte e uma quantidade de rímel que eu nem sabia que os cílios podiam suportar. Suas pálpebras estavam coloridas com uma sombra roxa metálica que virava azul-neon perto das sobrancelhas. O único acessório que faltava ali era uma guitarra. Ela abraçou Sophia e beijou suas bochechas dos dois lados, como se fizesse dias, e não horas, desde que elas haviam estado juntas pela última vez.

Então, Sophia me apresentou, e Dominique se inclinou para deixar marcas de batom no meu rosto também. Como uma planta frágil que havia sido enfim levada para o sol, ergui minha bochecha para encontrá-la no meio do caminho.

— *Enchantée* — murmurou ela.

— Significa "prazer em conhecê-la" — falou Sophia.

— On shon tê — repeti, abobada demais para encontrar as palavras.

Dominique e Sophia fofocavam e riam como melhores amigas em um café, contando histórias sobre seus dias e terminando as frases uma da outra. Dominique fez uma piada sobre uma cliente grosseira, e Sophia contou à sua mãe que nossa professora de literatura inglesa estava na sua própria saga de Don Quixote de novo, fazendo a turma ensaiar as falas da peça, mesmo não havendo planos de uma apresentação na escola. Eu as observava com uma mistura de admiração e desejo.

A mãe de Sophia me perguntou se eu gostava da escola, e respondi que amava tudo, exceto jogar queimado. Sempre que chovia, nossas aulas de educação física eram dentro do ginásio, onde o professor nos separava em dois times, nos dava uma bola de borracha e nos mandava arremessar uns nos outros. Eu me escondia nas fileiras de trás e rezava para, de alguma maneira, passar por aquilo sem muitos machucados. As pessoas que praticavam bullying eram as únicas que gostavam de jogar aquilo.

— Que coisa selvagem — disse Dominique, passando os dedos pelo meu cabelo para sentir a textura. — Vai precisar de uma hidratação — falou ela, e me levou até prateleiras cheias de potes.

Dominique pegou três potes, tirou as tampas e me deixou cheirá-los. Escolhi o que tinha cheiro de tangerina.

— Boa escolha.

Ela colocou o pote em uma sacolinha com alça, e parecia um presente de aniversário.

Sophia e eu espalhamos nosso dever de casa na mesa de centro da sala de espera. Dominique colocou uma garrafa de Pellegrino na nossa frente, entregou um pouco de dinheiro para Sophia e mandou que fôssemos comprar sanduíches para que comêssemos enquanto estudávamos. Eu praticamente flutuei no caminho de pedras até a livraria. Sophia tinha a mãe dos meus sonhos.

Após a última cliente, Dominique nos levou para casa em seu LeCar amarelo. Sentei no banco de trás enquanto Sophia foi no banco do carona, trocando a marcha toda vez que a mãe pisava na embreagem e falava alto um número. Sophia tinha tanta prática que nem precisava olhar os números desenhados no topo da marcha quando a mãe acelerava, provando que falara a verdade quando contou que já sabia dirigir. A caminho da vila, vi que elas moravam a apenas alguns quilômetros da minha casa e que Sophia tinha uma irmã mais velha. As três moravam juntas e também não havia um pai em casa. Mas o que quer que tenha separado essa família não tinha feito com que elas congelassem na tragédia. Dominique ainda era cem por cento a mãe de Sophia.

Quando Dominique perguntou sobre minha família, resumi e disse que morava com meus avós. Relaxei quando nenhuma das duas pediu uma explicação. Direcionei Dominique para a entrada da nossa casa e, quando estava saindo, ela apontou para o ônibus do mel.

— O que é aquilo?
— É o ônibus do mel do vovô.
— Ônibus do mel?
— Ele faz mel lá dentro.
— Ele é apicultor?

Elas fizeram um milhão de perguntas. Queriam saber onde ficavam as colmeias dele, como as abelhas produziam mel, como a gente tirava o mel das colmeias e quantas vezes havíamos sido picados. Conduzi uma boa aula sobre apicultura, descrevendo a colmeia como um superorganismo com um cérebro coletivo.

— Existe uma rainha, mas não há rei — expliquei. — No entanto, ela não é ditadora. Todas as abelhas trabalham e tomam decisões juntas. Elas são leais e generosas, mas também têm um lado brutal e expulsam os fracos, os doentes e os machos quando começam a ficar inúteis para a comunidade. As abelhas têm uma linguagem própria, zumbem de alegria, gritam de estresse, silenciam-se de luto e rugem de raiva quando se sentem ameaçadas. Até a rainha tem seu zumbido especial de guerra quando rivais desafiam seu trono.

Eu estava adorando a atenção daquela plateia, ficando mais confiante conforme tentava falar com elas da maneira que o vovô falava comigo, contando histórias com um toque de criatividade. Fiz com que elas tentassem adivinhar quantos olhos as abelhas tinham (cinco), depois acrescentei que elas podiam enxergar em luz ultravioleta, escolhendo as flores por cores psicodélicas e padrões que não conseguimos ver. Dominique perguntou se era perigoso abrir as colmeias. Respondi em um tom sinistro que apicultores não podem ter medo, porque as abelhas sentem o cheiro.

Dominique e Sophia trocaram olhares.

— O vovô diz que é verdade — falei. — As abelhas também não gostam de mau hálito. Nem de cores escuras, então os apicultores escovam os dentes e usam roupas brancas para que elas não os confundam com ursos.

Sophia e a mãe estavam atentas a tudo que eu dizia, e até contei sobre as partes nojentas: que as abelhas fazem sexo no ar e o zangão morre depois de copular porque seu *negócio* quebra dentro da rainha.

Falei para elas que o mel, na verdade, é o néctar que as abelhas vomitam e secam batendo as asas até engrossar. Eu estava me esforçando muito, tentando impressioná-las.

Quando terminei, ficou um silêncio no carro por um momento. Acho que elas estavam decidindo se eu tinha ou não uma imaginação fértil.

— Isso é muito... *legal* — concluiu Sophia.

Era esquisito Sophia estar me admirando, e não o contrário, mas foi o melhor tipo de esquisito que eu já tinha sentido. Agora sabia, sem dúvida, que seríamos amigas. Nós duas tínhamos algo que interessava a outra.

— Não se esqueça disto — disse Dominique, entregando-me o shampoo que eu tinha deixado no banco de trás. — Volte qualquer dia desses.

— Amanhã? — perguntou Sophia.

Sim, claro que sim.

Nossa amizade caminhou a passos largos depois disso, e nós íamos a pé para o salão juntas várias vezes por semana. Eu jantava com a família de Sophia com tanta frequência que era como se eu fosse uma aluna intercambista que morava na casa delas, e já era tão integrada na rotina que Dominique deixou uma escova de dente para mim e Sophia me deu sua calça jeans da Gloria Vanderbilt e seu casaco da Lacoste.

A vovó me deixava ficar na casa dela, e eu vivia uma fantasia através da minha nova amiga chique. Sophia e a mãe me levaram para restaurantes franceses e me apresentaram ao escargot e ao vinho tinto, e também para ver *Picardias estudantis*, meu primeiro filme para maiores de dezoito anos. Apesar de sermos da mesma idade, Sophia parecia uma adulta para mim. O quarto dela era repleto de móveis cubistas escandinavos que estavam sempre em configurações diferentes. A gente colocava um som e o redecorávamos durante horas, parando vez ou outra quando um garoto ligava para o telefone que ficava no quarto dela. Eu ficava por perto e fingia não prestar atenção ao seu flerte, mas, na verdade, eu estava me atentando meticulosamente, para que se alguém, um dia, se apaixonasse por mim, eu soubesse o que dizer. Sophia gostava de ficar acordada até tarde vendo filmes, e quando eu dormia lá a mãe dela nos levava para a escola na manhã seguinte.

Eu não podia sentir inveja dela porque Sophia me tratava como uma irmã. Mas quanto mais tempo eu passava com a família dela, mais difícil ficava voltar para a minha. A ausência da mamãe estava amplificada agora que eu passava meu tempo em uma casa cheia de risadas, jantares e música. Na casa de Sophia, a solteirice da mãe não era a mesma derrota que lá em casa. Dominique era mais forte que a mamãe, e isso me deixava cada vez mais impaciente, porque parecia que ela não estava se esforçando. Qual era a regra de limites de tristeza?

Conforme Sophia e Dominique me deixavam pegar emprestado mais e mais da alegria delas, eu me sentia egoísta porque isso nunca seria recíproco. Algumas vezes, Sophia perguntava se podia ir à minha casa, mas eu sempre declinava, dizendo, de forma vaga, que minha mãe estava doente. Eu sentia vergonha da fraqueza de minha mãe e não sabia como explicar que ela havia se isolado no quarto. Minha vida parecia tão entediante comparada à da Sophia, e eu tinha medo de deixá-la ver o quanto minha família tinha que dividir: camas, banheiros, pesar. Eu achava que Sophia não entenderia, e não tinha certeza de que conseguiria explicar para ela de uma maneira que fizesse sentido.

Eu passava menos tempo dividindo a cama com a mamãe, o que acho que foi melhor para nós duas. Ela nunca perguntava onde eu tinha dormido, então nem mencionava Sophia, supondo que a vovó devia deixá-la informada. Cada vez mais comecei a sentir que estava vivendo uma vida dupla.

Em uma manhã de sábado, acordei com cheiro de café de avelã e encontrei a mamãe na mesa da cozinha aquecendo as mãos em uma caneca fumegante, com o jornal *Monterey Herald* aberto à sua frente. Ela nunca lia as notícias, então espiei por cima do ombro para ver o que ela estava lendo. Minha mãe estava circulando vendas de garagem, selecionando as que ficavam em bairros chiques. Soltou uma baforada de cigarro e olhou para mim.

— Se sairmos agora, vamos conseguir chegar antes de as coisas boas terem sido vendidas — disse ela.

— Nós?

— Você tem alguma coisa melhor para fazer?

Eu não tinha certeza de que aquela era uma ideia boa. Minha última saída com a mamãe tinha quase terminado em prisão. Ela catou a chave na bolsa.

— Vamos. Eu te deixo escolher alguma coisa para você.

Pronto. Eu não conseguia resistir a um presente.

O Gremlin reclamou quando a mamãe o forçou pela pista sinuosa da Los Laureles Grade em uma marcha alta. Ela freava na frente de caixas de correio para checar a numeração das casas, até que encontrou uma da lista no jornal e entrou com o carro em um portão com pilares, em direção a uma casa tão grande quanto um hotel, com vista para todo o vale. Vi uma quadra de tênis e o azul-turquesa de uma piscina pela cerca de ripas. Estacionamos perto de uma fonte com um esguicho borbulhante que saía da boca de um peixe e caminhamos até a garagem, onde uma mulher tirava livros de uma caixa e os arrumava em uma mesa dobrável. Nós chegamos uma hora antes de abrir.

— Ah, vocês são... as primeiras a chegar — disse ela, checando o relógio.

— Que bom! — respondeu a mamãe. — Assim você pode me mostrar todas as coisas boas.

A mulher forçou um sorriso e levou a mamãe até uma mesa com vasos de cristal e louça chinesa.

— Era o jogo de jantar do casamento da minha tia — explicou ela.

A mamãe examinou todas as peças com cuidado, virou cada item para inspecionar a etiqueta com o preço e depois colocou gentilmente todas as peças de volta à mesa.

— Que enganação! — sussurrou a mamãe para mim alto demais, e me encolhi, rezando para que a mulher não tivesse ouvido.

Ela caminhou por todo o perímetro da garagem, apalpando tudo, como se estivesse procurando por uma pista. Ergueu casacos na frente do corpo e checou o tamanho dos braços. Folheou os livros. Até examinou coisas que sei que não tinha a menor intenção de comprar, como uma furadeira e um par de esquis.

Tentei afundar para dentro da parede, vendo a dona da casa olhar para ela. Estávamos tentando entender o que minha mãe estava fazendo. E, então, percebi. Ela não estava fazendo compras; só estava aqui porque gostava de fuxicar a vida dos outros. A vida das pessoas ricas.

Puxei a manga da sua blusa.

— Podemos ir embora?

— Nós vamos embora quando *eu* quiser ir embora — sibilou ela. E se virou para a dona da casa, com o rosto doce e amoroso. — Com licença, você se importa se eu usar o banheiro? Desculpe pedir isso. — Ela baixou a voz e sussurrou em confidência. — É uma situação médica.

A dona da casa pareceu surpresa. Depois de um momento de hesitação, pediu à mamãe que fosse rápida; ela não podia deixar a lojinha no quintal sem ninguém. A mulher nos levou para dentro da casa, por um corredor com janelas que iam até o teto e deixavam entrar colunas de luz, formando quadrados amarelos brilhantes no chão de terracota. A mamãe a seguiu, devagar, para que pudesse catalogar tudo que estava ao seu redor. Passou o dedo em um balcão cintilante, reparou em uma geladeira com dispenser de gelo e água, e espiou dentro dos quartos. Fui atrás dela, humilhada que a mamãe tivesse inventado aquela idiotice só para entrar na casa. A mulher a levou até um banheiro, e a mamãe trancou a porta. Eu podia ouvi-la abrindo os armários e as caixas de remédio, procurando por pistas do que a vida dela poderia ter sido se tivesse seguido pelo caminho que deveria. A dona da casa e eu ficamos de pé, uma ao lado da outra, pigarreando de maneira constrangedora e ouvindo a mamãe bisbilhotar as coisas lá dentro.

— Está tudo bem? — perguntou a moça, batendo na porta.

Ouvi alguns passos, depois a descarga, e então a mamãe ligou a torneira por um segundo e abriu a porta.

— Opa, oi! — disse ela, toda alegre. — Adorei a banheira.

A mulher deu um sorriso amarelo, e ficamos todas em um silêncio desconfortável.

— Bem, precisamos voltar lá para fora.

Andamos em fila atrás de nossa relutante guia, mas a mamãe não ia desistir tão fácil. Seguiu tagarelando atrás dela.

— Quem é seu empreiteiro? É muito difícil arrumar um bom hoje em dia. Meu marido quer reformar o banheiro e colocar uma banheira, e à princípio fui contra, porque já temos um ofurô do lado de fora. Um daqueles de madeira, sabe? Mas olhando a sua, estou começando a mudar de ideia. Você usa muito?

A mulher não respondeu, e quando estávamos do lado de fora, ela se afastou de nós e foi andando ao encontro de um homem que imaginei que fosse seu marido, porque ele olhou na mesma hora para a gente. Eu estava mortificada que a mamãe tivesse passado dos limites, tivesse sido pega e não soubesse disso. Ela tinha roubado algo daquelas pessoas, mesmo que não fosse uma coisa material, que pudesse ser tocada. Ela tinha roubado um pedacinho da privacidade deles. Eu estava envergonhada e precisava levar a mamãe de volta para o carro antes que ela fizesse outro estrago.

— Mãe, vamos embora.

Ela abriu a boca para protestar e viu o homem olhando. Entrelaçou o braço no meu e se inclinou, como se fosse me contar um segredo, mas projetou a voz:

— Só tem um monte de porcaria cara.

Eu a puxei em direção ao carro e apressei o passo.

— O que houve com você? — perguntou ela.

— Só estou com frio.

A mamãe tinha mais um monte de vendas de garagem na lista, mas eu a convenci a me levar para casa, dizendo que o vovô estava me esperando para checar as abelhas. Não era bem verdade, mas eu poderia facilmente fazer ser, quando chegasse em casa e o encontrasse vagando pelo quintal. Bastava dizer a ele que estava com vontade de ver as abelhas, e ele ia largar o que quer que estivesse fazendo para pegar o véu. Eu só precisava levar a mamãe para casa, na segurança de quatro paredes, onde ela não podia me constranger nem entrar em uma briga.

Desde que havíamos chegado na Califórnia, eu carregava comigo a esperança constante de que ela iria melhorar. Porém, nas poucas vezes em que ela tinha saído de casa, parecia que nada dava certo, nunca. Minha mãe tinha o dom de ser expulsa de todos os lugares onde tentávamos ir, e sua arrogância sempre me deixava constrangida. Sua raiva era meticulosa, mas sempre garantida; ela se enfurecia com as menores coisas — um motorista que se esquecia de ligar a seta ou um caixa de supermercado que se recusava a receber um cupom expirado.

Conforme meu horizonte se expandia para além da via Contenta, eu começava a suspeitar, cada vez mais, de que os humores imprevisíveis da mamãe eram parte da personalidade dela, e não uma tristeza temporária por ter perdido o papai ou devido às dificuldades. Todo aquele tempo deitada na cama não havia mudado seu ponto de vista. Ela encarava o mundo de maneira defensiva, pressupondo o pior em tudo e em todos, e estava cada mais convencida de que sofrera apenas grandes injustiças na vida. Eu tinha medo de que, se eu a chateasse, ela facilmente se viraria contra mim. Às vezes, até pensava que seria mais seguro se ela ficasse na cama para sempre.

Busquei refúgio nas colmeias, e quanto mais tempo eu passava com o vovô, mais começava a apreciar quão fácil era estar com ele. A gente podia conversar ou não falar nada, não importava. Nós gostávamos da companhia um do outro, e a simplicidade disso me fazia sentir que talvez as coisas não fossem tão ruins. Eu imaginava o que o vovô podia ter que não era natural para mim e para a mamãe. Conforme fui ficando mais curiosa, comecei a pensar em quem ele era antes do dia em que apareci na sua porta. Quem tinha ensinado a ele todas as coisas que ele estava me ensinando? Ocorreu-me que o vovô deveria ter sido outra pessoa antes de virar meu avô. Mas eu sabia muito pouco daquele homem que tinha se tornado a pessoa mais especial do mundo para mim.

Em uma de nossas viagens a Big Sur, perguntei por que ele era apicultor.

— Bem, meu pai era apicultor, e o pai dele era apicultor, e meus primos eram apicultores. Havia colmeias no Rancho Post, onde minha mãe nasceu. O pai e o avô dela eram apicultores, então acho que eu simplesmente fiz a mesma coisa.

— Mas por que *você* gosta disso?

Nós diminuímos até parar na rodovia 1, enquanto uma caminhonete na nossa frente estacionava no acostamento, onde os turistas estavam tirando fotos do arco da ponte Bixby que conectava os dois lados do horizonte. O vovô esperou pacientemente, com o motor em ponto morto.

— É...que você pode trabalhar sozinho. As pessoas não te incomodam. É preciso se mover devagar quando se trabalha com abelhas, então é um trabalho calmo, acho. E as pessoas sempre gostam de ganhar mel.

A caminhonete estava fora do nosso caminho agora, e o vovô acenou para o motorista enquanto continuávamos seguindo para o sul.

— E Big Sur é um ótimo lugar para as abelhas — disse ele.

— Por quê?

— Tenho que tomar conta delas e colocá-las em um local onde possam voar livremente.

Eu estava confusa. As abelhas não podem voar para onde quiserem?

Ele desenroscou a garrafa térmica, mantendo uma das mãos no volante, e me entregou a tampa, indicando que queria que eu a enchesse de café. Esperou até a cafeína fazer efeito e então abriu a janela e apoiou o cotovelo na porta, organizando os pensamentos para explicar algo para mim.

— Há três tipos diferentes de apicultor. Os que fazem por hobby, que têm um punhado de colmeias para aprender sobre abelhas e colhem um pouco de mel; os de pequeno porte, como eu, que têm um pequeno negócio de mais de cem colmeias em locais fixos; e os grandões, com milhares de colmeias, que carregam suas abelhas em caminhões pelo país para polinizar fazendas imensas. Esses apicultores migratórios nem ligam para o mel. Eles fazem o dinheiro alugando abelhas para os fazendeiros.

Eu nunca tinha imaginado a apicultura de outra maneira que não a que o vovô fazia. Ele trabalhava em harmonia com as abelhas, em conformidade com as necessidades delas. Difícil acreditar que fora de Big Sur era tudo ao contrário. As abelhas eram carregadas pelas rodovias e forçadas a trabalhar para os humanos.

— Para onde vão todas essas abelhas?

— A maioria vai para as fazendas de amêndoa no vale Central. Não há abelhas suficientes no estado para polinizar todas as flores de amêndoa, e as árvores dependem das abelhas porque seu pólen é pesado demais para o vento carregar. Os apicultores vêm de outros estados e usam empilhadeiras para colocar as colmeias dentro das plantações, deixando as abelhas lá por várias semanas durante a primavera, para polinizarem fileiras e fileiras de amendoeiras, a perder de vista. As abelhas precisam coletar pólen de espécies diferentes para se manterem saudáveis, mas as abelhas viajantes são forçadas a comer a mesma coisa todos os dias. Imagine comer cachorro-quente todo dia durante um mês; depois um hambúrguer todo dia durante outro mês? — lamentou o vovô. — O que você acha que aconteceria?

— Provavelmente, eu ia vomitar — respondi.

— Exatamente. Quando as abelhas acabam de polinizar uma fazenda, os apicultores recolhem as colmeias e levam elas para outra plantação que está florescendo, deixando as abelhas em fazendas de cereja em Stockton ou plantações de macieiras em Washington. Essas abelhas para locação trabalham arduamente de fevereiro a agosto, o que significa que uma abelha típica produtora de mel nos Estados Unidos passa mais tempo na estrada do que no campo. É por isso que não movo minhas abelhas. Acho que essas abelhas comerciais são mais estressadas. Não é natural tirar as abelhas do seu habitat. Elas ficam desorientadas, e leva um tempo para que se estabeleçam de novo. É muito difícil para elas. E não é só a viagem que lhes faz mal. Tem também os pesticidas que elas pegam e absorvem para dentro da arquitetura das colmeias. É como morar em uma casa pintada com tinta à base de chumbo. A exposição pode não ser detectada à princípio, mas com o tempo, as abelhas desenvolvem doenças no sistema nervoso, perdem a capacidade de voar e morrem. É por isso que deixo minhas abelhas bem longe de todo muno, onde não há produtos químicos. Assim, posso protegê-las.

As abelhas do vovô estavam seguras, mas fiquei preocupada com as abelhas viajantes. Todas elas iriam ficar doente e morrer?

— As abelhas estão encrencadas, então?

— Ainda não — respondeu o vovô. — Mas se continuarmos tratando-as como escravas, podemos perdê-las para sempre.

— E aí o que vai acontecer?

— Aí, não vamos ter mais nada para comer.

Lá estava a resposta para minha pergunta. O vovô era apicultor porque entendia quais coisas eram importantes de verdade. Ele sabia que tinha que haver um equilíbrio entre o dar e receber que uma pessoa pratica durante a vida. Que uma boa relação, entre abelhas e humanos, ou entre duas amigas, ou entre uma mãe e uma filha, precisava começar com um entendimento mútuo de que o outro é precioso.

Treze

ÁGUA QUENTE
1982

Pouco depois de começar o sexto ano, houve uma mudança radical na organização da minha família. A casa vizinha à nossa ficou disponível para aluguel, e a vovó aproveitou a oportunidade. Assim que a vizinha, que fazia berços de vime, embalou seu último fio, a vovó anunciou: a mamãe, Matthew e eu iríamos nos mudar e ela pagaria o aluguel. Como parte do acordo, a mamãe precisaria arrumar um emprego para quitar as despesas mensais e a comida. O plano deu certo. A mamãe encontrou um trabalho de meio período como agente de crédito em um banco. Finalmente, sete anos depois de termos chegado, a vovó estava tomando a casa de volta.

Nossa nova casa era ainda menor do que a da vovó e do vovô; não tinha chuveiro nem aquecedor, e as tábuas do chão estavam empenadas em alguns lugares, mas pelo menos era toda nossa. O linóleo do banheiro e da cozinha estava rachado e quebrado, a porta de tela pendia para um dos lados, e havia queimaduras de cigarro no carpete verde--musgo, mas nada disso importava, porque eu acreditava que aquela pequena casa caindo aos pedaços seria onde enfim voltaríamos a ser uma família. Ao sair de debaixo das asas da vovó, a mamãe poderia ser nossa mãe de novo. A casa seria a volta por cima, e talvez, quem sabe, um dia, quando as coisas estivessem bem de novo, eu poderia convidar Sophia para uma visita.

Havia dois quartos em lados opostos da casa. A mamãe ficou com um e eu e Matthew dividiríamos o outro, que, na verdade, era uma garagem convertida em quarto. A porta se abria para três degraus, e o chão era de concreto coberto por uma placa fina de carpete marrom em vez de um carpete de verdade. Tinha duas janelas, na altura da cintura, em paredes opostas. O quarto era frio, e as paredes de ripas de pinheiro cortadas sem capricho não tinham isolamento térmico, mas graças a Deus havia dois armários, o que dava a mim e a Matthew nossos primeiros sinais de privacidade.

A vovó foi até a casa de leilões em Monterey para comprar móveis para gente. Ela comprou uma cama beliche e uma penteadeira vintage com um espelho manchado pelo tempo para meu irmão e eu dividirmos. Foi entregue na nossa casa uma cama de casal, uma penteadeira e um criado-mudo com uma gaveta para o quarto da mamãe. Sofás eram caros, então a vovó comprou uma namoradeira com descansos de braço de madeira e o estofado gasto em uma estampa floral. Era o único lugar para se sentar na sala, e a escolha menos prática para nós três, pois apenas duas pessoas podiam ficar sentadas ao mesmo tempo. Nós nos tornamos os novos donos de uma estante fina que cambaleava quando retirávamos um livro dela, e de uma televisão em preto e branco de seis polegadas com antenas enormes, que a mamãe colocou sobre a lareira, onde ficava longe demais para ver da namoradeira. O toque final foi um toca-discos portátil que ela deixou na mesa de centro de azulejo, para que pudesse ouvir seus três discos em sequência: *Saturday Night Fever*, *Grease* e *The Bee Gees*. A mamãe decorou a sala com *cachepots* de macramê e plantinhas que comprou em vendas de garagem.

No dia da mudança, Matthew e eu arrumamos e rearrumamos com cuidado nossas roupas e nossos sapatos nos dois armários.

— Ei — disse Matthew, colocando a cabeça para fora do armário, onde estava guardando as peças de Lego em uma prateleira.

— O que foi?

— Tem algo para comer na cozinha?
— Vai olhar.
— Não, vai você.
— Você é um bebezão — retruquei.

A geladeira era cor de abacate, para combinar com o forno. Abri a porta e não encontrei quase nada: seis garrafas de suco, um pote enorme de queijo cottage light, talos de aipo, metade de uma toranja murcha e um pacote de bolinhos ingleses. A mamãe estava de dieta de novo. Abri todos os armários da cozinha até ver uma tigela e coloquei um pouco de queijo cottage dentro.

— O que você pensa que está fazendo?

Dei um pulo, como se tivesse sido pega no flagra fazendo algo errado.

A mamãe arrancou a tigela da bancada, colocou o conteúdo de volta no pote de queijo cottage, tampou e devolveu à geladeira. E bateu a porta para enfatizar sua ira.

— Primeiro, essa é a comida que eu comprei pra mim. Você não pode simplesmente pegar as coisas — falou ela. — Segundo, não deixe a porta da geladeira aberta desse jeito. Todo o ar frio vai sair.

E assim a nova ordem foi estabelecida: a casa era dela; Matthew e eu estávamos, por acaso, vivendo em um cantinho ali. Lavei a tigela vazia e tentei me lembrar do conselho do vovô de não deixar que a mamãe me afetasse. Eu queria protestar, mas sabia que seria em vão. Quando ela ficava brava, era como um trem descarrilhado. Minha mãe tinha aquela raiva expansiva que queria atingir todos ao seu redor, como se ela já soubesse que ficaria brava pelo resto da vida e quisesse companhia. Eu não disse nada enquanto secava a tigela e a colocava de volta no armário, deixando minha mãe esperando por um pedido de desculpas enquanto voltava para meu novo quarto. Tinha sido ingênuo de minha parte pensar que a mamãe acharia Matthew e eu menos irritantes pelo simples fato de termos nos mudado. As crenças de uma pessoa não mudam com o cenário. Deixei minha esperança morrer com a mesma facilidade com que nasceu. Matthew ficou decepcionado quando me viu voltando de mãos vazias.

— Vamos ver a geladeira da vovó — falei.

Nas semanas seguintes, aprendemos as regras da casa da mamãe. A comida era separada em refrigerantes diet e comidas com baixo teor de gordura para ela, e comidas prontas para a gente, que tínhamos que aquecer no micro-ondas sozinhos: burritos, hambúrgueres e refeições congeladas. Mas sua possessividade se estendia para muito além das compras de supermercado. Meu irmão e eu precisávamos pedir permissão para ligar a televisão, para usar o telefone e para ligar o aquecedor. Agora que ela tinha contas para pagar, a mamãe calculava cada watt e cada gota de água que usávamos. Quando um de nós tomava banho, ela ficava ouvindo do lado de fora e batia na porta quando atingíamos o limite de água estabelecido. Meu irmão e eu nos acostumamos a usar os aparelhos antes de ela chegar em casa do trabalho, e a desligar a TV pelo menos uma hora antes da chegada dela, para que esfriasse e não fôssemos descobertos. Ela retaliava levando a televisão para o quarto, para que não pudéssemos usá-la. Depois, levou o telefone também. Então o rádio, até que, por fim, nós a víamos menos do que na casa dos meus avós. Não demorou muito até que Matthew e eu migrássemos de volta para a casa da vovó e do vovô para comer refeições quentes, tomar banho sem sermos interrompidos e assistir à televisão.

Quando não tinha dinheiro para pagar as contas, a mamãe começou a migrar para lá também. Primeiro, para economizar, ela cancelou a coleta do lixo e passou a colocar os sacos nas lixeiras da vovó e do vovô. Lavava a roupa na casa da vovó para economizar água. Depois aparecia para pegar leite emprestado, ou manteiga, ou para pegar um pouco de lenha da pilha do vovô. A vovó começou a lhe dar uma mesada para que ela ficasse na própria casa.

Meu lugar preferido na casa alugada era o banheiro, porque só ali havia privacidade de verdade. Eu gostava de desaparecer por uma hora dentro da banheira, lendo um dos meus livros misteriosos dos Hardy Boys, até que a água ficasse fria. Eu estava fazendo exatamente aquilo em uma tarde quando tive a ideia de estender meu banho e ler um pouco mais se deixasse um pouco da água de dentro da banheira escoar e reaquecesse com um pouco mais de água quente. Eu sabia que era um movimento ousado, pois a mamãe poderia ouvir que eu estava usando mais do que a quantidade de água permitida, mas se eu simplesmente levantasse a tampinha da banheira com meu dedo de pé e deixasse a água correr em silêncio, talvez ela não escutasse. Levou um tempão, mas consegui escoar metade da água da banheira. Liguei a torneira de água quente bem devagar e coloquei uma toalha embaixo do fio de água para abafar o som. O calor da minha gloriosa rebeldia se espalhou pelas minhas pernas, e quando fumaça subiu de novo da água, relaxei lendo meu livro mais um pouco.

Após ler duas frases, ouvi passos apressados no corredor, e a porta do banheiro se abriu com um estrondo. A mamãe puxou a tampa do ralo, tirou o livro à força da minha mão e o jogou na parede. Segurou a lateral da banheira e agachou em minha direção, fazendo com que a sua respiração quente se misturasse à minha. Ela agia como um felino, como se estivesse se aproximando para sentir o cheiro do meu medo.

— Que *merda* você acha que tá fazendo?

Tentei não fazer movimentos bruscos. Tanto ela quanto eu sabíamos exatamente o que eu estava fazendo. Roubando água. A mamãe segurou meu braço e me arrancou da banheira tão rápido que tive que me apoiar nela para não cair. Consegui me estabilizar no chão e fiquei ali, de pé, pingando, enquanto ela bloqueava a saída com o corpo. Ela estava fervendo de raiva, com o rosto de um tom de vermelho que eu nunca tinha visto.

— Não pense que é mais esperta do que eu — disse ela, apontando o dedo para mim.

— Não acho isso.

Eu estava começando a tremer de frio. Precisava pensar em como poderia sair dali. Talvez se pedisse desculpas.

— Estou de saco cheio de vocês dois desperdiçando água. Vocês parecem achar que dinheiro dá em árvore. Escutem, e escutem bem: não é assim.

— Desculpa — murmurei.

A verdade é que eu não sentia culpa alguma. Eu estava brava como uma chaleira em ponto de ebulição. O consumo de água nunca foi um problema na casa de Sophia. Se tivéssemos que lavar louça, tomar banho ou dar descarga, não precisávamos nem pensar duas vezes. Mas em casa, eu pensava no consumo de água toda hora, e só de pensar naquilo meu estômago se embrulhava de preocupação por essa preciosidade. Eu sabia que não deveria ter tentado pegar mais do que a cota a que tinha direito. Minha mente girava em busca de uma solução para acalmá-la e pegar uma toalha.

— Você não parece sentida.
— Posso pegar a toalha?
Ela semicerrou os olhos.
— Essa conversa não terminou.

Eu não sabia se aquilo era uma folga ou uma ameaça. Mas não esperei para ver. Fui até o toalheiro, puxei uma toalha, passei por trás dela e saí pela porta antes que minha mãe tivesse tempo de reagir. Corri para o quarto na esperança de que Matthew estivesse lá, porque nós dois tínhamos mais chance juntos do que sozinhos.

Antes que minha mente tivesse tempo para registrar o que estava acontecendo, senti o peso da minha mãe pousar sobre mim como um colchão nas minhas costas. Voei para a frente e caí no carpete com tanta força que perdi o fôlego. Senti o tempo parar enquanto arfava, e então me vi sendo virada de barriga para cima como uma boneca velha, com minha mãe me prendendo contra o chão como um lutador. Seu corpo me pressionava como um saco de areia, e eu buscava ar em lufadas.

— Tudo que vocês dois fazem é consumir, consumir, consumir! Depois de tudo que eu fiz por vocês! Tive que fazer tudo sozinha, mas ganho algum agradecimento? *Nãããããoo!*

Meu coração batia forte contra a coxa dela enquanto eu empurrava seus braços e tentava me levantar, mas estava presa. A adrenalina disparou pela minha corrente sanguínea e comecei a me debater com mais vontade, mas não conseguia competir com ela. Nós parecíamos dois gatos brigando, enquanto ela tentava segurar meus braços agitados. Por fim, ela agarrou meus punhos e os prendeu contra meu peito, onde conseguia controlá-los. Seu rosto se contorceu em fúria, e ela começou a gritar para algum ponto na parede acima de mim:

— Você não tem ideia do inferno que eu vivi!

Sua explosão descabida me chocou em submissão, e parei de lutar, incerta do que estava acontecendo. Ela parecia estar falando com uma pessoa que eu não podia ver.

— Ninguém gostava de mim. Ninguém *nunca* gostou de mim!

Um terror silencioso preencheu meus pulmões. A mamãe estava em algum outro lugar dentro da própria mente, em um estado alterado onde eu não conseguia alcançá-la. A voz que saiu de sua boca era familiar, mas muito mais jovem, como eu imaginava que deveria ser a voz dela quando criança. Era possível que ela nem tivesse consciência do que estava fazendo. E era assustador. E se ela fosse capaz de fazer algo muito, muito pior comigo? Implorei para ela me soltar, mas minhas palavras entravam por um ouvido e saiam pelo outro. A angústia dela se destilou em uma única palavra repetida sem parar:

— Ninguém! Ninguém! Ninguém!

Ela afundou as mãos no meu cabelo molhado, enrolou os dedos ao redor de dois chumaços e puxou. Senti uma dor instantânea e intensa de mil agulhas perfurando meu crânio. Ela jogava minha cabeça de um lado para o outro, e estávamos as duas gritando sons ininteligíveis, como de animais presos clamando por resgate. Senti os fios serem arrancados da cabeça, e, pelo canto do olho, vi meu cabelo escorregar dos dedos dela e cair aos poucos no chão. Eu me retorcia para escapar, mas ela colocava seu peso sobre mim para impedir minha fuga. Eu não conseguia sair.

Desisti, entregando-me para o que quer que viesse em seguida. Fechei os olhos e me vi afundando em direção ao fundo de um mar escuro, indo cada vez mais para longe dela. Enquanto eu descia, tudo ficava mais quieto, até que os gritos dela desapareceram. Eu afundava delicadamente, me perdendo no silêncio. Ao atingir a areia macia, portas de aço retráteis se fecharam ao redor do meu coração, colocando-o em uma caixa que minha mãe jamais conseguiria acessar outra vez.

Foi quando resolvi que eu não pertencia mais a ela. Assim que o pensamento surgiu, uma luz quente penetrou a escuridão até alcançar o fundo do mar, aquecendo toda a minha pele. Eu estava livre. Ela podia fazer o que quisesse comigo, eu não me importava. Eu pertencia a mim mesma agora, e nunca mais seria dela de novo. Um alívio me envolveu em um casulo ao saber que eu não precisava amá-la simplesmente por ela ser minha mãe. Tudo o que eu precisava fazer era sobreviver, e um dia eu poderia deixá-la para sempre. O vovô estava certo. Se eu obedecesse e ficasse fora do caminho, eu sobreviveria. Meu corpo estava aprisionado sob o dela, mas minha mente não precisava estar. Aquele pensamento me fez sorrir.

— Ah, está achando graça?

Ela me deu um tapa, enviando uma descarga elétrica por toda a minha bochecha. Cobri o rosto com as mãos e virei a cabeça para o lado, e por entre os dedos vi Matthew saindo do quarto justamente quando a mamãe acertava outro tapa na minha bochecha.

— Mãe! — gritou ele. — Para de bater nela!

A voz dele a capturou, e ela parou na hora. Olhou para baixo, para mim, com uma expressão de dúvida, como se não me reconhecesse. Respirou fundo, saiu de cima de mim, se jogou no carpete e começou a soluçar. Eu me arrastei na direção oposta, escorando-me na parede para que pudesse manter os olhos nela, que estava aos prantos, balançando para a frente e para trás, abraçando os joelhos. Coloquei a mão na cabeça e encostei no meu cabelo, pressionando o buraco careca para fazer com que parasse de latejar. Eu me levantei do chão e atravessei o corredor com as pernas trêmulas até o quarto, onde coloquei uma roupa. Ouvi a porta do quarto ranger nas dobradiças e congelei.

— Sou eu — disse Matthew, colocando a cabeça para dentro.

Ele entrou e segurou minha mão, e a gente correu, passando pela nossa mãe encolhida, pela porta de casa e pela cerca, até chegar à casa dos nossos avós. A vovó e o vovô estavam vendo televisão quando entramos, falando um por cima do outro, em uma onda histérica de palavras.

— Opa, devagar! — falou a vovó. — Um de cada vez.

Tentei explicar, mas explodi em prantos no meio da história, então Matthew terminou por mim, contando à vovó o que ele tinha visto. O vovô procurou a alavanca da sua poltrona reclinável e se sentou reto. A vovó franziu a testa e desligou a TV.

— Bem, mas o que você fez para deixar ela assim?

— Ruth! — exclamou o vovô, dirigindo a ela um olhar de súplica que não melhorou sua situação.

Ele havia chamado a atenção da vovó, e ela estava incrédula.

— Como é que é? — perguntou a vovó, como se estivesse repreendendo um de seus alunos insolentes.

O vovô se virou para mim.

— Você está machucada?

— Ela não parece estar *muito* machucada — interrompeu a vovó, semicerrando os olhos para mim do outro lado da sala. Ela se virou para o quarto, reclamando para uma plateia invisível enquanto saía.

— Quando não é uma coisa, é outra. Juro que vou encontrar paz algum dia antes de encontrar o Criador.

Ouvi o barulho do discador do telefone enquanto ela ligava para a mamãe, seguido de murmúrios de consolação. Seria a palavra da minha mãe contra a minha.

O vovô balançou a cabeça em desaprovação, e achei que talvez ele fosse reclamar, mas segurou a língua. Ele se levantou e respirou fundo, como se estivesse prendendo a respiração havia um bom tempo.

— Vamos lá para fora — disse ele.

Sem precisar discutir, nós três caminhamos em direção às colmeias. Havia mais atividade do que de costume, e primeiro achei que uma das colônias talvez estivesse migrando. Mas conforme nos aproximamos, vi que era só um grupo de abelhas circulando do lado de fora da colmeia. Elas saíam, faziam uma pequena pirueta na frente da colmeia e depois retornavam para o alvado. Repetiam o padrão diversas vezes, como se perdessem a coragem de ir para longe.

— O que elas estão fazendo? — perguntou Matthew.

— Praticando — respondeu o vovô, entregando o formão para mim e o fumigador para Matthew. O vovô e eu levantamos a tampa da primeira colmeia enquanto meu irmão esfumaçou a entrada.

— Praticando o quê? — perguntei.

— Quando uma abelha cresce e está pronta para virar campeira e começar a coletar néctar, ela não sai simplesmente um dia da colmeia pronta para voar — explicou o vovô. — Ela precisa aprender a voar primeiro. Todos os dias, mais ou menos nesse horário, as abelhas têm uma aula de voo. Elas fazem preguiçosos voos em formato de oito na frente da colmeia, memorizando alguns pontos ao redor e o ângulo do sol, para que consigam encontrar o caminho de volta para casa. Cada dia elas fazem piruetas maiores, seguindo as abelhas mais velhas, até que estejam confiantes em suas próprias asas. Elas não vão para as flores até que se sintam seguras.

— Quando tempo elas levam para aprender? — perguntei.

— Não sei. Depende de cada abelha, não acha?

Fazia sentido. Eu não saí um dia de casa sabendo ler ou fazer contas. Tive que ir para a escola no fim da rua e praticar. Depois, quando fiquei mais velha e confiante, comecei a viajar para mais longe no ônibus, para outra escola e estudei um pouco mais. Em breve, meu círculo se ampliaria ainda mais quando eu começasse o ensino médio. Assim como as abelhas, eu aprendia por tentativa e erro.

Ele ergueu um quadro e o colocou contra o sol, checando se o favo tinha ovos. Eu vi as abelhas consertarem rachaduras na cera, cuidando umas das outras com suas pernas da frente e mandíbulas, e colocando a cabeça dentro dos alvéolos para alimentar as larvas. Tudo era como deveria ser dentro da colmeia. Eu podia confiar que as abelhas estariam sempre trabalhando, cada uma com um propósito e um ritmo que se adequavam a mim. Senti o nó de apreensão no estômago se desfazer e meus ombros relaxarem.

O vovô segurou um quadro de favo de mel na frente do rosto e falou conosco do outro lado:

— Vocês querem falar com a mãe de vocês? — perguntou ele.

Meu irmão e eu nos entreolhamos, cada um esperando que o outro respondesse primeiro.

— Não quero voltar para lá — respondi.

— Vocês dois podem dormir aqui hoje — falou o vovô. — Não se preocupem, vamos resolver isso.

Meu irmão pegou um pouco de grama verde e colocou dentro do fumigador antes de devolvê-lo para o vovô.

— O que aconteceu para ela explodir assim? — perguntou ele.

Matthew olhou para o jardim dos vizinhos, como se a lembrança fosse ruim demais para ser repetida.

— Eu estava roubando água quente.

O vovô balançou a cabeça.

— Aquela mulher... — murmurou.

Nessa hora, a voz da vovó chegou até nós. Ela estava de pé na porta de casa, com o telefone na mão, esticado por toda a cozinha.

— Meredith! Venha pedir desculpas para sua mãe.

Eu me encolhi. Eu tinha feito algo errado, mas a forma como a mamãe reagira foi muito pior. Eu não ia pedir desculpas.

Enquanto estava presa debaixo dela, um terrível sofrimento havia emergido de minha mãe, revelando um buraco nela que me deixou cheia de raiva. Ela gritava com alguém do seu passado, mas me bateu de verdade. Isso não era algo que um simples pedido de desculpas pudesse consertar. A mamãe tinha problemas graves, embora ninguém parecesse levar isso a sério.

Sete anos haviam se passado desde que tínhamos saído de Rhode Island, e ela ainda estava tão desesperada quanto no dia em que chegamos, ou até mais. A cada ano que sua sorte não mudava, sua espiral descendente se acelerava um pouco mais, tornando cada vez mais difícil para qualquer um tirá-la daquele inferno particular. Eu tinha tido esperança de que o trabalho fosse dar a ela alguma distração, mas ela só se agarrava ainda mais ao seu vitimismo. Chegava em casa do banco escandalizada com a maneira como os clientes a tratavam com grosseria quando ela não conseguia aprovar seus empréstimos. Seu chefe era incompetente, e suas costas doíam por ter que ficar em pé o dia inteiro. Seus colegas de trabalho eram imbecis preguiçosos, e ela sempre era chamada para cobrir os turnos deles. Nada nunca, nunca estava bom. A raiva crescia dentro dela em camadas, um pouquinho mais a cada dia, até que, por fim, iria consumi-la.

Se ela havia me atacado naquele dia sem dar nenhum sinal, a probabilidade de que pudesse me atacar no dia seguinte era grande, ou no mês seguinte, ou no ano seguinte. Pedir desculpa era concordar implicitamente que a agressão da mamãe não era nada com que precisássemos nos preocupar, e que eu, de alguma forma, havia causado aquilo. Mas não sou boba. Decidida, jurei que ficaria o mais longe possível da minha mãe.

A vovó repetiu a ordem, um pouco mais alto dessa vez. Olhei para o vovô. Precisava que ele me defendesse.

— Espere aqui — sussurrou ele. — Vou dizer a ela que você está muito abalada.

O vovô conseguiu prorrogar meu pedido de desculpas, e Matthew e eu fomos deitar cedo para evitar as constantes ligações da mamãe tentando falar comigo. Quando me deitei debaixo das cobertas, esperando que o sono viesse, eu me lembrei da noite em que o papai perguntou se eu queria morar com ele. Ele também tinha me perguntado se a mamãe me batia, e eu havia ficado surpresa com a pergunta. Será que ele estava tentando me prevenir? O que ele sabia da mamãe que o fez pensar que ela poderia me bater?

— Tá acordado? — sussurrei.
— Tô — respondeu Matthew.
— Obrigada.

Meu irmão fungou. Eu não sabia se ele estava chorando ou não.

— Você teria feito a mesma coisa por mim.
— Claro que sim — confirmei.
— Você tá bem?

A minha bochecha ainda estava quente onde ela havia me batido.

— Vou ficar.

Tive um sono inquieto, interrompido pela preocupação de que tinha escolhido ficar com o pai errado.

Na manhã seguinte, olhei no espelho do banheiro e vi evidências do episódio da noite passada: quatro longos arranhões na bochecha, onde as unhas da mamãe haviam feito um corte que ia do olho até o queixo. Estavam inchados e inflamados, protuberantes no meu rosto, como minhocas gordas e vermelhas. Eu parecia horrenda, mas não havia a menor possibilidade de não ir à escola. Era mais seguro lá. Se alguém perguntasse, eu diria que Matthew e eu tínhamos brigado. Contei essa história, mas alguns dos professores hesitaram antes de acreditarem nessa mentira.

Nos dias que se seguiram, meu irmão e eu continuamos passando a noite na pequena casa vermelha dos nossos avós, enquanto a vovó continuava com as consultas noturnas ao telefone com a mamãe. A maneira como elas se comunicavam nunca fez sentido para mim, quando poderiam simplesmente andar os vinte passos que separavam as duas casas e conversar cara a cara. Percebi que algo sério estava sendo negociado, e em algum momento pedidos de desculpas seriam extraídos de mim e da minha mãe. Presumi que haveria consequências, mas elas nunca aconteceram.

Em vez disso, Matthew e eu entramos em um avião para nossa visita anual à Rhode Island, e não mencionamos nada ao papai, com medo de que ele nos arrancasse da Califórnia para uma vida nova e desconhecida. A explosão da mamãe se tornou mais uma coisa sobre a qual não podíamos falar, obscurecida atrás da cortina grossa do histórico familiar.

Enquanto estávamos longe, a vovó comprou um trailer de acampamento de segunda mão e pediu para o vovô colocá-lo no jardim e estacioná-lo próximo ao ônibus do mel. Era uma caixa de alumínio branca com um jogo de rodas traseiras, com cerca de cinco metros de comprimento, onde não cabia mais de duas pessoas ao mesmo tempo. Tinha janelas com divisórias horizontais de vidro que abriam para fora, uma cama de solteiro de um lado e uma copa do outro, com uma pia, um frigobar e um armário no meio. Cheirava um pouco a mofo, não tinha aquecedor e não fazia nenhum sentido, pois nossa família não acampava.

Quando voltamos à costa Oeste, a vovó anunciou que o trailer seria o novo quarto de Matthew. Estávamos ficando velhos demais para dividir um quarto, explicou ela. Meu irmão e eu aceitamos essa informação porque era a vovó quem estava dizendo, mas aos 12 e 10 anos, nunca nos sentimos como um peso um para o outro. Fiquei envergonhada pela sugestão de que meu irmão e eu estivéssemos fazendo algo errado, e não entendi como ficar mais velho poderia ser ruim. No lugar da gratidão que a vovó estava esperando, apenas a encaramos, pasmos, os dois experimentando uma leve sensação de perda.

Matthew e eu entramos no trailer e olhamos em volta, testando a firmeza do colchão e abrindo as gavetas. Ele ligou a torneira, mas não saiu água, porque o vovô ainda não havia conectado a mangueira. Fiquei com inveja. Era comigo que a mamãe tinha brigado, por que eu não podia ser a pessoa resgatada? Agora eu ficaria sozinha com ela na casa. E se Matthew não conseguisse ouvir da próxima vez que eu berrasse? Ele notou minha tristeza e tentou me animar, dizendo que eu poderia visitá-lo sempre que quisesse. Era uma consolação, pelo menos.

A vovó colocou a cabeça lá dentro e entregou a chave a Matthew.

— Espere — falei quando ela começou a sair. — Por que ele ganhou o trailer?

Ela se virou para me encarar com as mãos na cintura.

— Ele é homem — respondeu, como se aquilo fosse suficiente.

— Mas eu sou a mais velha.

— Meninas não devem dormir sozinhas do lado de fora.

Na pausa que se instalou entre nós, muita coisa foi dita. Ela sabia que aquele novo esquema me deixava vulnerável, mas permaneceu calada, desafiando-me a trazer o segredo da família à tona.

— Mas e quanto a mim?

— Você tem o próprio quarto agora.

— Mas e...

A vovó me cortou:

— Você pode ficar no quarto de visitas, se precisar. Mas não pense em transformar isso em um hábito.

Em vez de advertir a mamãe, fazer uma reunião familiar, buscar ajuda profissional ou tentar descobrir alguma forma de melhorar a situação, a vovó encobriu o problema dando a Matthew e a mim quartos do pânico. Sua solução reforçava o comportamento da nossa mãe ao deixar implícito que Matthew e eu é que deveríamos nos adaptar aos humores instáveis dela. A mamãe não conseguia lidar com a própria vida, então a vovó fazia isso por ela. Meu irmão e eu éramos reminiscências de um passado que a mamãe queria apagar da memória. Éramos os lembretes constantes de um futuro que lhe havia sido tirado; nossa existência a fazia sentir uma inexorável sensação de fracasso. A lealdade da vovó estava com a filha; ela faria tudo que pudesse para tranquilizar nossa mãe e manter as realidades desagradáveis bem longe, mesmo que isso significasse remover os pesados fardos que éramos de perto dela.

Voltei para o trailer e bati a porta. Sentei de um dos lados da copa, de frente para meu irmão. Ele tinha um olhar atordoado de alguém que tinha acabado de perder algo que segurava um segundo antes.

— Você é tão sortudo — falei.

— É, acho que sim — comentou ele.

— Você pediu um quarto para você?

— Não.

— Quer ficar aqui mesmo?

Matthew deu de ombros. Ele estava tão perplexo quanto eu, mas também era impotente em relação a mudar as coisas. Ele apontou para uma prateleira que pendia sobre a copa.

— Posso colocar uma caixa de som ali em cima — disse ele.

Eu ia perguntar onde ele ia arrumar uma caixa de som quando alguém bateu na porta. Matthew abriu, e a mamãe o empurrou para o lado e entrou. Com três pessoas ali dentro, parecia que estávamos em um elevador lotado.

— Que lugar legal você ganhou! — disse ela, dando uma volta para olhar todos os lados. Então, estendeu a mão para mim. — Vem cá — falou com uma voz doce.

Ela me envolveu em um abraço caloroso. Apesar do medo que sentia dela, relaxei em seus braços. Lágrimas mornas molharam meu ombro.

— Eu não estava conseguindo dormir... — Ela me soltou e ergueu meu queixo para ver as marcas de arranhão. — Está doendo?

— Não.

Ela olhou para o lado de fora do trailer e falou sem me encarar:

— Eu te amo. Mas, às vezes, você me deixa louca de raiva. — Eu podia ouvi-la esfregando vigorosamente o nariz entupido. — Odeio quando a gente briga. Não vamos mais brigar, tá bom?

Sua mudança de personalidade era desconcertante, mas fingi que estava tudo bem para evitar mais confusão.

— Tá — respondi.

Ela me abraçou uma última vez e se levantou para ir embora. Enquanto saía, Matthew e eu observamos, para ter certeza de que ela estava mesmo indo embora. Ela deu alguns passos e se virou. Tinha um sorriso travesso no rosto.

— Ei — chamou minha mãe. — Você me ama?

Fiquei de pé na porta e assenti.

— Ah, é? — perguntou ela, fazendo uma voz infantil. — Quanto?

Era uma das brincadeiras que fazíamos em Rhode Island. Ela perguntava repetidamente o quanto eu a amava, e eu respondia "Esse tanto", afastando minhas mãos uma da outra cada vez mais a cada resposta, até que estivessem o mais afastadas possível, proclamando meu amor com o corpo inteiro.

Ergui as mãos a trinta centímetros de distância uma da outra. Esse tanto.

— Quanto? — repetiu ela, esticando a palavra.

— Esse tanto! — gritei, afastando meus braços o máximo que consegui. Eu me sentia como uma atriz em um filme.

— Eu também! — respondeu ela, radiante.

E assim a mamãe decidiu que tudo tinha voltado ao normal. Enquanto a observava voltar para a casa, percebi que nada voltaria a ser como antes. A casa dela não era mais meu lar; era um lugar perigoso, onde eu precisava me manter atenta, com um plano de sobrevivência de prontidão. A partir de agora, eu iria sobreviver até me formar no ensino médio e ir embora. Enquanto isso, fingiria ser a filha perfeita. Ficaria fora de casa o máximo possível, e durante o tempo em que estivéssemos juntas, iria sorrir e fingir cordialidade. Se ninguém da família me protegeria dela, eu teria que fazer aquilo sozinha.

— Isso foi estranho — disse Matthew.

— Foi mesmo.

Catorze

A DANÇA DAS ABELHAS
1984-1986

Aquele dia no trailer marcou o momento em que eu e meu irmão cortamos os laços com nossa mãe. Foi o divisor de águas de quando nós, deliberadamente, passamos a seguir caminhos separados. Quando estava com 14 anos, já tinha superado a esperança de que a mamãe teria um novo recomeço em uma nova casa, aceitando que aquilo não havia passado de um desejo imaturo, tão provável de virar realidade quanto ganhar um pônei de Natal. Sua crescente volatilidade nunca foi mencionada, mas foi o catalisador para nossa avó modificar os arranjos de moradia para que meu irmão e eu pudéssemos navegar com segurança ao redor dela.

Matthew e eu voltávamos para a pequena casa vermelha para ver TV e fazer o dever de casa, jantávamos com nossos avós e, depois, Matthew se mandava para o trailer enquanto eu enrolava para jogar dama ou *cribbage* com o vovô. Esperava até escurecer, quando sabia que a mamãe já estaria na cama, e me arrastava de volta para meu quarto, do lado oposto da casa alugada.

Nosso sumiço não despertou nenhuma reclamação ou pergunta da parte da mamãe, e nós a víamos cada vez menos, nos ajustando a nossos caminhos separados de mútua esquiva, com o alívio que se atinge por não precisar mais tentar forçar uma relação tão artificial.

Quando Matthew estava começando o sexto ano e eu estava no primeiro do ensino médio, nós três tínhamos a proximidade física de vizinhos e a distância emocional equivalente. Era um arranjo que preservava a reputação da família e resolvia o problema imediato da segurança (sem tocar na questão do abandono), mas que funcionava, pois evitava confrontos e dava a ilusão de que a mamãe ainda era responsável por nós dois. Com a solução criativa inventada pela vovó e o consentimento silencioso do vovô, Matthew e eu fomos obrigados a nos resignar com o esquema que nos roubou da nossa mãe. Era como se vivêssemos com uma alcoólatra funcional, e em vez de falar a verdade, a família continuava enchendo o copo dela para impedi-la de nos hostilizar.

Matthew, então com 12 anos, tinha se acostumado a morar em um trailer separado. A princípio, ele ficou com medo de dormir sozinho. Tinha passado praticamente a vida inteira dividindo o quarto com a mamãe e comigo, e levou uma semana de retornos chorosos na madrugada à casinha vermelha até que ele se adaptasse. Com a instalação de luzes e água corrente, uma cortesia de uma mangueira e um fio extra, Matthew se sentiu um pouco melhor, e passava a maior parte do tempo confinado lá dentro. No verão, ele deixava as janelas e a porta abertas para o ar circular, e no inverno, quando ficava tão frio no trailer a ponto de a respiração se transformar em vapor, ele se enfiava debaixo de um monte de cobertores elétricos. Decorara as paredes com pôsteres do Rush e instalara um som vagabundo que a vovó comprou em uma loja de eletrônicos, transformando o trailer em uma caixa de som ensurdecedora e pulsante. Ele tinha formado uma banda de rock com alguns amigos da escola e ficava batucando eternamente as baquetas em alguma coisa, isolado dos ataques da mamãe e perdido em uma batida que só ele podia ouvir.

Meu irmão só entrava na casa da nossa mãe de manhã para usar o banheiro e colocar a roupa do colégio em frente ao aquecedor. Eu também tornei minha presença rara, entrando em casa apenas para dormir ou para a ocasional refeição sorrateira que Matthew e eu fazíamos, cozinhando macarrão com queijo ou aquecendo tacos no micro-ondas quando ela não estava em casa, tendo o cuidado de limpar e colocar tudo no lugar no final, para não provocá-la.

Quando encontrávamos a mamãe, nossa interação tinha a cortesia forçada de pessoas que, por questões financeiras, dividem um espaço para viver, mas nunca ia além de um rápido "oi". Ela não fazia perguntas sobre nossa vida e não questionávamos nada sobre a dela. Estava implicitamente entendido que a mamãe só esperava atualizações ocasionais de nós dois e que nossos avós resolveriam qualquer coisa que precisássemos. Pela concepção da mamãe, aos 12 e 14 anos, já éramos grandes o suficiente para nos virarmos sozinhos.

A vovó se prontificava a preencher esse vazio com atividades, enchendo os nossos dias com beisebol, curso de escoteiros, aulas de natação e de artes. Enquanto todas essas atividades nos afastavam da solidão, eram outra maneira de empurrar os sentimentos para longe, onde não conseguiríamos acessá-los ou mesmo saber que deveríamos senti-los. Aprendemos a seguir em frente, e fizemos isso sem reclamar.

O vovô levava Matthew e eu para Big Sur sempre que podia, e deixava que nós dois entrássemos no ônibus do mel durante a temporada de colheita. Conforme fui ficando mais velha, detectei um tom um pouco mais sério nas aulas dele sobre colmeias — um lembrete delicado para pensar além da via Contenta e levar em consideração o que nós queríamos, em vez do que a mamãe precisava. Ele falava através de metáforas, usando as abelhas como exemplo da maneira apropriada de se comportar. O que ele achava nobre e admirável na forma das abelhas viverem se traduzia em seu código moral para a bondade humana, e, de um jeito sutil, ele nos encorajava a abraçar a vida, em vez de se esconder dela. Ele nos lembrava de que as abelhas vivem por um propósito muito maior que elas mesmas, cada uma de suas pequenas contribuições se combinava para criar uma força coletiva. Em vez de se distanciar da tarefa assustadora que é viver, como nossa mãe, as abelhas tornam-se essenciais através da própria generosidade. Ao darem mais do receberem, elas garantiam sua sobrevivência e alcançavam o que poderia ser considerado um estado de graça.

Em uma manhã de verão, o vovô e eu pegamos uma estrada de terra para as colmeias de Big Sur, espirrando água do córrego Garrapata com os pneus e passando sobre uma estrada de troncos abandonados, simplesmente porque ele estava cansado do caminho fácil pelo eucaliptos e sequoias da estrada do cânion Palo Colorado. Essa rota alternativa era mais empolgante, pois era possível que ficássemos com a caminhonete atolada em uma vala.

Galhos de folhas de louro e de carvalho venenoso arranharam as janelas enquanto ele avançava pela mata, e a pobre Rita saiu da cama embaixo do banco dele e pulou no meu colo. Abracei o corpinho trêmulo dela e a puxei para perto. Nossos pneus escorregavam na estrada de terra que estava úmida em alguns lugares onde a água da nascente jorrava da montanha, e pulamos ao passar sobre uma rocha que se soltara. Conseguimos chegar ao apiário sem atolar nem ter que ligar para os irmãos Trotter para nos resgatar com um guincho.

Enquanto o vovô pegava suas ferramentas na caçamba do carro, Rita e eu fomos para o córrego caçar algumas trilhas e cheiros deixados por outros animais. Eu estava com esperança de dar a sorte de encontrar outro tesouro, como na vez em que encontrei a pele de uma cobra.

Quando o vovô estava pronto, ele assobiou e o som reverberou pelo cânion. Deixei a pegada de algum guaxinim que estava inspecionando e corri de volta para o apiário. Vesti o véu, e o vovô me passou o fumigador. Joguei um pouco de fumaça na entrada da primeira colmeia, e as abelhas-guardiãs correram para dentro. O vovô abriu a tampa, expondo dez quadros de favo de mel dentro da caixa.

As abelhas se alinharam em fileiras no espaço aberto entre cada quadro — cada buraco estreito precisamente calculado para ter 9,5 milímetros e permitir a passagem das abelhas, mas evitar que construíssem pontes de cera e fundissem os favos de mel em uma única placa. Elas colocaram apenas as cabeças no topo das barras dos quadros para ver quem estava invadindo a casa delas. Suas cabeças pretas alinhadas pareciam pequenas bolinhas brilhantes.

Esperamos um instante para que as abelhas se adaptassem à perda repentina do teto de casa. Elas nos olhavam, cautelosas, e então algumas corajosas romperam a formação militar e subiram para as barras de cima dos quadros para girar as antenas e entender a situação. Demorou um ou dois segundos até que decidissem que não havia ameaça. Passaram a informação para as outras, e todas começaram a se movimentar de novo, voltando ao trabalho e ignorando o vovô e eu. O vovô levantou o primeiro quadro de favo de mel, sacudiu um pouco para as abelhas saírem e me entregou, para que eu segurasse e ele pudesse soltar o quadro seguinte.

Eu já podia segurar um quadro coberto com abelhas e diferenciar os tipos de trabalho só ao observar seus comportamentos. Vi algumas abelhas-faxineiras limpando pedaços cristalizados de mel nas células hexagonais e abelhas-cozinheiras guardando néctar em outras, e abelhas-engenheiras consertando rachaduras na cera do favo. Mas minha atenção foi atraída para um dos cantos do favo, onde uma única abelha se sacudia vigorosamente de um lado para o outro, como se estivesse tomando um choque. Suas asas batiam tão rápido que ficavam invisíveis, e seu corpo era um borrão preto. De repente, parou, como se estivesse pegando fôlego, deu alguns passos e começou a vibrar outra vez. Um grupo de abelhas tinha se juntado para assistir. Segurei o quadro no alto para mostrar ao vovô e perguntei:

— O que tem de errado com essa abelha aqui?

— Nada. Essa é a famosa abelha-dançarina.

O vovô se agachou para ver melhor e interpretou a dança para mim:

— É uma abelha-campeira, e ela encontrou uma fonte muito boa de alimento, então está contando às outras como chegar lá.

Eu assisti à dançarina caminhar em linha reta, fazendo um som que nunca tinha ouvido de uma abelha antes, um ronco baixo como um carro de corrida acelerando. Ela sacudiu o abdômen e depois parou de repente, fez uma curva reta para a direita e voltou em círculo para o local de início, formando a letra D. Depois, repetiu a dança mais uma vez. E mais outra. Às vezes, ela virava para a esquerda e fazia o D ao contrário, mas sempre voltava para o mesmo ponto de partida. Algumas abelhas limpavam o chão para ela, enquanto outras tentavam imitá-la. Ela parecia possuída.

A dança das abelhas não era como eu havia imaginado. Achei que as abelhas dançavam em grupo, e com mais graça, talvez bailando para cima e para baixo, ou rebolando. Essa abelha rodava no favo com uma firmeza que mais parecia uma tremedeira descontrolada ou um ataque de pânico paralisante.

— O que ela está dizendo?

O vovô tinha uma pequena biblioteca de livros sobre abelhas, datados desde 1800, e havia lido o trabalho de Karl von Frisch, um zoólogo que ganhou o Nobel por decifrar pela primeira vez a dança das abelhas na Alemanha em 1944. O vovô sabia que os passos de dança eram internacionais e transmitiam três informações: a direção, a distância e a qualidade do néctar e do pólen. O ângulo da caminhada sacudindo o abdômen, em relação a uma linha reta imaginária em direção ao topo da colmeia, era como uma seta apontando na direção que as abelhas deveriam voar em relação ao sol. O tempo que a dança demorava representava o tempo de voo saindo da colmeia, e o entusiasmo da performance sinalizava a qualidade da comida. Uma dança passional significava uma descoberta muito boa, talvez um arbusto de sálvia intocado florescendo.

Outras abelhas pegavam as coordenadas e voavam até lá para verificar a informação da dançarina. Se gostassem do que vissem, retornaria à colmeia e dançariam também, passando as boas novas às companheiras.

Conforme o vovô ia me contando isso, mais abelhas se juntavam para ver a performance, e logo a abelha-dançarina tinha uma pequena plateia. Quando ela enfim parou de se sacudir, seu público se moveu para tocá-la.

— Ela envia uma vibração enquanto dança, e as outras abelhas ouvem com os pés e sabem para onde ir — contou o vovô.

Uma a uma, as abelhas levantaram voo e seguiram para oeste, invadindo o cânion para tentar encontrar o tesouro. Inclinei a cabeça para cima, tentando ver os olhos do vovô. Ele estava sorrindo. Eu ri, agradecida por essa nova linguagem sem palavras que ele estava me ensinando.

Entreguei o quadro de volta, e ele o deslizou para dentro da colmeia.

— Você consegue adivinhar qual outra categoria de abelhas dança?

Logo de cara, descartei os zangões preguiçosos. E também a rainha, que ficava ocupada demais colocando ovos. As nutrizes não deixavam o berçário para ver o que acontecia do lado de fora, então eram candidatas improváveis.

— Desiste?

Assenti.

— As abelhas-exploradoras.

Lembrei que o vovô tinha me explicado que as exploradoras eram as caçadoras de casas. Quando uma colônia em crescimento estava pronta para se dividir, são elas que selecionam a nova casa e levam o enxame até lá.

— As exploradoras dançam para dizer às outras onde se realocarem — concluiu ele.

Toda primavera, o vovô trabalhava fazendo a captura de enxames em migração, então ele sabia muito sobre o assunto. Quando as colônias crescem demais, as abelhas se dividem, e parte da colônia voa com a rainha para construir uma nova casa em algum outro lugar, e o restante fica para trás para criar uma nova rainha.

Enquanto a migração das abelhas parece um frenesi desorganizado, o vovô explicou que o evento é, na verdade, planejado com antecedência, com as abelhas discutindo possíveis rotas e diminuindo a comida da rainha para que ela emagreça e possa voar. O grupo precisa escolher um dia quente para partir, e as abelhas se empanturram de mel para que não morram de frio enquanto estiverem procurando uma nova casa.

A princípio, um enxame não viaja para muito longe da colmeia original; ele tipicamente se instala em uma árvore ou arbusto próximo e assenta em forma de cacho por algumas horas ou dias, até que as abelhas decidam, em grupo, onde montar o ninho permanente. Enquanto esperam juntas, o enxame designa centenas de exploradoras para ir à caça de uma casa e voltar ao grupo com opções. Assim como a abelha-campeira dança no favo de mel dentro da colmeia para mostrar como chegar às flores, as exploradoras dançam no topo do aglomerado de abelhas para passar o local de árvores ocas, fendas em rochas ou até paredes de casas de madeira como potenciais locais de residência.

Assim como pessoas visitando uma lista de casas para morar, as abelhas juntam uma lista de endereços de várias abelhas-exploradoras e vão inspecionar suas opções. Elas voam até os locais listados, tiram medidas, checam a segurança da entrada e sentem a possibilidade de uma ventania. Tomam uma decisão e voltam à colmeia para dançar com a exploradora cuja casa preferirem. Conforme a energia e a empolgação aumentam, uma exploradora ganha o apoio da maioria, chega-se a um consenso e todo o enxame parte com a rainha para o local escolhido.

Quanto mais eu aprendia sobre as abelhas, mais impressionada ficava com a inteligência social delas. Não só elas tinham uma linguagem, como eram democráticas. Pesquisavam, dividiam informações, discutiam opções e tomavam decisões coletivas, tudo para o bem da colmeia.

— Você está certo — falei.
— Sobre o quê?
— As abelhas *são* espertas.
— Você já sabia disso.
— Eu não sabia que elas pensavam no futuro.

Nada em uma colônia de abelhas era espontâneo; elas podiam ver um problema se aproximando e começar a fazer alguma mudança antes de virar algo grave e elas morrerem. Se a colmeia ficasse cheia ou perigosa demais, elas tomavam a iniciativa de mudar para um lugar melhor, abandonando uma casa com muitas correntes de ar ou umidade em excesso; ou que ficasse muito perto do chão, onde predadores poderiam pegá-las; ou que fosse pequena demais para a família em crescimento. As abelhas tinham uma mente poderosa o bastante para vislumbrar uma vida melhor e então sair em busca dela, mesmo que isso envolvesse o risco de viver ao relento e indefesas até decidirem juntas para onde se realocar. As abelhas eram corajosas.

— E você? — perguntou ele.

O vovô continuava levantando quadros da colmeia, um de cada vez, examinando os dois lados em busca de ovos e larvas, e colocando-os de volta na caixa.

— Eu o quê?

— O que você vê no seu futuro?

Tive a sensação de que era uma pergunta capciosa.

— Minha formatura no ensino médio — respondi, que só aconteceria dali a três anos.

O vovô colocou o formão no bolso de trás, me levou a uma pequena distância das colmeias e desamarrou meu véu. Retirou-o da minha cabeça para que pudesse olhar dentro dos meus olhos. Eu podia sentir que havia algo importante na cabeça dele.

— Não foi isso que eu quis dizer — falou ele. — Você já pensou no que quer ser um dia?

Percebi com um pânico repentino que não fazia ideia. O vovô estava me encorajando a pegar uma dica com as abelhas-exploradoras e começar a planejar naquele momento o meu futuro. A casa dos meus avós jamais teve o intuito de ser mais do que um lar temporário, apesar de ter se passado quase uma década desde que havíamos nos mudado para lá. Eu não podia morar com eles para sempre. Também não podia morar com a mamãe. Eu não tinha plano.

O vovô estava tentando me dizer que eu precisava sair por aí e encontrar o que queria fazer, e depois dançar feito uma doida para comemorar.

— Talvez eu vá para a faculdade? — sugeri.

— Agora sim — respondeu ele.

Depois da nossa conversa, mergulhei de cabeça nos estudos. Toda prova, toda redação, todo experimento de ciências era uma chance de tirar uma nota boa, e quanto mais notas dez eu tirava, maiores eram as chances de uma faculdade me oferecer uma bolsa. Eu não ligava para qual faculdade iria ou mesmo que curso faria; eu via a faculdade mais como um escape da minha situação familiar. A simples ameaça de passar o resto da vida na via Contenta me deixava seríssima quanto ao dever de casa.

Virei uma campeã nos estudos, entregando os relatórios de livros antes da data para causar uma boa impressão nos professores. Quando contei à vovó que as faculdades gostavam de alunos com muitas atividades extracurriculares, ela escreveu uma carta em meu nome para o jornal *Pinecone Carmel* oferecendo escrever uma coluna jovem de graça. Não foi surpresa que eu tenha conseguido o emprego. A cada duas semanas, eu escrevia uma história na máquina de escrever da vovó sobre acontecimentos no ensino médio, ela editava e checava os fatos, e depois eu mesma entregava as páginas nas mãos do editor, em Carmel. Um psicólogo da escola sugeriu que atividades esportivas chamavam atenção nas inscrições das faculdades, então comecei a integrar equipes esportivas conforme as temporadas: salto ornamental, softball e hóquei de grama. Eu vivia em um redemoinho criado por mim mesma.

Sonhava em ir para a faculdade, mas me preocupava em como conseguiria pagá-la, então arrumei um emprego no único lugar do vale Carmel onde adolescentes conseguiam ganhar gorjetas descentes: a churrascaria local. Will's Fargo era um antigo hotel de beira de estrada de tijolo cru onde a vovó tinha morado quando ela e sua mãe chegaram no vale Carmel nos anos 1920. Era um lugar adorado pelos moradores, mantido no original estilo caubói, com um salão de luz baixa decorado com cortinas vermelhas de veludo, uma lareira e um monte de cabeças de ursos selvagens sorrindo nas paredes. Antes de se sentar, os clientes faziam o pedido em uma estação de açougue, apontando para o corte de carne que queriam, e o açougueiro cortava o bife, pesava na balança e furava com uma etiqueta de madeira contendo o nome do cliente. O açougueiro deslizava a carne por uma pequena porta na parede atrás dele, onde o chef estava esperando do outro lado, na grelha.

Eu lavava os pratos. Tirava o excesso de sujeira deles com uma mangueira em spray que vinha do teto, depois arrumava-os em uma bandeja de plástico quadrada e os deslizava por uma abertura de aço inox para dentro de uma lavadora industrial. Era o equivalente a ficar de pé durante oito horas em uma sauna, sem incluir as múltiplas saídas carregando sacos até as lixeiras nos fundos do restaurante. Mas eu trabalhava feliz. Era um Sísifo por opção: não importa quantos pratos eu lavasse, os garçons apareciam voando pelas portas vaivém da cozinha em suas vestimentas de faroeste e gravatas-borboleta e deixavam mais pratos dentro da pia. Era um trabalho exaustivo, que fazia a pele dos meus dedos descascar, mas a ideia de ir para a faculdade me fazia ignorar a dor.

Os garçons me davam parte das gorjetas no fim da noite, complementando meu pagamento. Não era muito dinheiro, mas o emprego vinha com um grande bônus. Antes de cada turno, o chef cozinhava para a equipe, e a gente podia escolher entre carne, abalone ou frango, e o chef sempre fazia uma sopa e uma salada. Eu me sentia muito adulta, descobrindo uma forma de me alimentar e guardar dinheiro para a faculdade ao mesmo tempo. E o horário do trabalho era ideal. Eu começava às quatro da tarde e trabalhava até meia-noite — garantindo que mamãe já estivesse dormindo havia muito tempo quando encerrasse o serviço. Eu trabalhava a quantidade de turnos que eles me pedissem.

Ao meu entender, já não precisava da minha mãe para nada.

Até que fiquei menstruada.

Eu tinha quase 15 anos e ninguém havia me explicado sobre menstruação. De alguma forma, perdi as aulas de educação sexual, em casa ou na escola, e exceto a pouca informação que tinha coletado de amigas sobre cólicas e dores de cabeça, ninguém me preparara para o que fazer quando a hora chegasse. Apesar de não admitir para ninguém, eu não entendia a fisiologia de onde, em meu corpo, o sangue se originava, nem por quê. Eu sabia, de um jeito vago, que significava que eu era mulher e podia ter bebês, mas tudo acabava por aí. Eu precisava de algum tipo de produto feminino, mas não sabia ao certo os diferentes tipos que existiam e qual era o melhor. A vovó parecia velha demais para me ajudar com aquela questão.

A mamãe estava na sala, de pé sobre uma cadeira usando uma sandália com uma tira de uns oito centímetros, idêntica à que Olivia Newton-John usa em *Grease*, aguando as plantas suspensas. Ela tinha acabado de pintar o cabelo e tinha um saco plástico enrolado na cabeça e uma toalha com manchas marrons em torno do pescoço. Ela se assustou quando me viu e parou de borrifar a água.

— O que houve?

— Acho que fiquei menstruada.

— O que quer dizer com *acho*?

— Tá, tenho certeza.

— Tem sangue?

Assenti.

— Ah.

Ficamos ali, olhando uma para a outra e nenhuma de nós se mexeu.

— Espere aí — disse ela.

A mamãe desceu com cuidado da cadeira e andou até o quarto, voltando um instante depois com a bolsa. Ela mexeu lá dentro e me entregou uma nota de cinco dólares amassada.

— Vá até o Jim e compre alguma coisa para resolver isso.

Ela subiu de volta na cadeira e continuou aguando as plantas.

As coisas não eram para ser assim. Era para ela me levar até a farmácia, me mostrar o que comprar, viver aquele momento entre mãe e filha, quando ela me contaria sobre o dia em que ficou menstruada pela primeira vez. Não sei... era para nós termos *aquela conversa* agora, não era?

Eu estava mortificada demais para comprar itens sanitários do velho Jim, uma figura detrás de uma caixa registradora solitária que me conhecia desde que eu era pequena. Ele sempre atendia todo mundo bem devagar para que pudesse perguntar sobre empregos novos, casamentos e bebês, ou passar informações de outras pessoas sobre empregos novos, casamentos ou bebês. Jim sabia o placar de todos os jogos, quem tinha ido para a faculdade, quem tinha morrido recentemente, e distribuía charutos quando um novo bebê chegava ao vale Carmel. Ele era nosso mensageiro oficial, e eu estava envergonhada demais com a ideia de comprar produtos femininos do mesmo homem que ainda me chamava de garotinha e colocava uma bala escondida dentro da bolsa de compras da vovó quando ela não estava olhando.

Aleguei que aquilo era constrangedor. Eu ia *morrer* se Jim visse o que eu estava comprando.

— Ninguém se importa — disse ela, balançando a mão. — Vai logo.

A mamãe baixou a agulha da vitrola em um disco dos Bee Gees, e fiquei olhando durante um momento ela cantarolando "Night Fever" e borrifando água nas plantas, rezando para que ela mudasse de ideia. Por que minha mãe não podia me ajudar só daquela vez? O mercadinho ficava a poucas quadras de casa, mas tive medo de que, na hora em que chegasse lá, já tivesse uma mancha de sangue na calça.

— Você não pode me levar de carro?

Ela apontou para o plástico na cabeça e deu de ombros, indicando que estava no meio da coloração capilar e não podia sair de casa. Enfiei a nota no bolso e voltei para meu quarto, onde amarrei um casaco na cintura. Abri meu cofre, peguei mais algumas notas do meu fundo para a faculdade e saí batendo a porta o mais forte que consegui.

— Qual é o problema com você? — gritou ela lá de dentro.

No mercadinho, mantive os olhos no chão enquanto andava até a prateleira com os produtos femininos. O nervosismo da estranheza adolescente fazia minhas orelhas ficarem vermelhas; eu estava em pânico de que alguém me visse e soubesse que meu corpo havia se tornado sexualmente maduro. Eu estava preparada para me tornar mulher do ponto de vista físico, mas não mental, e até que eu entendesse aquilo direito, não era da conta de ninguém, só minha. Xinguei a mamãe em meus pensamentos, por ter ficado em casa, esperei o corredor ficar vazio e logo joguei uma caixa de absorventes na cesta. Escolhi a mesma marca que já tinha visto no banheiro da mamãe e logo a cobri com uma caixa de cereais, uma de leite e uma bisnaga de pão. Eu era apenas mais uma criança fazendo compras para a mãe.

Jim ergueu os olhos das palavras cruzadas, sorriu quando coloquei a cesta na frente dele e começou a conversar, como sempre, certificando-se de me perguntar como estavam as abelhas. Automaticamente, ele pegou um maço da marca de cigarros que a mamãe fumava na prateleira atrás dele e me perguntou se estava acabando. Matthew e eu geralmente íamos buscar cigarro para ela, mas dessa vez eu não tinha certeza de que teria dinheiro suficiente, então balancei a cabeça.

— Está bem — disse ele, colocando o maço de volta. — Pegue uma bala para você, então.

A mamãe estava no quarto quando voltei para casa. Coloquei o pacote do mercadinho no balcão da cozinha, peguei os escandalosos absorventes e fui para o banheiro. Examinei o pacote, li as instruções e pratiquei andar com um absorvente entre as pernas. Minha transição para a maturidade feminina passou tão rápido quanto um respiro. Não me senti diferente em nada ao encaminhar a nova mulher que havia em mim para meu quarto e, quando passei pela cozinha, a mamãe estava tirando as compras da sacola com uma expressão confusa.

— Você comprou tudo isso?

Engoli em seco. Tinha me esquecido de esconder as compras extras no armário para que ela não percebesse.

— Pensei que, já que estava no Jim, devia trazer algumas coisas — respondi.

Eu nunca tinha feito compras antes, então a mamãe ficou olhando para mim durante um bom tempo antes de responder.

— Isso foi atencioso da sua parte. Mas acho que você está certa: já está mais do que na hora de começar a pagar um pouco das compras que fazemos por aqui.

Fiquei chocada. Eu deveria saber que não podia pedir nada para minha mãe. Agora, ela me via como adulta, que deveria dividir a conta do supermercado e não levar para ela nenhum problema pessoal. Eu já sabia, mas doía cada vez que ela me lembrava disso. Quando era colocada em uma situação em que tinha que deixar suas necessidades de lado em prol das necessidades de alguém, ela não computava. Seu circuito ficava sobrecarregado e ela desligava. Sua necessidade insaciável de proteger a si mesma não ia mudar, não importava quantas vezes eu esperasse por isso.

Mas não falei nada disso. Sorri e disse a ela que era uma ótima ideia que eu começasse a comprar minha própria comida.

Depois, voltei para a casa dos meus avós, onde eu não precisava pagar pelo direito de existir.

Quando cheguei ao último ano do ensino médio, a vovó se voluntariou para fazer parte do centro de carreiras do ensino médio, para que pudesse colocar as mãos em todas as bolsas de estudo que surgissem e me favorecer antes que outros alunos tivessem a chance de se inscrever.

— Não estou trapaceando, só estou sendo esperta — disse ela. — Além disso, você precisa mais do dinheiro do que aquelas crianças ricas.

A mamãe não se envolveu no movimento da vovó para me mandar para a faculdade, e, ao mesmo tempo em que ficava agradecida por alguém me ajudar, a avidez da vovó para planejar esse próximo passo, às vezes, parecia se transformar em um desejo de me expulsar da casa. A vovó me dava lembretes semanais de que eu tinha que trazer notas dez, pois não havia possibilidade de pagar por uma faculdade, a não ser que eu ganhasse uma bolsa integral. Quando meu aniversário chegou, ela me deu uma mala de presente. Selecionou um punhado de faculdades na costa Oeste para eu me inscrever, corrigia a gramática das minhas redações do colégio e ligava para os lugares para checar o status das inscrições que eu tinha feito.

Nossa caixa de correio começou a ficar cheia de panfletos de universidades, mas a mais persistente era a Mills College, uma faculdade particular liberal de artes para mulheres em Oakland. Eu sequer considerei me inscrever nela porque soava como algo saído do livro *Orgulho e preconceito*, mas a vovó anunciou que havia inscrito a gente para um tour.

Entramos no campus por um impressionante portão de ferro fundido que dava em um caminho margeado por árvores de eucalipto milenares. Passamos por jardins planejados e prédios de dormitórios no estilo espanhol colonial, com paredes de estuque, tetos de azulejos terracota e varandas. O campus tinha fontes borbulhantes e um córrego, uma biblioteca enorme, e soube que a Mills College tinha chefs que preparavam três refeições por dia para os alunos, e até faziam os pães das torradas. Parecia mais um spa do que uma faculdade.

No entanto, o que mais me impressionou foram as alunas. Conheci uma violinista, uma remadora, uma pesquisadora de esquilos, uma programadora e uma fashionista — tudo no mesmo dia. Elas estavam se formando em coisas intrigantes, como Análise econômica, legal e política, ou Teoria do som. Aquelas eram mulheres que não sentiam pena de si mesmas, e eu queria estar perto delas para, quem sabe, absorver um pouco da sua confiança. Quando fomos embora, não me importava mais com o fato de a Mills College ser um campus feminino. Era minha primeira escolha. Tinha um programa antecipado de admissão, e eu podia me inscrever de imediato.

Alguns meses após nossa visita, uma aluna que trabalhava na sala da diretoria entrou em uma das minhas aulas e passou um bilhete para meu professor de geometria. Ele interrompeu a equação que escrevia no quadro e olhou para mim.

— Meredith, pode vir aqui, por favor?

Fui até a mesa dele e abri um quadrado de papel rosa. Estava escrito: "Ligue para sua avó." Usei uma moeda para ligar do orelhão que tinha perto da escada da frente do campus da escola. A vovó estava sem ar quando atendeu o telefone no primeiro toque.

— Você conseguiu! — exclamou ela.

— Consegui o quê?

— A Mills College enviou a carta de aceitação. Você conseguiu!

Eu abri a boca, mas não saía som algum. Meus joelhos começaram a fraquejar, e eu me segurei na estrutura de metal do orelhão para me apoiar, enquanto as cores derretiam e se confundiam ao meu redor. Podia ouvir a vovó recuperando o fôlego do outro lado da linha. Era uma vitória para nós duas, sinalizando o início da recuperação da vida da vovó e o começo da minha.

— Nós conseguimos! — comemorou ela.

Então, me lembrei do preço. Trinta mil dólares por ano. Dinheiro para pagar a faculdade não fazia parte do vocabulário da família.

— Mas não podemos pagar...

— Não se preocupe, você vai ganhar uma bolsa. Só precisamos pagar três mil dólares. O seu avô e eu vamos pagar metade, você e sua mãe podem pagar duzentos e cinquenta cada uma, e você terá que ligar para seu pai para conseguir os outros mil.

É claro que a vovó pensara bastante no assunto. Juntando uma bolsa de estudos e os empréstimos da escola, do estado e do governo federal, e raspando tudo o que nossa família tinha vendendo mel, dando aulas e lavando pratos, eu, de alguma maneira, ia para a faculdade.

Ao caminhar de volta para a sala de aula no silêncio do corredor vazio, respirei fundo pela primeira vez em um período que pareciam meses, extasiada pela noção incrível de que agora tinha um lugar para ir. O alívio era como limpar as lentes embaçadas dos óculos; o que era mundano se tornou lindo de repente, e eu via novas cores onde nunca tinha visto antes: nas fileiras dos armários marrons rabiscados, no gramado aparado onde almoçávamos, nos tijolos desgastados côncavos dentro do cimento das paredes de alvenaria da escola. Tudo era exatamente como deveria ser.

Apesar de ainda não ter recebido uma resposta das faculdades onde tinha feito inscrição em Berkeley, San Jose e Santa Cruz, eu não queria esperar. Mills havia sido a primeira faculdade a dizer "sim", então eu disse "sim" a ela, agarrando a primeira corda de salvamento que me foi lançada. Assim como as abelhas, era hora de me arriscar, sair por aí e escolher uma nova casa.

Mais tarde naquele dia, bati na porta do trailer do meu irmão, alto o suficiente para que Matthew me ouvisse sobre o barulho da bateria. Ele baixou a música e colocou a cabeça para fora da porta.

— Você bateu? — Ele fez voz de barítono, personificando o mordomo Tropeço da *Família Addams*.

— Permissão para entrar, senhor.

Ele abriu a porta e deu um passo para trás. Empurrou uma pilha de CDs para um canto da cama e eu me sentei de pernas cruzadas. A minha notícia saiu de dentro de mim de uma vez só.

Matthew desligou o som e se sentou ao meu lado.

— Uau.

Eu esperava uma reação um pouco mais animada.

— Só isso? Uau?

Ele apoiou os cotovelos nos joelhos e o queixo nas mãos.

— Isso significa que você vai embora.

Eu fui tão autocentrada. Estava tão focada em fugir dali que não levei em consideração como seria ser deixado para trás. Por todo aquele tempo, fui o amortecedor natural entre a mamãe e Matthew, absorvendo a hostilidade dela para poupá-lo. Agora, eu estava quebrando minha promessa não verbalizada de mantê-lo em segurança.

A mamãe sempre tinha direcionado sua carência para mim, e não para ele. Talvez porque eu fosse a primogênita, ou porque eu era mulher, ou, quem sabe, porque era parecida com meu pai; eu nunca saberia por que ela tinha uma fixação comigo e ignorava meu irmão. Ela se apegou a mim para ter conforto quando dividimos uma cama depois do divórcio, enquanto Matthew foi banido para um berço. Ela me perseguiu e me encurralou no dia do boliche, mas não fez isso com Matthew. E embora nós dois consumíssemos água e eletricidade, eu levei o castigo.

Agora, com pesar, eu tive medo de que, comigo indo embora, a mamãe enfim prestaria atenção nele.

— Continue fora do caminho dela. Você vai ficar bem. Ela não vem aqui no trailer.

— Eu sei. — Matthew rearranjou o rosto em um sorriso. — Ei, estou muito orgulhoso de você. Imagino que agora vai ficar toda inteligente e tal, né? — Ele abriu a porta do frigobar e pegou um refrigerante de uva. — Quer um?

Eu declinei. Ele abriu a lata, tomou um gole grande e a colocou em cima da pia.

— Sabe, ela tentou me bater uma vez — confessou ele.

Uma dor subiu do meu estômago para as minhas têmporas, me fazendo piscar.

— O quê? — sussurrei.

Eu nunca tinha visto ela levantar a mão para Matthew, e presumi que ele havia sido poupado.

— Ela tentou me bater, mas eu segurei o braço dela e o prendi na parede. Olhei nos olhos dela e disse que ela nunca mais encostaria em mim, ou iria se arrepender. Acho que isso a deixou assustada, porque ela nunca mais tentou.

Matthew era mais alto e forte do que a mamãe. É provável que ela tenha recuado ao sentir que ele era mais forte.

— Por que ela estava brava com você? — perguntei.

— Não lembro. Você conhece ela. Pode ter sido qualquer coisa. Isso realmente não importa.

Ele pegou as baquetas e começou a batucar um ritmo na parede.

Muitas vezes desejei que a mamãe tivesse um motivo compreensível para descontar suas frustrações em nós; eu quase queria que ela tivesse um vício, algo que pudesse culpar para tirar a possibilidade de ser uma escolha dela. Mas ela não bebia. Nunca tinha usado drogas. Não ficava na rua até tarde, não nos deixava com estranhos, não trazia homens para casa. Nunca havia sido internada ou ficado desabrigada. Ela não fazia apostas. Não era uma fanática religiosa ou uma viciada em trabalho. Não era dominada por nenhuma dessas coisas que podem roubar uma mãe e ferrar com a cabeça de uma criança.

Nossa mãe simplesmente não existia.

— Por que não me contou?

Matthew parou de batucar por um segundo.

— Porque não foi nada de mais.

Não para mim. Aquela foi uma violação das regras familiares não verbalizadas. Matthew deveria ter sido preservado, mas eu obviamente tinha falhado em protegê-lo. Ele me salvou dela uma vez, e eu fracassei em fazer o mesmo. Além disso, agora eu estava deixando meu irmão para trás.

Tentei animar nós dois lembrando que Oakland ficava a poucas horas de distância, e que eu viria para casa nas férias de verão e nos feriados.

— E você? — perguntei, ouvindo as palavras do vovô ecoarem através das minhas. Imaginei que nosso avô estivesse tendo conversas semelhantes com Matthew sobre o futuro quando eles iam para Big Sur.

— Assim que eu tiver idade para dirigir, vou dar o fora daqui — respondeu ele, cortando o ar com as mãos em uma trajetória imaginária.

— Vai para onde?

— Cal Poly, provavelmente.

Ao contrário de mim, Matthew já sabia o que planejava estudar na faculdade. Dois diplomas, um em Tecnologia da música e o outro em Comunicação gráfica.

— Escolha outro disco — pediu ele, apontando com a baqueta para a pilha de caixas de CD.

Vasculhei os discos e entreguei a ele o do Dire Straits.

— O que você acha que tem de errado com ela? — perguntei.

Meu irmão abriu a bandeja do CD player, encaixou o disco e o empurrou para dentro. Pausou o dedo em cima do botão "play".

— Sabe, Meredith, acho que você nunca vai ter uma resposta para essa pergunta.

Talvez ele estivesse certo. Mas eu tinha que fazer uma última tentativa antes de deixá-la para sempre.

Apesar da nossa relação ter sido rompida para sempre, eu não conseguia imaginar, depois de todo aquele tempo, simplesmente me afastar dela sem ter resposta. Eu não queria que a gente passasse o resto da vida imaginando por que nunca conseguimos encontrar uma forma de se amar. Eu precisava saber o que minha família estava escondendo.

Quinze

O AÇÚCAR DERRAMADO
1987

Certa tarde, a mamãe estava vendo uma tortinha girar dentro do micro-ondas quando entrei na cozinha. Ela tinha ficado de pijama o dia inteiro. Eu podia ouvir *I Love Lucy* tocar repetidas vezes no quarto dela.

O micro-ondas apitou. Ela pegou a tortinha, deu um grito de dor e deixou o doce fumegante cair no chão. Os palavrões voaram pelo ar, enquanto ela corria até a pia para colocar os dedos debaixo d'água.

— Mãe!

— Eu nem deveria estar comendo isso na minha dieta mesmo — disse ela.

Enrolei algumas pedras de gelo em um pano de prato e ofereci a ela.

— Obrigada — disse, pressionando o pano nas pontas dos dedos.

— Está doendo?

— Pra cacete.

Peguei a tortinha do chão com uma folha de papel-toalha, umedeci uma segunda folha e passei no linóleo para tirar a gordura.

— Você é uma boa filha — disse ela.

Eu sabia que tinha algo se passando na cabeça dela. Seu showzinho já tinha acabado, mas ela permaneceu na cozinha como se quisesse me dizer algo. Naquelas últimas semanas antes de eu ir para a faculdade, andávamos pisando em ovos uma com a outra, sem muita certeza de como terminar a relação de uma maneira educada. Nós duas sabíamos que, em breve, não haveria mais nenhuma razão para nos manter juntas, além dos cartões superficiais de Natal e ligações no aniversário.

A mamãe pegou um pouco de café, que tinha cheiro de biscoito de gengibre, e se apoiou na bancada, bebendo da xícara enquanto mantinha seus dois dedos queimados para cima. Olhou para o teto enquanto falou:

— Eu sei que não fui a melhor mãe...

Isso era um sinal de aproximação? Será que a mamãe queria fazer as pazes, depois de tudo? Ela girou o anel de ametista que a vovó tinha lhe dado, enquanto eu prendia a respiração e esperava. Minha mãe colocou mais açúcar na caneca e se virou para mim.

— O que eu ia dizer é que você sabe que fiz o melhor que pude. Pelo menos, você não morreu de fome.

É verdade. Ela me manteve viva. Merecia crédito por isso. Mas agora eu estava indo embora, estava pensando em todas as coisas de mãe e filha que nunca fizemos juntas e imaginando se ela pensava sobre isso também. Como teria sido se tivéssemos feito uma viagem para algum lugar, se eu a tivesse visto na arquibancada durante minhas competições de salto ornamental ou simplesmente se tivéssemos sentado juntas em casa para conversar?

— De qualquer forma, acho que você se saiu muito bem — disse ela, com a voz feliz. — Com certeza, poderia ter levado tudo de uma maneira *muito* pior.

Minha mãe estava preenchendo os dois lados da conversa, o que ela queria dizer e como ela queria que eu reagisse. Meu trabalho era ouvir e concordar, fazê-la se sentir bem por substituir minha realidade pela dela. Desabei por dentro. Aquilo não era uma reconciliação, era a mamãe querendo ser perdoada de graça.

— Você acha que sua infância foi difícil. A minha foi uma *tragédia*.

De repente, ela tinha a minha atenção conforme sua válvula dos segredos se abria um pouco. Durante os anos, ela fizera diversas referências à infância ruim, mas sempre colocava de lado as minhas perguntas, dizendo que não queria mergulhar em uma história irrelevante. Mas eu nunca esqueci aquela vez que visitamos o pai dela, de como ela saiu de lá tremendo de raiva e como demorou semanas para se recuperar. Ela nunca me contou por que ficou tão triste com o pai durante todos aqueles anos. Agora, talvez pelo tempo estar acabando, ela estava pronta para falar. Apesar de não tomar café, eu me servi de uma xícara e me sentei, querendo escutar.

— Conta para mim — pedi, com delicadeza. — O que aconteceu com você?

Ela olhou pela janela, na direção da casa da vovó.

— O meu pai foi terrível comigo, absolutamente terrível.

Ela baixou o tom de voz e falou em confidência, como se estivesse envergonhada do que estava prestes a contar. Cruzou os braços e segurou os ombros, se protegendo sem nem perceber.

— Terrível como? — perguntei.

— De todas as formas que você pode imaginar.

A mamãe se sentou ao meu lado, e, com as mãos trêmulas, pegou um chiclete de nicotina de uma embalagem pequenina e colocou na boca. Aparentemente, a campanha do meu irmão para fazê-la parar de fumar colando fotos de revistas de pulmões pretos e cancerosos na geladeira estava funcionando. Ela mastigou por um instante e fez careta para o sabor.

— Mãe, me conta. O que aconteceu com você?

A mamãe respirou fundo e as palavras saíram.

— O meu pai tinha um galho fino enorme, que ele chamava de "pau de chibata", que ficava em cima da lareira onde eu pudesse ver.

Na primeira vez que o pai bateu nela, ela devia ter uns três ou quatro anos, contou. Às vezes, ele usava as mãos, mas preferia a chibata.

Fiquei paralisada ao imaginar um cavaleiro com um chicote. Depois, pensei em um homem mais velho, usando o mesmo instrumento em uma menininha. Vi sua mão se levantar em câmera lenta, ouvi o barulho da chibatada no ar e o grito ensurdecedor de uma criança. A mamãe devia estar exagerando, ela não podia ser tão nova. Perguntei se ela tinha certeza dessa memória exata.

— Tenho — respondeu. — Ele me fazia ir para o lado de fora para escolher o galho. Eu me lembro de que estava usando galochas vermelhas.

Meu rosto corou de uma raiva sem sentido. Eu não podia voltar no tempo e impedir o que tinha acontecido, eu não podia protegê-la do resto da própria história.

— Ah, mãe...

Apesar daquelas palavras serem chocantes, elas tinham um invólucro de familiaridade. Parecia que eu já sabia que a mamãe sofrera abuso, mas nunca me deixei acreditar de verdade porque era terrível demais. Era mais fácil não saber. Mas eu já havia reparado em alguns detalhes: como ela mal conseguiu suportar estar no mesmo cômodo que o pai naquela única vez em que o visitamos; que a vovó ficava tão perturbada pelo seu ex-marido que não conseguia sequer dizer o nome dele, referindo-se a ele apenas como o "bom-e-velho-como-é--mesmo-a-cara-dele-meu-primeiro-marido". Quando eu conheci aquele outro avô, tive uma sensação inquietante de que estava prestes a ser repreendida. Tudo que eu sabia era que havia algo escuso e intocável sobre ele, algo que nossa família havia enterrado bem fundo intencionalmente. Mas ignorar tudo aquilo também era ignorar a mamãe e as cicatrizes que permaneciam dentro dela.

— Com que frequência ele batia em você?

A mamãe bufou com ironia.

— Toda semana? Não sei, era tão comum que eu nem conseguia lembrar o motivo.

A mamãe falou de um jeito objetivo, como se estivesse contando os detalhes da vida de outra pessoa ou de um livro que estava lendo. Lágrimas brotaram nos meus olhos ao pensar em um homem batendo e roubando a inocência de uma garotinha. Mas o que mais partiu meu coração foi a casualidade com que ela contava a história, a maneira que falava, como se fosse uma adversidade comum que não valesse a pena falar durante todo aquele tempo. Os anos suavizaram sua raiva a ponto de ela praticamente aceitar a violência como um destino.

Mas quando criança, como ela poderia ter entendido que não havia feito nada de errado? Como uma criança consegue entender a fúria de um adulto?

Perguntei à mamãe por que o pai dela tinha tanta raiva.

— Não tinha motivo.

A mamãe explicou que os castigos não eram uma consequência de algo que ela tivesse feito; o pai batia nela porque não gostava de quem ela era.

— O meu próprio pai me desprezava.

Ele dizia que ela era gorda, burra. Ele batia nela por ser feia. Por andar devagar.

— E você acreditava nisso?

— Eu era criança.

— Mas você não acredita mais nisso, não é?

A mamãe desviou o olhar, sem responder.

Ele a treinara para odiar a si mesma, impedindo-a de um dia amar outra pessoa. É claro que a mamãe era desorientada. Ela nunca tinha visto o amor incondicional. Muitas coisas começavam a fazer sentido. A luta constante dela com o peso, sua insegurança arrasadora, seus comentários invejosos sobre a minha facilidade de fazer amigos e do quanto eu gostava da escola. O divórcio, que deve ter sido como se seu sapatinho de cristal se quebrasse em milhares de pedaços. Agora eu conseguia entender por que ela tinha escolhido se abster de uma vida pela qual ela se sentia traída a cada instante. Ela fora treinada para ser uma vítima; tinha apanhado tantas vezes da vida que era mais seguro simplesmente parar de tentar.

Ela se lembrou do pai espancando-a com um cinto de couro por não tirar a mesa rápido o bastante. Depois da surra, ela teve que voltar para terminar de tirar os pratos, mas ficou tão nervosa que deixou o pote de açúcar de porcelana cair.

— E então eu apanhei pelo açúcar derramado também.

Minha respiração ficou presa na garganta. A mamãe contava história por história agora, como se contasse uma anedota em uma festa. Não era compaixão nem perdão o que ela queria de mim, era algo bem mais simples. Ela queria que eu compreendesse.

Quando ela tinha 5 anos, descobriu um jeito de escapar. Havia um carvalho no jardim da frente da casa com galhos compridos que pendiam até o chão. Um dia, a mamãe observou a árvore e achou que poderia escalar um dos galhos e desaparecer na copa dela se pegasse um bom impulso do chão. Então, quando o pai estava no trabalho, ela praticou, correndo e fracassando, correndo e caindo de inúmeros galhos diferentes, até que conseguiu. Imaginei uma menina valente, como a Scout em *O sol é para todos*, correndo descalça de macacão, com o cabelo bagunçado e a pele toda arranhada, finalmente conseguindo subir na árvore.

— Você teve que correr para cima da árvore alguma vez?

A mamãe riu.

— Toda hora. Na primeira vez que subi, ele ficou tão bravo que o rosto ficou roxo. Com certeza, dei uma lição nele!

A mamãe estava rindo agora, saboreando o único instante de alegria na infância quando ela conseguiu exercer poder sobre ele. Sorri junto com ela, mas foi forçado. Todos aqueles anos e eu não sabia que ela carregava tanta coisa dentro de si. Talvez se tivesse sabido, eu tivesse tido mais paciência. Quem sabe se nossa família falasse sobre o passado, a mamãe pudesse ter melhorado. Mas, pelo contrário, nós ficamos em silêncio, e o abuso se repetia geração após geração. A história dela se alastrou como uma teia de aranha entre nós, nos enlaçando em seus segredos.

Fiz um cálculo rápido. A mamãe tinha me batido, o pai dela tinha batido nela, então alguém deve ter batido nele. Perguntei à mamãe o que ela sabia sobre a infância do pai. Só o básico, ela falou: que a mãe dele o abandonou quando ele estava no jardim de infância, levando a irmã. Ele foi deixado para trás com um pai alcoólatra que batia nele.

A mamãe continuou apanhando durante o ensino fundamental e o ensino médio, e só parou quando os pais se divorciaram, não muito depois de ela ir para a faculdade.

— O dia em que fui embora foi o mais feliz da minha vida.

Levei um segundo para absorver o que ela acabara de me contar. O pai dela não havia passado dos limites algumas vezes. Ela fora traumatizada durante toda a infância.

— Onde estava a vovó esse tempo todo? — sussurrei.

A mamãe franziu a testa.

— Ela sabia o que acontecia, mas não falava nada. Eu simplesmente escondia as marcas e não discutíamos isso. A única vez que perguntei a ela por que o papai era tão bravo, ela disse que ele não era um homem mau, só estava cansado.

Eu não sabia o que era pior: o abuso físico ou a tortura mental da vovó manipulando a mamãe a acreditar que não havia nada errado.

— A vovó nunca defendeu você?

— Ela tinha medo dele. Ele batia nela também.

Perguntei à mamãe como ela conseguia perdoar a vovó.

— Ela é minha mãe. É tudo o que eu tenho.

Sim, nós só temos uma mãe. Mas somos obrigados a perdoá-la? Onde acaba a necessidade de uma mãe e começa a do filho? Eu disse que não sabia o que teria feito no lugar dela.

Os tempos eram outros, explicou a mamãe. Não existia o serviço de proteção à criança. Uma vez, quando o pai bateu nela com uma espátula e abriu um corte no seu polegar, a vovó levou-a no médico e contou exatamente o que tinha acontecido. O médico assentiu, deu alguns pontos no dedo da mamãe e mandou-as de volta para casa.

De um jeito perverso, a violência tinha aproximado a mamãe e a vovó mais tarde na vida. Elas eram sobreviventes da mesma guerra, a mamãe falou, e acabaram perdoando uma à outra por não terem pensado com clareza quando estavam no olho do furacão.

— A vovó estava tentando lidar com tudo aquilo do jeito dela. Com certeza, está compensando agora. Vocês deveriam agradecer. Se não fosse por ela, estaríamos na rua.

Consegui enfim entender por que a vovó resgatou a mamãe e a mimou, tentando apagar a culpa com essa segunda chance de maternidade. As duas tentavam compensar excessivamente para preencher um vazio imenso dentro da outra, como se fossem dois seres humanos destroçados que se fundiram em uma pessoa só. Hoje, elas eram emocionalmente inseparáveis. Sempre pensei que fosse a mamãe que não tivesse a capacidade de sair do lado da mãe, mas agora vejo o quanto a vovó precisava que ela ficasse.

— Mesmo assim, queria que a vovó tivesse protegido você.

— Ela estava em casa, mas simplesmente não estava *presente*.

O eco da minha própria voz ricocheteou pela sala, como se zombasse de mim. Eu havia falado as mesmas palavras infinitas vezes. De repente, minha mãe e eu tínhamos algo em comum, e senti uma breve conexão com ela. Compartilhávamos um sofrimento parecido, que talvez pudesse ser o ponto inicial de nossa tentativa de reconciliação.

Eu esperava que morar em outra casa fosse bom para mim e para minha mãe. Nós não poderíamos mais decepcionar uma à outra. Quem sabe ela poderia se tornar a pessoa que gostaria de ser, a que sempre achou que eu e Matthew a impedíamos de ser. Talvez nós ainda tivéssemos uma chance.

Se havia um momento certo para admitir que gostaríamos que as coisas tivessem sido diferentes, era aquele. Demorei para dizer a ela que ainda tinha esperança de que poderíamos nos amar um dia. Mas após todos aqueles anos me afastando dela, as palavras pareciam banalidades ingênuas. Estava com muito medo de dizê-las e depois elas não se tornarem realidade.

Em vez disso, coloquei meu braço ao redor dos ombros dela e a apertei.

— É.

— É o quê?

— Você fez o melhor que pôde.

A mamãe chorou e secou os olhos com o pano de prato.

— Não cometa os mesmos erros que eu. Vá para a faculdade e arrume um emprego. Tenha certeza de que você não precisa de um homem antes de se casar.

Prometi isso a ela.

— Ah, quase esqueci — disse minha mãe, colocando outra tortinha no micro-ondas. — Separei algumas das coisas que você não usa mais. Olhe a caixa e veja o que quer levar para Mills. O que não quiser, vou doar.

Dentro da caixa achei minha jaqueta de beisebol do ensino médio, decorada com broches dos times de salto ornamental, hockey e softball. Passei os dedos sobre o veludo vermelho onde meu nome estava bordado em letra cursiva. Os anuários dos anos do ensino médio estavam dentro da caixa também, assim como meu cobertor preferido, minha luva de beisebol e minha chuteira. É claro que não eram coisas que usaria na faculdade, mas eram objetos sentimentais que eu não queria doar para estranhos.

E então, no fundo da caixa, encontrei um livro com uma capa acolchoada. Recuei, reconhecendo na mesma hora meu livro rosa de fotos de bebê. Eu olhava as fotos com muita atenção quando era pequena, tentando lembrar minha família esquecida. Quando estava no segundo ano do fundamental, já tinha decorado cada página.

Minha pele ficou gelada. A mamãe não estava apenas limpando meu armário; ela estava apagando qualquer traço da minha existência. Um livro de fotos de bebê não é algo que vai para a pilha de doação como um casaco velho. Era o tipo de coisa que as pessoas resgatavam quando a casa estava pegando fogo, a memória insubstituível da preciosa história da família. As fotos e memórias escritas naquelas páginas continham a única prova de que eu e minha mãe tínhamos sido felizes. Eu entendia que a mamãe queria esquecer o passado, mas por que ela não conseguia separar os filhos do divórcio? Era como se ela também estivesse esperando ansiosamente o início das aulas na faculdade para que pudesse enfim se sentir aliviada do lembrete constante que eu era do fracasso da sua vida. Ironicamente, ela estava jogando fora a única coisa que poderia tê-la salvado. Matthew e eu podíamos ter sido sua salvação, se ela tivesse deixado.

Abri o livro. Lá dentro estava a mãe que ela poderia ter sido. Com a alegria de mãe de primeira viagem, ela documentou com carinho cada conquista dos meus primeiros quatro anos. Listou as datas da primeira vez que bebi em um copo, a primeira vez que sorri, os meus primeiros passos. Tinha fotos dos meus quatro primeiros aniversários e detalhes das minhas primeiras viagens — em um carrinho de bebê, no carro indo para Boston, no avião indo visitar a vovó e o vovô com 1 ano de idade. A mamãe escreveu que eu estava indo bem nas aulas de natação e que eu gostava da escola. Quando escrevi meu nome pela primeira vez, em letras de forma trêmidas, ela colou no livro com um bilhete cheio de pontos de exclamação falando do quanto eu estava me desenvolvendo mais rápido do que as crianças da minha turma. Ela fazia uma lista de cada palavra nova que eu falava, e anotou minha primeira frase completa: "Cadê a mamãe?"

Virei a página e vi um envelope de cera. Lá dentro, havia um pedacinho do meu cabelo castanho de quando era bebê, vários tons mais claro do que a cor quase preta que tinha adquirido. Estremeci ao pensar em estranhos folheando meu livro de bebê, abrindo o envelope, tocando no meu cabelo. Um pedaço do meu corpo que a mamãe tinha jogado fora. Quem iria querer comprar o livro do bebê de um estranho?

Voltei para a sala e coloquei o livro de volta na estante, onde esperava que ela não fosse encontrar de novo. Parecia errado eu ser a guardiã do meu próprio livro de bebê, e mais ridículo ainda levá-lo para o dormitório da faculdade. Queria que minha mãe ficasse com ele, como uma mãe normal, mesmo que eu tivesse que trapacear para que isso acontecesse.

Fechei a caixa com minhas memórias do ensino médio e levei-a para o lado de fora. Eu podia guardá-la na casa da vovó, onde estaria a salvo da doação. Um dia, quando fosse mais velha, quem sabe até com meus próprios filhos, eu ia querer mostrar a eles as minhas fotos de quando era jovem, ou dar a minha luva de beisebol e ensiná-los a jogar. Mas deixei o livro de bebê com a mamãe, mais por teimosia do que por qualquer outro motivo. Parte de mim insistia que ela tinha que guardá-lo, e outra parte a testava para ver se ela realmente o faria.

Encontrei Matthew na entrada de casa, debruçado no capô aberto de um Volkswagen Scirocco, consertando o motor. Meu irmão também estava trabalhando no restaurante Will's Fargo, e tinha economizado o suficiente para comprar o carro. Ele aprendeu sozinho a trocar o óleo e a consertar o motor, e já tinha a licença provisória para dirigir aos 16 anos.

Matthew acenou quando me viu.

— O que tem dentro da caixa? — perguntou ele.

Coloquei a caixa no chão e me aproximei para ver o que ele estava fazendo.

— Acredita que ela queria me devolver meu livro de fotos de bebê?

Matthew abaixou a tampa do capô do carro e a fechou com uma batida.

— Vem comigo — pediu ele, sacudindo um pano sujo na direção do trailer.

Ele abriu um armário debaixo da pia e vasculhou um pouco. Sacou o livro de bebê azul dele e me entregou.

— Ela me entregou o meu também.

Matthew começou a rir, e fiz o mesmo. As risadas emergiam da gente, trazendo lágrimas e espasmos na barriga junto com elas. Eu me inclinei para tentar parar, mas isso só fez com que eu risse ainda mais. Nós dois nos jogamos na cama dele, segurando a barriga e tentando fazer o outro parar, sem sucesso. Foi uma catarse mágica dividir uma piada interna com a única pessoa no planeta que conseguia realmente entendê-la. Nós dois havíamos sido dispensados, e assim podíamos encarar aquilo de uma maneira menos pessoal.

Quando nosso ataque de riso cessou, abri o livro dele. Era do mesmo tamanho que o meu, mas menos da metade das páginas estavam completas. Como Matthew tinha nascido um ano e meio antes do divórcio, ele tinha que lutar por atenção em meio a um casamento em frangalhos. Os relatos da mamãe eram factuais e obrigatórios, carecendo dos detalhes e pontos de exclamação de dois anos antes. Altura. Peso. Data de nascimento. Não há nenhum diário de bordo das primeiras viagens de Matthew. No lugar, a mamãe preenchia uma página inteira com cada palavra nova que ele falava, e havia apenas meia dúzia delas. Após os 2 anos de idade, o livro de bebê do meu irmão ficou em branco.

Devolvi o livro para ele, que voltou a guardá-lo no armário.

— Desculpe informar, mas você não é tão especial assim — disse Matthew.

Bem nessa hora, ouvimos o ruído distinto do ônibus do mel ganhando vida. O vovô tinha feito uma nova colheita repentina de verão que as chuvas haviam trazido de volta, abastando os rios e revivendo as flores silvestres.

— Vou sentir saudade desse som — comentei.

Dos degraus do trailer de Matthew, eu podia ver o ônibus. O vovô estava levantando as toalhas que protegiam os tanques. Havia tantas melgueiras esperando a colheita que ele mal tinha espaço para manuseá-las.

— Vamos lá ajudar ele — disse Matthew.

O vovô estava de pé sobre um caixote de leite olhando para dentro dos barris, quando entramos pela porta dos fundos. Ele não nos ouviu entrar com o barulho do motor, e pulou de susto quando nos viu caminhando na sua direção. Desceu do caixote e desligou o motor.

— Os barris estão cheios — relatou, lambendo mel dos dedos. — Vocês chegaram bem na hora para me ajudar a encher os potes. Precisamos de espaço antes de ligarmos o motor de novo.

Matthew desviou do vovô, sentou-se na frente dos tanques, no caixote de leite, e começou a encher os potes de vidro com mel. O vovô chegou do lado dele e abriu o bico do barril vizinho. Fiquei no banco do motorista, entre as caixas de papelão para guardar os vidros, e entregava os potes vazios quando eles me entregavam os potes cheios. Eu fechava a tampa bem firme e arrumava os potes de vidro cheios de mel em uma placa de compensado sobre uma das tinas abertas. A luz do sol entrava pela janela e iluminava o mel, fazendo bolinhas de uma luz âmbar por todo canto. Lembrava os vitrais das igrejas.

Nós três nos movíamos de forma sincronizada, como em um balé, o mel passando de mão em mão, tanto Matthew quanto o vovô com tanta prática que conseguiam trocar o pote cheio deles pelo meu vazio e encaixá-lo embaixo do bico para pegar a gota de mel antes de ela cair no chão.

É disso, pensei. *É disso que mais vou sentir saudade.* A sensação de estar exatamente onde deveria.

— Sabe — falou o vovô, quebrando o silêncio —, eu tinha 40 anos quando me casei com a avó de vocês.

Ele pigarreou, e esperamos que continuasse.

— Então, nunca achei que ia ter filhos.

Ergui o olhar do que estava fazendo; pressionando as etiquetas do vovô em uma esponja úmida e colando-as nos potes. Ele fechou a torneira de mel e se levantou, abriu os braços bem abertos e nos puxou para um abraço. A voz dele virou um sussurro:

— Aí, para a minha sorte, vocês dois apareceram.

Uma sensação de alegria explodiu no meu peito, emanando por todos os poros. Eu tinha uma colmeia, e ela era aqui, dentro do ônibus do mel do vovô.

— Eu vou voltar todos os verões, para ajudar com o mel — prometi.

— É bom mesmo — respondeu o vovô, me entregando outro vidro cheio.

Matthew ergueu o olhar.

— Depois que eu tirar a carteira definitiva, eu posso ir te visitar — comentou ele. — Nós podíamos ir ver um show em São Francisco ou algo assim.

— Do Rush? — sugeri.

— O que é Rush? — perguntou o vovô.

Enquanto Matthew ensinava ao vovô sobre os gênios da sua banda de rock favorita, eu coloquei o dedo dentro de um vidro de mel e levei à boca. Senti gosto de sálvia silvestre, sal marinho e nozes, como uma torrada quente que terminava com um gosto lá no fundo de algo doce, como coco. Senti o mel não só na língua, mas dentro de mim... na minha memória e no meu coração, e era tão familiar para mim quanto o som da minha própria voz.

Eu podia continuar definindo minha vida por tudo que tinha faltado, como a mamãe fez. Ou podia ficar agradecida por ter sido resgatada do jeito mais profundo. O vovô e suas abelhas me guiaram por uma infância à deriva, mantendo-me segura e me ensinando como ser uma pessoa boa. Ele me mostrou o quanto as abelhas são leais e corajosas, como elas cooperam umas com as outras e se esforçam; todas as coisas que eu precisava ser e fazer quando fosse minha vez de voar sozinha. O vovô havia me ensinado silenciosamente que família é um recurso natural ao meu redor.

O vovô me viu comendo o mel.

— Quantos potes iguais a esse cabem na sua mala? — perguntou ele.

— Todos — brinquei.

Apesar de estar indo embora, eu sempre sentiria as abelhas do vovô zumbindo ao meu redor como um campo de força invisível, levando-me com delicadeza para o caminho certo.

Elas me protegeriam como sempre fizeram. As aulas sobre colmeias do vovô nunca chegariam ao fim.

Epílogo

2015

Existe uma lenda antiga na apicultura que diz que, quando um apicultor morre, as abelhas ficam de luto. Elas precisam saber que seu cuidador partiu ou vão ficar tristes e perder a vontade de fazer mel. Elas sentem uma interferência na ordem das coisas, que pode fazer com que percam a esperança. O próximo cuidador precisa cobrir a colmeia com um manto preto e cantar para as abelhas, para dar a notícia a elas, e depois pedir permissão para se tornar seu novo cuidador.

Em 2015, certa tarde, o vovô me pediu para cuidar das abelhas. Isso aconteceu um mês antes de ele morrer.

O vovô deve ter sentido que estava perto do fim. Estávamos sentados na varanda que dava para os fundos da casa, observando a última colônia de abelhas remanescente entrar e sair de uma pilha de caixas de colmeias dilapidadas que ele havia agrupado no canto do jardim iluminado pelo sol. Ele estava com 89 anos e não tinha mais a força necessária para ser apicultor, mas os enxames continuavam encontrando um caminho até seu equipamento abandonado. Ele não inspecionava mais as abelhas, mas toda tarde gostava de se sentar na cadeira da varanda e assistir às abelhas-campeiras voltarem para casa.

Sua mão tremia devido ao mal de Parkinson conforme o vovô apontava para os padrões de voo. As abelhas vinham do sul, de uma parede de trepadeiras floridas que tinha crescido na varanda do vizinho. Eram abelhas fortes, disse ele, provavelmente russas, e resistentes o bastante para sobreviver durante todo o inverno sem ajuda.

— Você vai cuidar delas para mim? — pediu ele.

— Claro — respondi, apertando suas mãos para acalmar o tremor.

Eu devo ter sentido uma mudança no vovô também, porque nos últimos anos, estava me esforçando mais para visitá-lo. Tinha 45 anos e recentemente começara a cultivar algumas colmeias por conta própria em São Francisco. Eu estava, finalmente, traçando meu caminho de volta para meu avô, depois de um tempo longo demais.

Depois de me formar na faculdade, depositei toda a minha energia em construir uma carreira como jornalista, e havia ficado tão obcecada em caçar histórias e trocar de emprego em jornais, que quase nunca voltava para casa para ver o vovô e suas abelhas. Eu já tinha trabalhado para seis publicações diferentes na área de São Francisco, até que finalmente encontrei minha trilha de volta para o *San Francisco Chronicle*. Eu amava a sinfonia dos telefones tocando na mesa da redação, a excitação de desvendar uma história, e mantinha uma mala pronta com roupas, uma escova de dentes e alguns mapas no bagageiro do meu carro, sempre a postos para viajar e cobrir alguma matéria longe a qualquer instante. Eu estava determinada a ter uma vida em que estivesse sempre em movimento e vivendo no limite.

Mas percebi que minha prioridade mudou quando o vovô começou a adoecer. Parei de viajar pelo mundo e comecei a passar os fins de semana ao lado dele observando as abelhas. A cada visita, ele me presenteava com mais um equipamento de apicultura. Eu herdei seus véus, a edição gasta de 1917 do seu guia favorito de apicultura e a engenhoca de sequoia que ele fez para amarrar o fio de metal nos quadros de favo de mel.

Em 2011, ele já tinha acabado com a maior parte do seu inventário e anunciou sua relutante aposentadoria. Ficou de coração partido ao abandonar as abelhas após setenta anos, e elas devem ter sentido a mesma perda.

No entanto, havia uma maneira de trazer as abelhas de volta para o vovô. No mesmo ano, um editor e eu instalamos duas colmeias na cobertura do prédio do *San Francisco Chronicle*, convencendo nossos chefes de que aquela era a única forma de fazermos uma reportagem sobre a epidemia do sumiço das abelhas: tentando a sorte ao fazer apicultura urbana.

Quando as novas abelhas chegaram, senti a vibração das suas asas indo da palma da minha mão até meu coração de novo, e caí no choro. Eu não segurava uma abelha fazia 24 anos, e o cheiro, o som e seus hábitos eram todos tão familiares — *tão pessoais* — que fiquei extasiada com um sentimento esquecido de proteção. Meus colegas de trabalho certamente pensaram que eu era doida por chorar diante de insetos, mas como poderia explicar tudo o que havia se passado entre eu e essas pequenas criaturas?

De volta à apicultura, percebi que tinha uma sabedoria infantil sobre as abelhas e precisava eleger o vovô como meu mentor nos aspectos mais delicados sobre a alimentação da colônia, a administração de pestes e, acima de tudo, a prevenção de enxameação, porque as duas colmeias ficavam em cima de um dos cruzamentos mais movimentados da cidade, lotados de pontos de ônibus, garagens, bares e restaurantes. Ouvi um pouco do antigo vigor voltar à voz do vovô, ao me aconselhar sobre onde posicionar as colmeias na cobertura ou ao me explicar como peneirar açúcar refinado sobre as abelhas para combater ácaros parasitas. Nós nos tornamos um time outra vez, e sob a orientação dele, em quatro anos eu tinha ido de uma apicultora desastrada para uma razoavelmente decente.

O dia em que ele me pediu para cuidar das suas abelhas, em 2015, acabou sendo o dia de uma das nossas últimas conversas. Não muito depois disso, ele caiu e quebrou o quadril. Os cirurgiões disseram que era inoperável, e cinco dias mais tarde, o vovô morreu.

Cumpri minha promessa de cuidar das abelhas. Isso significava pegar sua última colmeia e levá-la comigo para casa.

Colmeias precisam ser movidas durante a noite, quando todas as abelhas estão juntas lá dentro mantendo-se aquecidas; do contrário, algumas podem se perder. Eu me aproximei da última colmeia do vovô no nascer do sol. Eu não tinha um manto preto de luto, então peguei uma manta azul-escura na mala do carro e coloquei sobre a colmeia. Depois, tentei pensar em uma música. Eu deveria ter escolhido uma com antecedência, porque a Lei de Murphy das músicas é que quando você tenta se lembrar da letra, ela sempre escapa. Em vez disso, eu me ajoelhei ao lado da colmeia e coloquei a mão sobre a toalha, me preparando para ser direta com as abelhas.

À esquerda, havia um espaço vazio onde ficava o ônibus do mel. Um parente havia desmontado ele inteirinho, e o jardim parecia vazio sem ele. Partiu meu coração ver o lugar deserto onde o ônibus, um dia, tinha estado, e desviei o olhar logo. Pigarreei algumas vezes, tomando coragem para dar a notícia triste para as abelhas.

— Ele se foi.

Esperei por algo que não sabia bem o que seria, algum tipo de som ou consentimento das abelhas de que elas haviam entendido. Fiquei ali, agachada, esperando ouvir, no silêncio do início da manhã, um sinal. O motor de um carro ligou em algum lugar na vizinhança. Uma brisa agitou as folhas das nogueiras. A vida continuou, como sempre acontecia.

Levantei a manta da colmeia e nenhuma abelha saiu. Talvez elas não estivessem mais lá dentro; talvez tivessem morrido ou migrado para um lugar melhor. Talvez aquelas abelhas que o vovô e eu gostávamos de ver indo e vindo à tarde fossem ladras, roubando mel ou cera abandonados para usar nas próprias colmeias. Talvez eu estivesse batendo na porta de uma casa vazia.

Tirei a tampa e espiei lá dentro com uma lanterna. Vi quatro quadros apodrecendo, o favo de mel escurecido e infestado de teias brancas feitas por traças de cera. Formigas corriam enlouquecidas, e, pelo tamanho das marcas de pata nos favos e pela sujeira deixada para trás, um rato tinha passado algum tempo morando ali.

Mas havia vida: cerca de mil abelhas, um quinto do tamanho de um kit para iniciantes com abelhas novas que é vendido na internet. As pobrezinhas estavam tentando sobreviver, agarrando-se a um pequeno pedaço de favo podre. Elas estavam em um estado deplorável e claramente estressadas, batendo no meu véu, ferozes, com uma raiva suicida que eu nunca tinha visto antes em uma colônia.

Eu me debrucei um pouco mais. As abelhas batiam contra o véu feito gotas de chuva.

— Está tudo bem. Shh. Vocês vão ficar bem.

Com delicadeza, levantei um quadro e a colônia praticamente gritou. Elas estavam aterrorizadas, tenho certeza, pois nunca tinham visto sua casa ser invadida. Dentro dos alvéolos hexagonais, vi um milagre: ovos brancos. Elas tinham uma rainha. Com um pouco de cuidado e comida, essa colônia poderia voltar à vida. Puxei um segundo quadro que estava praticamente desintegrando e, com cuidado, virei para observar os dois lados, até que a encontrei — uma rainha toda preta. Ela era a matriarca mais surpreendente que eu já tinha visto. Não tinha as listras comuns no abdômen. Cada parte do seu corpo era preta, e seu tórax era marcado por uma única linha vertical e circundado por uma auréola de pelinhos amarelos.

Transferi os três quadros decadentes de abelhas para uma nova caixa que tinha trazido comigo. Centralizei os favos antigos no meio, entre quadros de favos de cera novos, para que a colônia tivesse um espaço limpo para fazer mel, e a rainha, mais espaço para colocar ovos. Prendi a tampa com um elástico e enrolei uma tela ao redor de toda a entrada da colmeia, para manter as abelhas lá dentro durante a viagem.

O último pedido do vovô, que eu descobri escrito em um pedaço de papel amarelo dentro da sua gaveta de meias, era que suas cinzas fossem jogadas no mar. Dirigi da casa do vovô até o rancho Grimes, em Big Sur, para encontrar Matthew, onde a Cançoninha, a prima do vovô, destrancou a porteira do gado que dava no pasto com a vista para o Pacífico. O sol nascia iluminando quilômetros da linha do horizonte rochosa, e meu irmão e eu caminhávamos entre as vacas Hereford, admirando as manchas vermelhas feito casacos e suas caras brancas ao pastarem no mato, enquanto tomávamos cuidado para não olhar no fundo dos olhos do touro. Andamos até a ponta, onde as gaivotas abriam suas asas e disparavam para o céu, levadas pelo vento. Coloquei no chão uma caixa de ferramenta de madeira com alças de couro que o vovô tinha feito. Lá dentro, havia um saco plástico do crematório com suas cinzas.

Ficamos de pé, na beira do precipício de uma queda de seis metros de altura, onde um afluente estreito do córrego Palo Colorado desaguava no mar. As ondas batiam contra a costa, encobrindo o pontal e explodindo pelos arcos dos buracos das falésias cavados pela água do mar. O oceano borbulhava como gás sacudindo dentro de uma garrafa, tão raivoso que até as focas do porto tinham achado demais e se amontoaram nas poucas pedras que sobravam na superfície, esperando que o mau humor das águas passasse.

Abri a caixa, desamarrei o saco plástico de dentro e enchi dois vidros de mel do vovô com as cinzas. Matthew fez um som de gorjeio, como uma ave, e passei meus braços ao redor dos seus ombros e apertei tão forte que conseguia sentir a diferença do ritmo da batida dos nossos corações. Éramos só nós dois agora; uma família de dois. Eu queria que ele soubesse, do fundo do coração, que eu nunca iria deixá-lo. O vento soprava em nossas blusas e o mar uivava, quando eu sussurrei no seu ouvido:

— Eu te amo *tanto*.

Ele chorou, mas não respondeu. Eu o soltei e olhei nos seus olhos, mas ele estava encarando o chão. Tentei outra vez.

— Você sabe, não é?

Matthew olhou para mim por um breve instante, e então baixou os olhos de novo. Ele assentiu para que eu soubesse que tinha ouvido, mas também para acabar com meu desabafo constrangedor. Aquela não era a praia dele.

— Contamos até três? — sugeriu.

Nós lançamos as cinzas dos nossos vidros ao mesmo tempo, e o vento carregou o vovô em um cometa de pó sobre as ondas. Suas partículas pairaram ali por um rápido segundo, e então se misturaram à espuma.

De repente, me lembrei de uma conversa que tinha tido com o vovô dentro do ônibus do mel quando era pequena. Perguntei a ele se achava que as pessoas iam para o céu quando morriam. "Isso é uma grande besteira. Nós vamos para a terra e viramos pó", disse ele. Foi um pouco chocante descobrir que a maioria dos adultos estava mentindo para mim; que não tinha nada de nuvens macias nem anjos tocando harpas. Agora, olhando a beleza do seu lugar final de descanso, eu valorizo o fato de ele sempre ter sido honesto comigo. Agradeci em silêncio pelo vovô ter me concedido o respeito de respostas reais.

Ele havia retornado aos seus ancestrais. Agora, era parte daquelas montanhas desenhadas e desse mar desregrado. Ele era o pasto onde estávamos pisando e todas as flores nele, todas as pontas de flecha enterradas nele, e todas as abelhas voando no céu. Ele era o cheiro da sálvia silvestre levado pelo vento, e o choro de um bebê lontra que estava boiando em meio às ondas chamando sua mãe cada vez que ela mergulhava em busca de comida. O vovô estava em todos os lugares, então, de certa forma, ele nunca iria embora.

Matthew e eu esperamos pela mãe do filhote de lontra retornar à superfície, para termos certeza de que ela não tinha abandonado seu bebê, e então voltamos para meu carro em silêncio.

Gosto de pensar que o vovô partiu nos próprios termos, da mesma forma que uma abelha abandona sua colmeia para morrer sozinha quando está doente, para preservar a saúde da colônia. Acredito que ele não quisesse virar um fardo para a família, então escolheu se retirar, como um último ato de sacrifício pelas pessoas que amava. A salvação era que o coração partido da vovó foi amaciado pela sua demência; ela teve dificuldades de lembrar que o marido havia morrido.

Dez meses depois, ela morreu dormindo.

A saúde da mamãe se deteriorou depois da morte da vovó. Em menos de um ano, estava vivendo em um lar para idosos, onde as enfermeiras podiam monitorar sua diabetes adquirida com a idade e aliviar seus problemas crônicos de respiração com tanques de oxigênio. Toda vez que Matthew e eu a visitávamos, ela parecia menor, como se estivesse encolhendo. Quando os médicos usaram o termo "estágio final" no outono de 2017, a mamãe abraçou o inevitável com calma e aceitação; seus 73 anos de vida nunca tinham sido muito generosos com ela, resumiu.

Até o último minuto, eu nunca soube o que ela estava pensando, se estava com medo, se tinha arrependimentos, se me amava ou me desprezava.

A última vez que me ligou, ela foi, admiravelmente, ela mesma:

— Eu vou morrer em breve — disse, assim que atendi —, e nós nunca tivemos uma relação boa. Quero saber o que você pode me dizer para que eu me sinta melhor quanto a isso.

Do jeito dela, acho que estava expressando a necessidade de fazer as coisas do jeito certo. Ela só queria que alguém fizesse isso por ela.

— Está tudo bem, mãe — respondi. — Não há nada com que se preocupar.

— Tem certeza?

— Sim, mãe. Pode descansar.

Acho que eu estava sendo sincera. Foi difícil organizar as emoções confusas de perder a pessoa que desejei amar durante toda a vida. Que tipo de luto é esse, exatamente? Mas a última coisa que eu queria fazer era magoar mais ainda minha mãe, que já tinha sido tão magoada.

— Sinto saudades da sua avó — disse ela.

— Eu sei, mãe. Eu sei.

A última vez em que vi a mamãe foi duas semanas antes de ela morrer. Ela estava sob o efeito de morfina, e Matthew e eu estávamos de pé ao lado da cama dela, incertos de que ela soubesse que estávamos ali. Então, de repente, ela abriu os olhos a apertou minha mão com a força das garras de um gavião.

— Estou feliz de estarem aqui — murmurou antes de voltar a dormir e soltar minha mão.

Eu estava feliz também. Feliz por ela poder morrer sabendo que seus filhos vieram até ela no fim. Que ela pudesse sentir um pouco de amor em vida, mesmo que fosse tão tênue que, às vezes, fosse difícil de enxergar. No final, somos todos insetos sociais que prosperam juntos ou sofrem sozinhos.

Quando o vovô me pediu para cuidar das abelhas, ele não se referiu somente à sua última colônia; ele estava extraindo de mim uma promessa de cuidar de *todas* as abelhas, da natureza, de todos os seres. Em resumo, ele estava me pedindo para enxergar as coisas através dos olhos de um apicultor, para ser gentil com todas as coisas que encontrasse, até com aquelas que pudessem me ferroar.

Eu realoquei a última colmeia do vovô em um jardim comunitário de um bairro perfeito, de cartão-postal, em São Francisco, cheio de casas vitorianas pintadas em tons pastel, onde as ruas tinham nomes de estados e o ar tinha um cheiro fermentado da cervejaria Anchor Steam.

Era um santuário de abelhas ideal: uma fazenda urbana escalonada em uma rua residencial sem saída. Por trás de um portão trancado, havia duas dúzias de lotes individuais e um jardim elevado de abelhas, para que os jardineiros mal percebessem os insetos voando sobre suas cabeças. As colmeias tomavam sol, com o calor irradiando de um muro vizinho, para prover aquecimento e impedir o vento. Tudo que as abelhas precisavam fazer era sair da colmeia e descer diretamente para o seu mercado particular, uma plantação repleta de vegetais, árvores cítricas, arbustos de lavanda e flores de lúpulo. Imagino que o vovô aprovaria o local.

Hoje, penso nele toda vez que abro a colmeia, toda vez que colho mel, toda vez que ouço mais uma notícia apocalíptica sobre o desaparecimento das abelhas. Estou cumprindo a promessa que fiz ao meu avô, e também pagando meu débito protegendo as pequenas criaturas que me protegeram quando eu mais precisava.

Certa manhã, uma turma de crianças de uma escola bilíngue perto de casa visitou meu apiário. As crianças vestiam macacões de segurança amarelos e ficavam de mãos dadas enquanto caminhavam juntas, conversando sobre as *abejas*. Elas se reuniram ao meu redor sob a sombra de uma macieira, e quando suas professoras fizeram com que ficassem quietas, eu me ajoelhei para contar a elas uma história:

— Quando era do tamanho de vocês, eu tinha muitas abelhas em casa. As abelhas são muito especiais. Quem sabe me dizer por quê?

— Porque elas fazem meeeeel! — Um garoto vestindo uma blusa do Bob Esponja falou alto.

— Isso mesmo. E o que mais as abelhas fazem?

Silêncio. As crianças olhavam umas para as outras em busca da resposta.

— Elas voam? — sugeriu uma menina com tranças e diversos tique-taques coloridos no cabelo.

— Elas picam! — berrou outra menina, segurando a mão da professora.

Eu estava perdendo a atenção delas. Levantei-me para mostrar a roupa de apicultora que estava vestindo e coloquei o véu sobre a cabeça.

— Eu uso uma roupa especial, então estou protegida. Mas as abelhas são gentis. Elas não incomodam se não forem incomodadas. Não precisam ter medo.

Joguei o véu para trás e apontei para um dos jardins suspensos.

— O que vocês veem crescendo ali?

— Morangos! Girassóis! Pepinos!

— Vocês sabiam que as abelhas fizeram aquilo tudo?

Esfreguei as pontas dos dedos em uma flor de morango e mostrei a eles o pó amarelo.

— O que é essa coisa amarela?

— Mel? — perguntou um garoto.

— É pólen — respondi. — Pó de flor. As abelhas pegam esse pó com as pernas e misturam quando visitam um monte de flores.

— Em suas bolsas de pólen! — completou a menina dos tique--taques.

Claramente, eles estavam estudando sobre as abelhas na escola. Fiquei impressionada.

— Exato! E quando as abelhas misturam o pólen de vários lugares, as flores viram comida. Como um morango, ou um pepino, ou uma semente de girassol. Vocês gostam de comer essas coisas?

Uma cacofonia de *siiiiim* ecoou no ar. Agora eles estavam prontos para o prato principal.

— Então, o motivo de as abelhas serem tão, tão especiais... é porque elas fazem nossa comida!

— Elas fazem meeeeel! — o garoto da blusa do Bob Esponja me lembrou.

— Onde está a abelha-rainha? — perguntou uma menina, cruzando os braços. — Eu quero ver a rainha.

Eu não tinha nenhuma intenção de abrir uma colmeia e correr o risco de alguma criança ser picada. Ou de minha rainha ser esmagada por aqueles pequenos seres curiosos. Agora parecia a hora certa de distraí-los com o quadro de favo de mel e deixar que afundassem os dedos nos alvéolos e provassem.

As crianças mergulharam os dedos na cera, colocando fios de mel pingando nas bocas, rindo da travessura de quebrar algo e fazer uma bagunça. Senti um puxão na minha blusa e vi um menino vestindo uma bermuda cargo e tênis azul-neon pulando, nervoso, como se precisasse ir ao banheiro. Ele estava sorrindo com malícia, como se compartilhássemos um segredo, mas eu não sabia, ao certo, o que era.

Eu me agachei para que ele tivesse toda a minha atenção. Ele *realmente* precisava me contar alguma coisa. A pobre criança parecia prestes a explodir.

— O meu avô tem abelhas! — gritou ele, pulando como se tivesse acabado de ganhar um cachorrinho.

Em um instante, toda a cidade de São Francisco desapareceu, e só existiam esse menino e eu, sozinhos no nosso universo particular. A gente se entreolhou, e uma emoção compartilhada pairou entre nós.

Os olhos dele brilharam, e vi a inocência que o vovô deve ter visto em mim há tantos anos. Eu queria que aquele menino soubesse que o mundo é grande, tão grande que havia um número infinito de lugares onde encontrar o amor.

Eu me ajoelhei no chão, exatamente como o vovô costumava fazer quando estava prestes a me dizer algo importante. Coloquei as mãos nos ombros dele e sussurrei, para que só o menino pudesse ouvir.

— Você é o garoto mais sortudo do *mundo*.

Nota da autora

Tive a sorte de crescer em um lugar e em uma época em que as abelhas eram mais saudáveis, em que eu podia caminhar em um apiário certa de que encontraria vida dentro das colmeias.

Porém, de modo geral, o mundo se virou contra as abelhas desde os meus dias no ônibus do mel. A previsão do vovô, nos anos 1970, de um declínio generalizado de abelhas veio à tona, e os jornais estão cheios de histórias apocalípticas sobre escassez de comida em massa, enquanto tentamos imaginar um planeta faminto sem abelhas. Queria que fosse uma hipérbole, mas quando mais de um terço da produção global de plantações é dependente, total ou em parte, da polinização das abelhas, é difícil ignorar.

O que aconteceu de errado?

As abelhas prosperaram por cinquenta milhões de anos, mas seus números começaram a diminuir pouco após a Segunda Guerra Mundial, não muito depois de os fazendeiros começarem a utilizar fertilizantes sintéticos no lugar de plantar trevos ou alfafa para adicionar nitrogênio ao solo. As colônias de abelhas decaíram de 4,5 milhões nos Estados Unidos para apenas 3 milhões, ou menos, hoje.

No entanto, os apicultores comerciais nos Estados Unidos reportaram algo especialmente atípico em 2006, quando abriram suas colmeias depois da geada de inverno esperando ver o de sempre: que a maioria das colônias havia sobrevivido, e que apenas 15% havia sucumbido ao frio e à fome e morrido empilhadas nas caixas inferiores das colmeias. Em vez disso, eles encontraram um êxodo em massa, algo entre 30% e 90% das colônias haviam desaparecido de colmeias robustas. Os apicultores nunca tinham visto nada parecido antes — abelhas saudáveis um dia, e uma colmeia deserta no outro. Durante a noite, abelhas-operárias abandonaram suas colmeias repletas de mel e de novas gerações no berçário, deixando para trás uma rainha perplexa e alguns poucos recém-nascidos famintos e letárgicos que ainda não tinham aprendido a voar ou a se alimentar sozinhos.

Patrocínios choveram em laboratórios nacionais, onde entomologistas correram para descobrir o que estava acontecendo. Audiências de emergência foram marcadas depois de inúmeros apicultores relatarem a mesma história devastadora de ruína financeira repentina. Apicultores na Europa relataram que suas colmeias também haviam colapsado. Na China, as perdas foram tão ruins em alguns lugares que os fazendeiros começaram a contratar pessoas para polinizar as plantações à mão, espalhando pólen pelas flores com pequenos pincéis.

Essa catástrofe inexplicável recebeu um nome clínico que implicava a autoridade de uma causa identificada, mas que não havia sido: distúrbio do colapso das colônias.

Cientistas, apicultores e ativistas sugeriram uma ampla gama de teorias, culpando os pesticidas ou fungicidas, a prática de apicultura migratória, o ácaro parasita *Varroa destructor*, a mudança climática, a perda do habitat natural, a monocultura e diversos agentes patogênicos. Embora haja uma pesquisa promissora que sugere formas de aumentar a imunidade das abelhas para que possam resistir a tais ameaças, ainda não há um consenso sobre o que está causando o fracasso generalizado das colônias.

A Europa culpou os neonicotinoides, uma família específica de inseticidas desenvolvida nos anos 1990, em geral usada para cobrir o milho e as sementes de soja antes do plantio. Desenvolvida com uma estrutura química semelhante à nicotina, as toxinas sintéticas são absorvidas pela planta em crescimento e afetam o sistema nervoso de insetos pequenos, levando muitos pesquisadores à conclusão de que essas toxinas prejudicam a capacidade das abelhas de voarem de volta para a colmeia. A União Europeia está fazendo um experimento com a proibição temporária de dois anos de neonicotinoides em plantações com flores que atraiam abelhas, e alguns lugares dos Estados Unidos não podem mais vender produtos que contenham neonicotinoides.

Os resultados desses esforços ainda estão sendo debatidos, com algumas pessoas pressionando para a proibição permanente e outras argumentando que os experimentos são inconclusivos, equivocados ou piores para as abelhas, pois obrigam que os fazendeiros troquem suas plantações para plantas sem flores ou usem sprays antigos e ainda mais tóxicos.

Enquanto isso, as abelhas seguem lutando. Apesar de ter havido uma pequena melhora na sobrevivência das colmeias desde o choque de 2006, apicultores continuam reportando ao departamento de agricultura dos Estados Unidos que estão perdendo cerca de um terço das colmeias a cada ano, um índice insustentável a longo prazo para uma espécie que consegue se multiplicar tão rápido.

Hoje, relatos de colapsos de colônias estão inexplicavelmente em declínio, e no lugar, há um número crescente de apicultores que dizem que o que está matando suas abelhas não é uma doença misteriosa, e sim o ácaro parasita *Varroa destructor*, uma criatura de cabeça vermelha menor que a cabeça de um alfinete, que se acopla e suga os líquidos corporais das larvas e das abelhas adultas. Eles passam vírus para as abelhas que causam danos à capacidade de andar e voar delas, enfraquecem seu sistema imunológico e geram deformidades, como asas enrugadas e inúteis.

Desde que o *Varroa destructor* apareceu pela primeira vez nos Estados Unidos, em 1987, os ácaros desenvolveram resistência a vários métodos orgânicos e químicos criados para matá-los. Eles conseguem acabar com uma colônia em poucos dias, multiplicando-se exponencialmente cada vez que um ácaro fêmea entra em uma célula do berçário e coloca os ovos sobre a larva da abelha. Os ácaros jovens são condicionados para eclodir assim que a abelha doente emerge da célula, desencadeando o extermínio de toda a população da colmeia.

Não há uma resposta fácil para as abelhas estarem morrendo, mas o que é evidente é que a vida moderna se tornou estressante demais para elas, levando alguns na comunidade de apicultura a renomear a epidemia para distúrbio de estresse múltiplo.

Acredito que o vovô não estava errado quando previu uma mortandade de abelhas causada pelo homem. Fomos nós que pavimentamos os campos de flores silvestres. Fomos nós que tiramos as abelhas do seu habitat natural e as forçamos a migrar. Nós substituímos pequenas fazendas diversificadas pela monocultura, e depois borrifamos produtos químicos nas plantas e nas árvores que obrigamos as abelhas a polinizar. Elas não podem ser culpadas pela superpopulação, pela agricultura industrial ou pelas secas prolongadas que acabam com suas flores. Porém, como o canário na mina de carvão, as abelhas estão morrendo primeiro. Nós as enfraquecemos a ponto de elas não conseguirem mais se defender contra o *Varroa destructor* e um monte de outras doenças novas, como o patógeno nosemose que ataca o intestino da abelha e o vírus da paralisia crônica.

É uma morte lenta e dolorosa para as abelhas. Mas o que podemos fazer? As pessoas precisam comer, então as plantações precisam ser polinizadas. Pássaros, borboletas, morcegos, mariposas e formigas também polinizam, mas não conseguem dar conta dos milhões de acres produtivos da forma que as abelhas fazem. Os fazendeiros precisam das abelhas, mas o paradoxo é que talvez nós precisemos mais delas do que elas de nós. Estamos extraindo toda a sua força vital para nos alimentarmos e mantermos nossas fazendas lucrativas.

Também somos nós que podemos usar nossa ingenuidade para ajudá-las a viver de maneira mais semelhante ao que a natureza planejou. Para nossa sorte, as abelhas são incrivelmente resilientes e, se estiverem saudáveis, podem se propagar com rapidez. No mundo todo, entomologistas estão trabalhando para criar abelhas resistentes aos ácaros. Outros estão fazendo experimentos com chá de cogumelo para aumentar sua imunidade. Cientistas amadores estão coletando informações sobre colmeias e ajudando a acompanhar as populações. Jardineiros estão refazendo seus jardins com plantas nativas que ajudam na polinização. Fazendeiros estão migrando para plantações orgânicas e pressionando para a criação de pesticidas não tóxicos.

Há um consenso crescente de que cada um deve fazer a sua parte, seja plantando flores nos canteiros das ruas, cultivando as próprias colmeias nos quintais, ou rompendo os desertos de comida plantando flores ao redor de monoculturas.

É o princípio da colmeia: se cada um fizer sua pequena parte, somadas, podemos fazer um conjunto maior.

Eu devo ao vovô pelo menos isso — tentar.

E devo isso às abelhas.

Enquanto as abelhas permanecerem fortes, elas podem continuar passando sua sabedoria ancestral para a próxima geração, para que as crianças aprendam que mesmo quando estão em meio ao desespero, a natureza tem formas especiais de salvá-las.

Minha personalidade foi moldada pelas lições de vida que aprendi em um apiário. Toda criança deveria ter essa mesma oportunidade de crescer.

Agradecimentos

Sou eternamente grata a Heather Karpas da ICM Partners, que deu a *Filha das abelhas* seu primeiro sinal verde. Seu talento extraordinário, carinho e crença inabalável nesta história me fizeram seguir em frente, mesmo quando a estrada parecia longa e confusa.

A diretora editorial, Erika Imranyi, e toda a equipe da Park Row Books, que fizeram tanto por mim e por este livro. Foi uma colaboração dos sonhos; uma aventura que nunca pareceu um trabalho. Obrigada, Erika, pelo seu toque perspicaz — é o ingrediente secreto em cada página.

Uma salva de palmas para Helen Manders da Curtis Brown Group UK; e Maria Campbell e toda a sua equipe da Maria B. Campbell Associates, campeões cujo apoio garantiu que o livro seria traduzido mundo afora. Eles deram ao meu avô nada menos que a imortalidade.

Um abraço aos meus mentores, David Lewis, leitor do primeiro rascunho, e Ken Conner, condutor do último. Os dois cavalheiros foram meus editores no *San Francisco Chronicle*, e me sinto feliz e honrada por eles continuarem me guiando pelas palavras e pela vida. Obrigada também aos amigos que leram partes dessas memórias ao longo do caminho e me deram retornos inestimáveis: Earl Swift, Shobha Rao, Sarah Pollock, Meredith White, Julian Guthrie, Lysley

Tenorio, Joshua Mohr, Tom Molanphy, Mag Donaldson, Tee Minot, Lesley Guth, Maria Willett, Maria Finn e Maile Smith.

Agradeço aos meus professores de escrita criativa de não ficção da Goucher College, onde este livro começou como minha tese de mestrado: os autores Tom French, Diana Hume George, Leslie Rubinkowski, Laura Wexler e Patsy Sims. Uma grande reverência à American Association of University Women, que forneceu uma bolsa de estudos generosa para que eu pudesse atender ao programa de graduação da Goucher. Essas memórias também receberam o apoio da residência para escritores Hedgebrook em Whidbey Island, que, em um ato profundo de hospitalidade, me cedeu uma casinha na mata para que eu pudesse escrever este manuscrito.

Este livro foi agraciado por todos os apicultores que abriram suas colmeias, seus corações e suas casas: Noah Wilson-Rich, de Boston; Aaron Yu, Mary Ellen Kirkpatrick, Aerial Gilbert e Deb Wandell, de São Francisco; Peter e Ben Eichorn, Diana e Greg Vita, de Big Sur; e meu clã do Nepenthe, Meredith, Kirk e Will Gafill.

Pela paciência, compreensão e generosidade, amor e gratidão à minha família. Eu não teria tido a força para escrever este livro sem o apoio do meu irmão, Matt; ele me protegeu quando éramos crianças e inúmeras vezes desde então. Obrigada por ser meu confidente, por me fazer rir e por fazer as coisas darem certo no final.

Ao meu pai, David, que respondeu pacientemente às minhas perguntas, mesmo quando eram dolorosas, e, acima de tudo, obrigada por cumprir a promessa que me fez em 1975. Você é e sempre será meu pai.

Um agradecimento eterno ao mel da minha vida, Jenn. O lugar ao meu lado no ônibus estará sempre guardado para você.

Leitura complementar

A Book of Bees, Sue Hubbell, 1988

ABC & XYZ of Bee Culture, A. I. Root, 1879

The Queen Must Die, William Longgood, 1985

The Honey Trail: In Pursuit of Liquid Gold and Vanishing Bees, Grace Pundyk, 2008

Letters from the Hive: An Intimate History of Bees, Honey, and Humankind, Stephen Buchmann and Banning Repplier, 2005

Honeybee Democracy, Thomas Seeley, 2010

A vida das abelhas, Maurice Maeterlinck, Ed. Martin Claret, 2001

Langstroth's Hive and the Honey-Bee, L. L. Langstroth, 1853

The Bee: A Natural History, Noah Wilson-Rich, 2014

The Beekeeper's Lament, Hannah Nordhaus, 2011

The Beekeeper's Pupil, Sara George, 2002

New Observations on the Natural History of Bees, François Huber, 1806

Field Guide to the Common Bees of California, Gretchen LeBuhn, University of California Press, 2013

Fifty Years Among the Bees, Dr. C. C. Miller, 1915

Bee, Rose-Lynn Fisher, 2010

The History of Bees, Maja Lunde, 2015

The Bees, Laline Paull, 2014

The Keeper of the Bees, Gene Stratton-Porter, 1925

Bees, A Honeyed History, Piotr Socha and Wojciech Grajkowski, 2015

Big Sur: Images of America, Jeff Norman and the Big Sur Historical Society, 2004

The Post Ranch: Looking Back at a Community of Family, Friends and Neighbors, Soaring Starkey, 2004

My Nepenthe: Bohemian Tales of Food, Family, and Big Sur, Romney Steele, 2009

These Are My Flowers: Raising a Family on the Big Sur Coast, The Letters of Nancy Hopkins, Heidi Hopkins, 2007

Recipes for Living in Big Sur, Pat Addleman, Judith Goodman & Mary Harrington, 1981

A Short History of Big Sur, Ronald Bostwick, 1970

The Esselen Indians of Big Sur Country: The Land and the People, Gary S. Breschini, 2004

Este livro foi impresso em 2019,
pela Assahi, para a HarperCollins Brasil.
O papel do miolo é pólen soft 80g/m², e o da capa é
cartão 250g/m².